KB010874

로비스트에
도전하라

로비스트에
도전하라

펴 낸 날 2017년 1월 25일

지 은 이 김진원
펴 낸 이 최지숙
편집주간 이기성
편집팀장 이윤숙
기획편집 장일규, 윤일란, 허나리
표지디자인 장일규
책임마케팅 하철민
펴 낸 곳 도서출판 생각나눔
출판등록 제 2008-000008호
주   소 서울 마포구 동교로 18길 41, 한경빌딩 2층
전   화 02-325-5100
팩   스 02-325-5101
홈페이지 www.생각나눔.kr
이 메 일 webmaster@think-book.com

• 책값은 표지 뒷면에 표기되어 있습니다.
 ISBN 978-89-6489-678-5   03340

• 이 도서의 국립중앙도서관 출판 시 도서목록(CIP)은 서지정보유통지원시스템 홈페이지
 (http://seoji.nl.go.kr)와 국가자료공동목록시스템(http://www.nl.go.kr/kolisnet)에서
 이용하실 수 있습니다(CIP제어번호: CIP2017001135).

Copyright ⓒ 2017 by 김진원, All rights reserved.
 · 이 책은 저작권법에 따라 보호받는 저작물이므로 무단전재와 복제를 금지합니다.
 · 잘못된 책은 구입하신 곳에서 바꾸어 드립니다.

로비스트를 꿈꾸는 자를 위한 최고의 지침서!

로비스트에 도전하라

How To Be A Lobbyist?

김진원 지음

생각나눔

우리 사회의 접대문화는 소위 '김영란법'으로 불리는 '부정부패 근절을 위한 법'이 시행된 2016. 9. 28.을 기점으로 구분된다. 그간 주위의 많은 사람으로부터 이 법의 효율적 시행을 위한 방편으로 로비스트의 양성화가 필요한 바를 역설해달라는 요청을 받으며, 그 전에 출간한 『로비 & 로비스트』 책에 내용을 첨삭해서 이 책을 쓴다. 우리는 '어떻게(How)' 해서든지 자기가 '원하는 것(What)'을 이루고자 한다. 그러기 위해 '누가(Who)' 도움이 될까를 생각한다. 여기서 이 '어떻게(How)'가 넓은 의미의 로비(Lobby)이며, 이를 도와주는 '누가(Who)'가 바로 로비스트(Lobbist)이다. "세계를 지배하는 것은 남자지만, 남자를 지배하는 것은 여자다."라는 말이 있다. 이는 또 '베갯머리송사'라는 말과 결국 같은 의미이다. 사전은 이를 "잠자리에서 아내가 남편에게 바라는 바를 속살거리며 청하는 일."이라 정의하니 과연 고전판 '로비'라고 할 수 있겠다. 과거든, 현재든 자신이 바라는 것을 이루기 위해 결정권자에게 청원하는 것, 이것이 로비의 본질이다.

그러나 우리가 매일 신문지상이나 매스미디어 들을 통해 알고 있는 '로비'라는 단어는 주로 뭔가 떳떳하지 못한, 부정적인 상황을 말할 때 함께 쓰였기 때문에 '부정부패'나 '뇌물수수' 등의 설명이 꼭 포함되어야 할 것만 같은 기분인 것이다. 로비의 원래 의미는 '돼야 할 일은 되게 하고, 돼서는 안 될 일은 되지 않게 하는 것'일진대, 이런 의미에서 우리나라의 로비는 '로비'가 아니라 '게이트'에 가깝다. 다만, 언론에서 '로비사건'처럼 써왔기 때문에 로비 하면 바로 안 될 일을 수단과 방법을 가리지 않고 도모하는 추악한 행위로 인식되어 있다. 이런 점에서 우리나라에서의 모든 로비 행위는 바로 불법이고 떳떳지 못한 것이다.

그렇다면, 진짜 로비는 무엇인가? 양성적인 로비가 활성화되어 있는 미국의 사례를 살펴보면 기업이 자신의 제품을 판매하기 위해서나 불리한 정책 입안을 피하기 위해 정책 입안자들을 만나 자신들의 입장을 피력하는 행위에 주로 로비라는 말이 쓰인다. 각 주마다 조금씩 다르겠지만, 대체로 등록만 하면 누구든 로비스트로 활동할 수 있으며, 로비스트로 등록하지 않고 활동을 하거나 뒷돈을 주고받았을 경우, 로비활동을 거짓으로 보고한 경우에는 엄중한 처벌을 받는다. 즉, 로비활동에는 제한이 없되, 누구를 만나 무슨 이야기를 했고 얼마를 썼는지 모두 공개되어야 하는 것이다. 이를 법으로 엄격하게 규정하고 있으며, 지키지 않는 로비스트는 로비스트로 활동할 수 없으며, 그에게 로비를 맡기는 의뢰인도 없을 정도이다. 또한, 이렇게 철저하게 공개되는데도 로비스트의 영향력은 막강해서 미국에서는 상·하원 다음의 '제3원'으로 불린다.

세계에는 우리나라를 포함해서 로비활동을 합법화하지 않은 나라들이 많지만, 미국은 아주 오래전부터 헌법에 규정하여 합법화하고, 또 모든 것을 공개하도록 했기 때문에 오히려 부정한 사건이 적었다고 볼 수 있다. 반면에, 우리는 아직도 로비 행위를 합법화하지 않고 있기 때문에 불법 로비 문제가 끊임없이 발생한다고 볼 수 있다. 로비가 불법이지만, 필요하기 때문에 음지에서 일어난다는 것이다. 따라서 로비스트의 활동을 합법적으로 인정해 준다면 미국의 사례에서와같이 더 투명해질 수 있을 것이다. 복잡다기한 현대 사회와 로비는 불가분의 관계여서 차라리 인정하고 양성화해야 한다면 지나치게 순진한 발상일까? 그러나 이를 반대하는 사람들의 측면에서 보면, 우리 정서상 악용될 가능성이 크다는 것이다. 예를 들어, 힘없고 돈 없는 서민들이 그 반대로 막강한 기업의 로비스트와 대립하는 경우라도 있을라치면 결과는 불 보듯 뻔할 것이라는 주장이다. 그러나 이는 흡사 법정 소소에서 능력 있는 변호사만 잘 쓰면 판결에서 늘 유리하다는, 어찌 보면 재판관의 판단력을 경시하는 측면이 있다.

대립하는 두 의견은 로비스트를 합법화하는 것과 음성적인 로비 모두를 근절시키는 방법 사이에서 저울질 된다. 잘 만들어진 법과 제도의 보완이 있으면 '로비'라는 단어가 악용되는 일은 그나마 줄 것이다.

지난 2005년도에 『로비 & 로비스트』라는 졸저를 낸 뒤에 언론은 물론, 국회 토론회 등에서 이런저런 접촉을 받으며, 의외로 우리 사회가 로비의 본질에 대해 너무 모른다는 사실에 놀랐다. 그동안 인하대, 한양 사이버대 와 대학원 최고 경영자 과정 등에서 〈국제 협상과 로비론〉이라는 강의를 하면서, 보다 구체적이고 체계적인 자료가 준비되어 그를 근거로 2007년과 2009년에 로비 관련 책을 냈다. 그러나 아직도 국내에는 로비 자체가 불법이며, 그로 인해 로비 산업 역시 전연 미개척인 고로, 책을 쓰는 데 참고자료나 예가 별로 없어 경우에 따라서는 저자 본인의 경험과 지인들의 견해에 지나치게 의존한 점이 있었음을 인정한다. 이에 관해서는 관심 있는 분들이나 독자들의 지적과 조언을 기대한다.

'로비스트', 그들은 항상 무언가를 준비하는 사람들이다. 그들이 대표하는 집단의 이익이나 목표를 위해서라면 계획부터 실행까지 빈틈없이 준비한다. 한순간 실수도 절대 용서받지 못하는 냉정한 세계. 우리가 알고 있었던 '부정부패'나 '스캔들' 혹은 '불법 비리'가 아닌 진짜 로비, 그리고 실용학문인 로비스트의 세계를 더 전문적으로 다루고자 'Jason Bow & Associates Inc'에서 일한 본인의 경험과 로비의 본 고장인 미국에서 저명한 로비스트들의 실례를 실었다.

이 책은 로비계에 입문하려는 사람들에게 로비라는 전문직에 대한 다각적인 통찰력을 제시할 것이다. 로비스트들이 흔히 겪는 궁금 사항들에 대한 해답을 제공할 것이고, 전문인들이 효과적이라 인정하는 기술에 초점을 두고 실전 로비스트와 의원들, 그리고 의원 보좌관들에 대한 통찰력을 제공할 것이다. 로비는 과학이 아닌 기술이기 때문에 입법절차에 있어 배울 수 있는 사항은 매우 다양하다. 의원들과 어떻게 협력하는가? 어떻게 접근할 것인가? 캠페인 후원금과 모금 운동을 하여 어떻게 압도적인 정치적 우위를 획득할 것인가? 피해야 하는 입법계의 함정과 규제들은 무엇인가? 의회가 어떻게 운영되는가? 어떤 전략을 동원할 것인가? 로비스트는 당연히 사적인 목적으로 정보를 수집하고 의회와 정부, 그리고 공공을 대상으로 관련 정보를 제공한다. 광대한 도서관의 자료들도 필요하지만, 실제 경험과 사례에 바탕을 둔 참고서 하나가 로비에 관심 있는 분들에게 도움이 되리라 생각했기 때문에 본서는 로비에 대한 전반적인 정의와 사례, 정치 및 로비 정보를 다루고, 자주 활용하는 자료들을 요약하였으며, 효과적인 로비스트가 되기 위해 꼭 주지할 사항을 안내한다.

인간은 외딴섬이 될 수 없고, 로비 계에서 혼자 일하는 사람이란 없다. 반대로, 로비활동은 지속적으로 변하고 확장되는 네트워크로 이루어지는 대면 업무이다. 이 분야에서 오래 일할수록 인맥은 확장된다. 정치적인 인맥을 확장하지 않고는 전문인으로 성장할 수 없으며, 로비활동을 오래 할수록 나이를 불문하고 효율성이 증진된다. 실제 로비스트의 실력은 나이와 경륜이 쌓이면서 향상된다. 기초를 정복하고, 로비 및 입법 관련 규정들을 주지하고, 전문가들의 자문을 구하면 이 책을 읽고 있는 귀하도 수년 내에 성공적인 로비스트의 생활을 할 수 있을 것이다.

'로비' 관련 책을 네 번째 내며 여러모로 부족한 나 자신을 다시 한 번 돌아본다. 부모님이 일찍 돌아가시어 숱한 역경에도 밝고 곧게 성장해준, 그러나 정작 아무 도움도 주지 못하여 늘 미안하고 안타까운 동생들, 매사에 열성적이고 형제간의 우애를 위해 헌신적인 내자 정문희(서양화가),

믿음직하고 효성스런 두 아들 석환(미국 오리건주 정부 한국 부대표), 동환(미국 워싱턴주 농무성 한국대표), 그리고 차분하고 지혜로운 며느리 조민정(이화여대 운동역학 강사) 모두가 함께 화목함에 감사한다.

그 무엇보다도, 늘 이 부족한 둘째 아들을 보살펴주시는 부모님 영혼께 죄송스럽고 감사한 마음을 가슴 속 깊이 간직하며 재작년 한식 때 함께 모신 양지바른 곳에서 평안하시길 간절히 빌어 드린다.

2016년 12월 22일

미국 오리건주 정부 주한 대표부 대표

海印 金珍元

독자 여러분에게,

저는 로비과정에 대한 중요성을 잘 알고 있으며, 훌륭한 학문적 배경을 지닌 로비 전문가인 김 진원 박사를 추천하게 되어 큰 영광으로 생각합니다. 비록 지리적으로 멀리 떨어져 있지만, 미국과 한국에서 로비활동이 이루어지는 방식은 유사합니다.

로비에 관한 발표를 하고자 여러 나라를 여행한 경험이 있는 저는 모든 시민, 기업체 혹은 정부 관료들이 정부기관이나 민간기관에 영향력을 미칠 수 있는 방법을 알고 있어야 할 필요성을 잘 인식하고 있습니다. 로비는 마술이나 속임수가 아닙니다. 이것은 부단한 노력이며, 법이나 규제의 변화를 이루는 데 필요한 기술을 배우는 과정입니다. 어떤 의미에서 로비는 특정한 목적을 위해서 규칙, 법, 혹은 규제 등을 변경할 필요성을 판매하는 판매 비즈니스입니다. 그리고 이것을 달성하기 위해서 미디어, 공공 이벤트, 자치조직, 시위, 효과적인 의사소통, 그리고 공공관계 기술 등을 성공적으로 이용함으로써 로비과정에 영향을 미칠 수 있는 여러 가지 방법이 있습니다. 비록 법적인 조언과 상담이 필요하지만, 그렇다고 반드시 변호사가 되어야 할 필요는 없습니다.

이 책은 로비의 방법 즉 어떻게 하면 원하는 목적을 달성할 수 있을까 하는 기술과 전략의 활용에 대한 여러 가지 방법들에 대해서 논의하게 될 것입니다. 한편, 자금의 이용(혹은 자금의 불법적인 이용)이 로비의 주요한 요인이라고 주장하는 사람들이 있습니다. 예컨대, 미국에는 의회 구성원들에 대한 자금제공을 담당하는 로비스트의 등록과 이것에 대한 공개를 규정하는 규칙 및 규제가 있습니다. 물론 자금이 자치단체조직, 미디어와 공공관계의 지원에 대한 획득과 같은 것에 이용될 수 있다면 로비활동이 더 잘 실행될 수 있다는 점에는 의심의 여지가 없습니다. 그렇지만, 이 책에 제시된 전략과 기술을 잘 따른다면, 과도한 자금의 지출 없이도 성공적인 로비활동을 수행할 수 있습니다. 이 책의 저자인 김진원 박사는 로비과정에 대한 이해와 이에 관여한 사람들에 대한 인식의 중요성을 잘 알고 있습니다. 그리고 이러한 두 가지 측면은 모두 매우 중요합니다. 우리는 이 책이 로비에 있어서 더 나은 관점을 제시해 줄 수 있을 것으로 믿습니다.

John L. Zorack

존 L. 조락은 워싱턴의 유명한 로비스트이자 변호사, 교수로 정치학 학사학위, 공공관계 전공의 석사학위, 그리고 법학 박사 학위를 가지고 있다. 그는 워싱턴포스트, 월스트리트저널 등을 포함한 주요 신문과 잡지에서 여러 번 유능한 로비스트로 기사화된 최고의 로비스트 중 한명이다.

차 례

Chapter 8. 총정리

부 록

Chapter. 1

로비란

1. 로비의 정의

(1) 언어적 정의

독일의 사회학자 퇴니스(Tonnies, Ferdimand Julius 1855 - 1936)는 인간사회를 이해하려면 사회변동의 방향과 그에 따른 사회형태의 변화에 대한 연구가 필요하다는 관점에서 공동사회(Gemeinschaft)와 이익사회(Gesellschaft)개념이 유용하다고 주장했다. 그가 말하는 공동사회는 정서적이고 전통적인 관계에 기초하였으며, 그 연합체의 전형은 가족이라고 할 수 있다. 이에 반해 이익사회는 개인주의와 계약, 그리고 합리성과 이해타산에 기초하여 정해진 목적과 수단에 의하여 활동한다.

이런 관점에서 본다면, 이 책에서 말하는 '로비'라는 것은 개념적으로 이익사회 쪽에서만 일어날 듯하지만, 기실은 그 내면의 보이지 않는 점에서 인간의 정서와 인연 등에 지대한 영향을 받는다는 점에서는 모두를 아우른다 할 것이다.

고대 그리스의 철학자 아리스토텔레스(Aristoteles, BC 384 ~ BC 322)는 "인간은 사회적인 동물"이라고 설파하였으며, 언어는 그 사회생활을 영위하기 위해서 필수적인 도구이다. 따라서 언어 즉 말이라는 것은 그 자체로서 역사성을 지닌다고 할 수 있다. 일상생활은 물론 비즈니스나 국가 간 외교에서도 의사소통의 수단인 언어는 가장 중요한 삶의 수단 중 하나이다. 로비의 어원은 고대 독일어의 'Lauba'에서 유래하였으며, 영어로 사용되면서 포장된 길, 넓은 복도, 찾아온 손님과의 면담이나 휴식장소, 대기실, 의원에게 각종 운동을 하는 원외단 등을 뜻하게 되었다. 원외단의 경우, 영국에서 궁정의 넓은 방을 겸한 통로로 쓰인 로비에서 많은 귀족과 상인들이 국왕이나 여왕이 나타나는 것을 기다렸다가 국왕이나 여왕을 알현하여 자신들이 뜻한 바를 이루어내곤 했던 것에서 유래하였고, 그 성격에 있어서 일종의 청원권 역할을 하였다. 우리나라에도 일찍이 청원권 구실을 했던 역사적 사례가 있는바 조선조 태종(1402) 때의 신문고가 그것이며, 아마 세계에서 가장 투명하고 직접적인 청원권 행사였을 거라 생각한다.

'Lobby'는 순수한 우리말은 아니므로 따라서 우리가 잘못 사용하고 있을 개연성이 농후하며 오히려 부정적으로 사용되어 왔다. 한국에서 쓰이는 로비는 그 본래 뜻과는 달리 뇌물공여나 어두운 뒷거래 정도로 인식되고 있다. 예를 들어 옷 로비, 차떼기 로비, 심판 로비 등이 그 예이다. 또한, 로비에 대해 체계적인 연구조차 이루어 지지 않은 상태며, 아직 로비에 대한 인식이 생소해서 섣불리 로비에 대해 정의 내리기가 어렵다.

(2) 법률적 정의

1) 연방로비 규제법

미국에서는 1946년에 연방로비규제법을 제정하여 로비의 정의를 법률로서 다음과 같이 정하고 있다. 법률적으로 로비란 ' 미합중국 의회의 모든 법안의 제정 또는 폐기에 직접 또는 간접으로 영향력을 행사할 것을 목적으로 하는 것'이며, 로비스트는 '미합중국 국회의 법안을 제정, 폐기시키거나 또는 이것을 위하여 직·간접으로 영향력을 미치는 것, 즉 로비활동을 주목적으로 자기 스스로 또는 대리인이나 다른 사람을 통하여 금전이나 고가의 물품을 요구하거나 받는 사람'이라 규정하고 있다.

한편, 현재 아이다호의 보이시 주립대학(Boise State Univ.)에서 로비 학을 강의하는 마크 던햄 교수(Mark Dunham, Director of Governmental Relations)의 정의에 따르면, 로비가 동사로 쓰일 경우에는 '개인 또는 집단이 정부의 결정 및 특정한 입법에 영향을 행사하려는 것'이며, 명사로 쓰일 때는 '그와 같은 목적을 이루기 위하여 조직된 압력 단체'를 의미한다고 한다. 즉 개인적 관계를 공적인 관계로, 더 나아가 투자자 관계로까지 발전시켜 그것을 기반으로 목적을 달성하는 일이다. 따라서 진정한 로비란, 의회나 행정부 등을 대상으로 삼을 뿐만 아니라 의원들의 표를 거머쥐고 있는 유권자들이나 기업, 생산자 단체 등을 상대로 하는 것이라 할 수 있다.

(3) 사회적 정의

로비의 사회적 정의는 사회적 활동 범위에 근거하여 정의한 것이다.

첫째, 로비란 정부에 의한 결정에만 관계한다.

둘째, 모든 활동의 동기로서 정부의 의사결정에 영향을 미치도록 한다.

셋째, 로비스트는 개인과 정부 사이에서 의사소통을 시켜주는 중개자
또는 대표자로서 활동한다.

넷째, 로비활동은 모든 의사결정에 영향을 주는 의사소통을 필요로
한다.

> **로비**
> 미합중국 의회의 모든 법안의 제정 또는 폐기에 직접 또는 간접으로 영향력을
> 행사할 것을 목적으로 하는 것
>
> **로비스트**
> 미합중국 국회의 법안을 제정, 폐기시키거나 또는 이것을 위하여 직 · 간접으로
> 영향력을 미치는 것, 즉 로비활동을 주목적으로 자기 스스로 또는 대리인이나
> 다른 사람을 통하여 금전이나 고가의 물품을 요구하거나 받는 사람

결국, 로비란 정부의 의사결정에 영향을 미치기 위한 의사소통 자체
를 의미하는 것으로 여러 정치기구, 시스템, 단체 개인을 조직화하여 정
치에 직접 또는 간접적으로 참여하는 것을 효과적으로 달성하는 기술과
같은 의미이다.

2. 로비의 역사

(1) 로비의 시작

로비는 인류가 정치적인 시스템을 갖추기 시작한 시기부터 존재해왔다고 볼 수 있다. 지배자와 피지배자의 관계가 수직적이었건 수평적이었건 간에 지배자는 자신의 통치역량 증가를 위해 그 효율성을 생각할 수밖에 없었고 궁극적으로 효율성을 극대화할 수 있는 것은 협상과 타협이었다. 그리고 그 수단은 이견 조율이었으며 타협 과정의 매개체 중의 하나가 바로 로비였던 것이다. 글로벌 시대를 가고 있는 지금, 로비는 또 다른 역사를 써가는 중이다. 미국을 중심으로 진행되고 있는 자유화, 개방화 물결은 어쩌면 세계를 경제적 전쟁터로 만들고 있는지도 모르며, 초강대국인 미국을 중심으로 이루어지는 세계 통상 질서에서 로비는 여러 가지 형태로 활발히 진행되고 있다.

로비의 역사는 입법의 역사와 맥을 함께 해 왔다고 할 수 있다. 백성의 소리를 직접 듣기 위한 장치, 국가의 통치자를 직접 만나 선처를 바라는 도구는 결국 민주주의라는 커다란 시스템 내에서 정보 제공의 역할과 또

그로 인한 입법 활동에 영향을 주게 된 것이라고 볼 수 있는 것이다.

(2) 미국 로비의 역사

미국에서 로비가 법적으로 인정을 받게 된 최초의 계기는 1791년 수정헌법 제1조의 제정이었고 그 법에 따라 언론, 출판, 집회와 더불어 청원권(The Right of Petition)이 인정되었다. 이로써 로비는 바로 이 청원권을 근거로 하여 보장된 국민의 기본적 권리로서 정립되었다. 그리고 미국 의회에서 처음으로 로비라는 말이 쓰이게 된 것은 1808년 제10대 의회 때부터였다. 그러나 실상 1800년대 초 앤드류 잭슨 대통령 재임 시절에 이미 필라델피아 전국산업진흥회가 미합중국 은행 설립인가를 받기 위하여 활동을 벌이면서 로비활동은 시작되었다. 주 정부에서는 1829년 뉴욕 주에서 로비 에이전트(Lobby agent)라는 용어가 혜택을 추구하는 사람(Favor seekers)이라는 의미로 처음으로 사용되었으며, 1832년에는 로비 에이전트라는 용어가 로비스트로 불리게 되었고, 이때부터 미 의회에서 로비스트라는 단어가 일반적으로 사용되기 시작했다. 이후 1946년에 로비활동의 권리를 보장하고 범위를 설정해 놓은 로비활동법을 제정하였다. 미국에서 시민이나 업계단체 등의 로비활동을 법으로 규제하기 시작한 것이 바로 이때부터였다. 미국의 연방로비규제법은(Federal Regulation of lobbying Act of 1946)은 로비활동을 "미합중국 의회의 모든 법안의 성립 또는 저지에 직·간접적으로 영향력을 행사할 것을 목적으로 하는 것"으로 규정하고 있다. 여기에서 입법이란

상·하원에서의 법률 제정뿐만 아니라 법 개정, 결의안, 공직자 임명이나 지명 등을 폭넓게 포함하는 것이다. 이어, 1996년에는 로비활동 공개법을 제정하여 로비활동의 투명성을 보강하였다. 로비공개법(Lobbying Disclosure Act)은 로비규제법의 적시성과 실효성을 제고해야 한다는 요구로부터 나타나게 된 것이다. 이 법에서는 로비접촉을 광범위하게 규정하여 입법부의 의원뿐만 아니라 의원 보좌관, 연방정부나 산하 기관의 공직자를 모두 적용범위에 포함시키고 있다. 또한, 로비접촉의 개념도 직접적 접촉뿐만 아니라 구도 또는 서면, 기타 전자적 통신을 포함하는 일체의 커뮤니케이션 행위를 법 적용 범위에 포함하고 있다. 또한, 적용 대상이 되는 로비스트를 더욱 구체적으로 규정하고 있고, 등록의무와 활동상황 보고의무도 부과하고 있다.

Chapter. 2

로비 전략

1. 로비 방법

성공적인 로비를 위해서는 로비대상에 대한 면밀한 검토가 수행되어야 한다. 그 사람의 국적, 직업, 성격, 취미 등의 파악은 때로 거래의 성사에 결정적인 역할을 하기도 한다. 거시적으로 각각의 로비형태는 그 나라가 가진 역사와 사회적인 인식, 특수한 문화 환경에 따라 달라진다. 미시적으로는 로비대상의 성격, 취미, 가족관계 등에 따라서 로비의 접근 방식이 달라진다. 따라서 로비에 대한 절대적인 원칙은 존재하지도, 존재할 수도 없다.

따라서, 이제부터 논의할 로비의 방법에 대해서는 그저 보편적인 기준을 제시하는 데 그 의의가 있다.

(1) 직접로비

직접로비란 말 그대로 개인적인 설득과 입법절차에 '직접' 참여하는 것을 말한다. 즉 로비스트가 로비대상과 직접 접촉하여 자신의 요구 사항을 전달하는 것이다. 미국의 수도 워싱턴DC에서는 거의 모든 사람이 직접 로비를 하고 있다. 직접로비의 대상은 직접적인 정책수립과정에 참여하는 공식적 참여자와 직접 정책결정과정에 참여하지는 않지만, 각종 로비수단을 이용해 정책 결정에 영향력을 행사하는 비공식 참여자이다. 미국의 경우, 국가정책의 공식적 참여자는 대통령, 의회, 행정부이다. 또, 비공식적인 참여자로는 업계를 대표하는 이익단체, 로비스트, 연구소, 소비자 단체, 민간자문위원 등으로 볼 수 있다.

미국의 유명한 로비스트인 모리스 로센 블랫은 로비에 관한 청문회에서 다음과 같이 말하였다. "나는 아직도 로비란 본질적으로 한 사람에 의해 이루어지는 것이라고 생각한다. 그것은 개인과 개인의 눈과 눈이 마주침으로써 최대의 효과를 올릴 수 있다." 이는 직접 로비의 중요성을 설명하고 있으며 실제적으로도 직접 로비는 로비의 테크닉 중에서 매우 효과적인 것으로 알려져 있다. 직접로비가 매우 효과적인 로비라는 것에 대한 근거는 다음과 같다. 일단, 정보 전달의 확실성을 들 수 있다. 직접적으로 서로 마주 보며 대화하는 것은 오해의 소지를 줄이고, 자기 어필에 정확성을 꾀할 수 있다. 다음으로, 인간관계의 형성을 들 수 있다. 대인관계의 발전일 수 있으며, 제삼자를 통한 거래의 추진 가능성도 배제할 수 없기 때문이다. 마지막으로 상대방으로 하여금 성실성을 높게 평가받을 수도 있다. 직접 상대를 찾아가 예의를 갖추어 이야기하는 것이 훨씬 효과적이며, 당당해 보인다. 성실한 사람으로 평가받는 것은 로비의 성공 여부를 떠나서도 상당히 의미 있는 일인 것이다.

그렇다면, 직접 로비의 방식에는 어떠한 것들이 있을까?

1) 개별적 만남

면담이야말로 최선의 로비방식이지만, 어쩌면 가장 어려운 로비방식일 수 있다. 일단 면담이 주선되면, 해당 사안에 대해 면밀히 검토하고 될 수 있으면 모든 질문에 대답할 수 있어야 한다. 말하려는 바를 명확히, 간결하게, 꾸밈없이, 상세히 피력해야 하며 대화하는 동안 계속 예의를 지켜야 할 것이다. 또한, 결과를 성급하게 기대하지 말아야 한다. 국가적 차원에서의 중요한 사안에 대한 로비활동인 경우, 충분한 검토의 시간이 필요하기 때문이다.

2) 전화통화

시·공간적인 제약을 뛰어넘을 수 있는 수단 중의 하나이다. 직접적인 만남보다 더욱 일상적이며, 이때 통화 예의는 필수이다. 영향력 있는 인사와의 통화일 경우, 비서진이나 참모와의 통화를 거치므로 이들을 무시하거나, 무례하게 접근해서는 안 된다. 설명을 할 때는 장황하기보다는 간단한 요점전달이 효과적이다.

3) 개별적인 우편발송

수신자가 한 사람일 경우 사용하는 방법으로 로비스트의 관점이나 요구 사항을 전달하는 가장 보편적인 방법이다. 접촉에 대한 실시간적 직접성은 떨어지지만, 개별적인 만남에 비해 시간당 효율성은 우위이다. 또한, 접근대상이 충분히 생각하고 사려 깊은 대답을 해줄 가능성이 크다. 내용은 한두 페이지 정도의 분량으로 간략하게 작성하며 첨부자료나 참고문헌 등은 반드시 밝혀 객관성을 유지하도록 한다.

4) 다수 우편발송

수신자가 두 사람 이상인 경우에 사용하며 여러 곳에 동일한 내용의 요구 사항을 보내고 싶은 경우 수신자를 다수로 설정한 우편방식을 이용할 수 있다. 개별적인 우편과는 달리 로비스트의 친필 사인이 필요하다. 복사된 편지를 보내는 것은 삼가도록 한다.

5) 청원(Petition)

효율성 면에서 세련되지 못한 수단 중의 하나이다. 청원을 통한 접근을 할 경우, 정치인들의 개별주소를 알아내어 일일이 청원내용을 발송해야 한다.

로비활동은 비밀을 유지해야 하는 경우가 많기 때문에 로비스트와 로비 대상자 사이의 신뢰가 무엇보다 중요하다. 이런 면에서 볼 때 직접 로비 방법은 간접 로비 방법보다 더 효과적일 수 있다. 직접로비의 효과에 대해서 말하자면,

첫째, 의회 관계자들과 깊고 넓은 인간관계를 유지함으로써 로비활동에 필요한 귀중한 정보를 획득할 수 있다. 이 경우 어떤 방법으로 인간관계를 유지하느냐가 중요하다.

둘째, 의원 또는 의원회나 소위원회에 정확한 정보를 제공할 수가 있다. 때에 따라서는 의원의 입장을 편하게 만들어주는 정보도 제공하고, 수많은 연구를 통해 얻어진 양질의 정보를 의회관계자에게 제공하는 것

은 하나의 특정 법안에서뿐만 아니라 장래를 위해 의원과 의원 보좌관 등과의 신뢰 관계를 유지하는 데 없어서는 안 될 귀중한 재산이 되기 때문이다.

셋째, 의원 참모진들을 대신하여 제출할 법안을 작성하거나 의회에서 할 연설문 등을 대필할 기회를 얻을 수 있다.

넷째, 의회의 청문회에서 직접 증언을 할 수도 있다. 청문회는 로비스트의 주장을 의원과 대중에게 알릴 수 있는 아주 좋은 기회이며, 청문회에서 발언기회는 로비스트가 쉽게 접근할 수 없었던 중요 의원과 직접 접촉할 수 있는 절호의 기회이다.

(2) 간접로비

간접로비는 직접로비와는 달리 간접적인 방법으로 의사결정권자에게 영향력을 행사함으로써 자신의 요구를 알리는 방법이다. 직접로비에 비해서 시간이 더 오래 걸리고, 확실성에 약간의 문제가 있긴 하지만, 많이 쓰이는 테크닉 중의 하나이다.

1) 연합전선(Coalition)의 형성

이 방법은 1970년대와 1980년대 사이 미국에서, 특히 워싱턴에서 흔히 사용되었다. 연합전선은 특정 이슈에 대해서 서로의 이해관계를 함께하는 단체끼리 연합을 하는 방식이다. 지난 2002년, 미국 및 EU는 자국 내의 D램 사업을 보호하려는 목적으로 하이닉스 반도체 측에게 부당한 보조금 판정을 내렸으나, 고용을 창출시킨 하이닉스 반도체 공장이 위치한 오리건 주의 주지사 및 상·하원의 도움으로 방어한 사례가 있다.

2) 풀뿌리(대중) 로비(Glass-roots Lobby)

풀뿌리 로비는 국민 일반 대중을 의미하는 '풀뿌리'로부터 로비 활동을 펼쳐나가는 것이다. 국민 대중들을 지지기반으로 하여 의회의 입법 활동을 포함한 기업의 활동까지 로비활동을 전개하는 것을 풀뿌리 로비활동이라 한다. 길거리에서 이루어지는 서명 활동이나 최근 국내에서 새로운 집회문화를 만들어 낸 촛불 시위 같은 것들이 그 예라고 할 수 있다.

그러나 이러한 풀뿌리 로비활동이 이루어지기 위해서는 선행되어야 할 일이 있다. 즉 대중으로부터의 지지를 받기 위한 로비활동이 선행되어야 하는 것이다. 그러한 로비활동의 한 예로 미디어 캠페인(Media Campaigns)을 들 수 있다. 저명한 저널리스트나 편집자의 글을 통한 미디어 홍보 효과를 나타내는 것이다. 또한, 시장 개방 반대 집회, 촛불 시위 등을 통한 이라크 파병 철회운동 등과 같은 집단 운동이 있다. 즉, 비슷한 상황에 처해있는 이익단체, 시민 단체, 로비 집단이 공동으로 조직되는 것이다. FTA 체결 당시 농·수산물 개방으로 인해 타격을 받을 수 있는 농·어민들을 중심으로 사회적으로 운동이 일어났던 것도 바로 이 집단행동이라 할 수 있다. 마지막으로 전문연구기관이나 학술기관에 의한 홍보가 있다. 로비단체나 이익단체가 전문가의 의견이라든지 영향력을 바탕으로 자신의 주장을 전개한다면 훨씬 홍보 효과가 높아질 수 있기 때문이다.

 참고 1. 미국 풀뿌리 로비의 예

미국 의료보험산업협회(Health Insurance Industry of America: HIAA)는 간접로비의 한 방식인 풀뿌리 로비 방식으로 90년대 중반 클린턴 행정부의 의료 개혁 추진과정에서 가장 두드러진 활동을 보인 것으로 유명하다. HIAA는 대대적인 TV 광고 전략과 이를 뒷받침하기 위해 의료 개혁에 반대하는 시민을 조직화하여 풀뿌리 로비 활동에 동참하도록 하는 전략을 구사하였다.

특히 TV 광고에 나온 무료 전화번호를 본 시민이 35만 건 이상 전화를 하였고, 이 중 4만 명이 풀뿌리 로비 활동에 참여하였다. 이들 자원봉사자는 해당 선거구를 대표하는 의원들과 2만 회 이상의 접촉을 가지며 효과적인 활동을 했다.

미국의 경우 의회는 대중의 압력에 점점 반응을 보이고 있다. 평상시 사무실에 내근하는 의원들이 줄어드는 추세이고, 재선출 될 확률이 확실하지 않다는 것을 인식하면서 의원들은 유권자와의 소통에 관심을 기울이고, 유권자들의 일에 더 반응을 한다. 또한, 미국 국회의원들은 그들 정당의 방침에 민감하기보다 유권자의 관점에 근거하여 의사결정을 하고, 재선에 영향을 미칠 수 있는 대중의 의견에 더 귀 기울이려 한다.

① 풀뿌리 로비가 의회에 미치는 영향

의원들과의 커뮤니케이션은 로비스트의 입법건을 위한 중요한 무기이다. 편지, 전보 우편, 전화, 개인적 연락을 통한 일반 대중 커뮤니케이션은 의회에서 좋은 결과를 도출할 수 있다. 풀뿌리 로비 프로그램의 목적은 의원들의 의사결정 과정에 영향을 미치는 것이다. 풀뿌리 로비의 성공이나 실패는 때로 국회의사당이나 상원 의회, 최종심의 또는 회의에서의 투표로 결정되기도 한다. 풀뿌리 로비의 실행은 현대적이고 정교한 커뮤니케이션과 홍보 기술로 크게 향상되었다. 미국에서 이 주제에 대해 많은 책이 집필되었지만, 성공적인 로비스트는 그것을 다 읽거나 그것과 관련한 대학원 과정을 밟을 필요는 없다.

풀뿌리 로비는 조합이나 큰 기업 그리고 유사한 입법사건에 관련된 기타 그룹 직원들의 지지를 얻는 것과 관련이 있다. 정치 주체, 주 입법 제정자, 상공회의소, 영향력 있는 비즈니스 리더들과 함께 인쇄물, 방송을 포함한 지역 미디어, 일반 대중으로부터 지지를 이끌어 내는 것이다. 기업과 함께 독립적으로 일하거나 고용되어 일하는 로비스트는 유권자, 직원, 하부 계약업자, 산업 관계자들에 의해 실행되고 지지받을 수 있는 풀뿌리 로비프로그램 수립에 관한 조언을 줄 준비를 해야 한다. "우리 회사가 입법과 관련하여 우리 자산들을 어떻게 최대한 활용할 수 있을까?" 라는 질문을 받았을 때, 로비스트는 워싱턴에서의 로비 활동을 보충하기 위해 운영 계획을 포함하여 어떻게 입법 활동 프로그램을 조직할 것인지를 알아야 한다. 경쟁적이고 치밀하게 조직화된 대중 프로그램이 없는 회사는 로비에 있어 불이익을 당한다. 워싱턴의 대리인들은 직원들과 기타 대중으로부터 정치적 지지를 이끌어 낼 수 있는 힘이 있어야 한다.

대중 프로그램은 투표자가 되는 의원을 로비하는 기업 분야담당자뿐만 아니라 워싱턴에 방문하는 기업 임원들과도 관계된다. 많은 주에 판매점과 부서를 가진 대기업은 한 주에서만 운영되는 기업보다 더 실질적이고 효과적인 대중 프로그램을 조합할 수 있다. 워싱턴의 대리인은 그의 회사가 운영되는 지역구의 의회 관계자 종합 리스트를 가지고 있어야 하고 누가 의원을 지지했는지 누가 영향력을 가지고 있는지 알아야 한다. 의원을 재정적으로 지지했거나 모금 후원을 도왔던 사람들은 그렇지 않은 사람들보다 지지를 구하기에 나은 위치에 있다. 국회의원은 지역구의 중요 인사나 고려해야 할 리더, 재정 후원자들에게 반응한다. 그리고 의원에게 가장 잘 접근할 수 있는 사람이 누구인지 결정하는 것은 워싱턴의 회사 로비 대리인이나 로비스트에게 달려있다.

워싱턴의 대리인이나 로비스트는 현장 담당자를 독려하여 지방 부대표에서 지역 대표자까지 그들의 국회의원과 상원의원을 알도록 하고 의원들의 지역 사무소 담당자와 친하게 해야 한다. 지역 사무소를 지지하도록 자원하는 것은 때로 상당한 배당금을 만든다. 의원의 주 혹은 지역구에 위치한 기업 직원은 그 의원의 일부 유권자라는 것과 그들이 의원을 도울 수 있다면 의원은 그들을 기억할 것이라는 사실을 염두에 두어야 한다.

회사의 강력한 대중 프로그램은 국회의원과의 교류를 형성하고, 회사 입법 목표를 위한 지지를 이끌어 내는 데 활용할 수 있다. 회사는 차후 입법의 전쟁에서 누가 적이고 친구인지 결코 확신할 수 없지만, 이슈가 무엇이건 적은 항상 있다는 것을 염두에 두어야 한다. 워싱턴의 대리인은 예측 못 할 경우를 대비하여 회사를 미리 준비시켜야 할 필요성도 있다.

CEO는 그의 리더십과 개인적 관여를 통해서 회사의 모든 직원에게 대중 입법 행동 프로그램이 회사의 우선순위임을 이해시키고 확실히 해야 한다. 회사 전체에 메모를 돌리고 내부 간행물을 발행하는 것은 이 목표 성취를 위한 두 가지 수단이다. 이 프로그램이 대표나 CEO에 의해 시작되면 이에 대한 실행은 회사 경영인, 로비스트 또는 양쪽 모두에게 부과된다. 이 사람들은 대표의 지시 아래 일련의 행동 조치를 개괄적으로 정한다. 이들의 특정한 책임에는 다음 사항이 포함된다. (1) 대중 입법 행동프로그램을 위한 조직을 만들고 (2) 조정 담당자를 정하고 (3) 회사 전체에서 프로그램을 실행할 책임자들을 위한 훈련 일정을 계획하고 (4) 입법 이슈에 대한 정보프로그램을 만들고 (5) 행동 프로그램이 입법 필요에 부합하게 즉시 실행될 수 있도록 한다.

각 대중 행동 프로그램은 입법 행동 네트워크 조직뿐만 아니라 의회에 대한 기본 정보, 예를 들면, 의원이나 상원의원에게 어떻게 편지를 쓰고 어떻게 법안이 통과되는지 상세하게 나와 있는 정치 행동 교범을 가지고 있어야 한다. 비록 사업 공동체들이 이슈에 대한 대중 지지조직에 있어 큰 진전을 했지만 많은 회사가 여전히 출발점에 있다. 다음의 내용은 대중 프로그램 수립에서 고려해야 할 몇 가지 기본원칙과 절차를 보여준다. 그러나 로비스트는 가장 효과적인 대중 프로그램을 만들기 위해 그 상황에 맞는 적절하고 알맞은 판단력을 사용하고, 창조성을 이용하고, 경험 많은 사람들의 조언을 구해야 한다.

② 대중 입법 행동 프로그램의 구조
입법 행동 프로그램의 구조는 회사의 크기에 따라 달라진다. 몇 개의

주에서 회사를 운영하는 CEO는 이 프로그램을 실행함에 있어 중요한 주 또는 연방 입법제정자별로 중요 회사 담당자를 정하면 거의 문제가 없을 것이다. 정부 관계 임원으로는 회사 입법행동 프로그램 실행을 위해 회사 공장이나 지역에 있는 직원을 정해야 한다. 지정된 사람들은 그들의 입법 과정에서의 책임을 보여주는 직위를 받을 수 있거나 공식적 서신을 통해 정부 관계 책임을 지정받을 수 있다. 만일 회사에 지역 운영 책임의 부사장이 있다면 그는 부사장/영업/정부 업무라는 직위를 받을 수 있다. 또한, CEO는 정부 관계 책임을 가진 모든 직원이 그들의 주요 책임에 있어 그들의 역할을 잘 이해하도록 확실히 해야 한다. 정부 관계 책임에 대한 조직과 특정 과업은 입법 행동프로그램 성공에 중요하기 때문이다. 이 책의 '로비 전략 원칙'에 있듯이 특정 목표를 정하고, 일련의 좋은 커뮤니케이션 라인을 두고, 명확한 명령 체계를 만드는 것은 로비의 필수 사항이며 로비에 있어 매우 중요한 열쇠이다. 성공적 대중 프로그램 조직에 있어 이들 원칙의 적용은 필수적이다.

③ 정치 행동 교범

대중 행동 프로그램을 위한 정치 행동 교범 권고 내용은 다음을 포함한다.
- 회사 프로그램, 필요, 목적, 목표 등에 대해 대표나 회장으로부터의 편지
- 프로그램의 특정 목표
- 조직적 구조
- 정부 업무 책임

- 의회 지역구와 지역 선거구 분석

- 지역 국회의원 알기 위한 연락 수단

- 의회에 효과적인 편지 쓰기

- 중요 의회 위원회

- 중요 상원 위원회

- 입법 과정: 어떻게 법안이 법률이 되는가.

- 중요 용어집

- 샘플 입법 뉴스레터

- 샘플 입법 공고

- 의회 기록: 무엇이 담겨 있고 어떻게 조직되는지에 대한 설명

- 연방 등록: 무엇이 담겨 있고 어떻게 조직되는지에 대한 설명

④ **입법 행동책임**

입법 행동 프로그램에는 적절한 개개인에게 다음의 업무를 지정하는 것이 포함되어야 한다.

- 재화 공급자, 공급자에게 공급하는 사람(이차적 공급자), 서비스 제
  공자(은행, 보험 회사 등), 어떤 이슈에 대해 연합할 수 있는 경쟁자
  와 같은 잠재적 민간 부문 지원 확인

- 직원, 그들의 친지와 주식보유자를 포함한 내부 대중 지지확인과
  조직

- 회사에 관심이 있을 수 있는 모든 지역, 주, 연방 정치 관리 확인

- 도움이 필요하기 전에 회사 이슈를 영향력 있는 커뮤니케이션 시스

템을 통해 알리고 정치 행사, 사회적 모임 등을 통해 관계를 증진하는 프로그램을 개발하여 중요 정치 관리와 유대감 형성
- 어떤 사람이 주 또는 연방에서 강력한 정치 후보가 될 수 있는지 예측, 결정
- 회사 시설과 직원들이 있는 지역에서 회사, 직원, 주식 보유자에게 영향을 줄 정치 이슈와 입법 결정
- 국회의원 특별행사 및 선출된 관리들에게 특별한 관심과 서비스를 제공하고 그들의 청렴함에 손상을 주지 않도록 의식하면서 회사 이미지를 보여주고 정치 후보자의 지지를 증진할 입법 홍보 프로그램을 만든다.
- 회사의 대표, 사장, 또는 기타 지정된 임원으로부터 '행동 경보'를 받으면 의원과 적절한 커뮤니케이션 프로그램을 실행한다.

모든 입법 행동 요원은 의심치 않고 입법 이슈에 관한 모든 정책과 의사결정이 이사회 회장 또는 대표에서 비롯됨을 알아야 한다.

⑤ 커뮤니케이션

입법 행동 프로그램을 조직하는 것이 대중에서의 로비 능력을 개발하는 중요한 첫 단계인 반면 정보를 알려지게 하는 내부 커뮤니케이션 시스템을 만드는 것은 성공에 있어 필수적이다. 입법 경보 또는 행동 서신은 의사소통을 하는 것과 관련된 단순한 단계만이 아닌 때로 일반 대중이 소식지, 공고, 회의, 서신 등을 통해 입법 또는 정부 행동에 대해 충분히 알고 난 후 어떤 계기를 만드는 의사전달이 된다. 관련이슈에 대해

대중에게 알리는 것은 대중 프로그램의 성공에 중요하다. 직원과 기타 사람들은 만일 이슈와 그 결과에 대해 알고 있다면 '입법 경보'에 대해 더 잘 반응한다. 타이밍이 매우 중요하므로 행동 메시지가 전달되도록 기다릴 수 없다. 대부분의 기업은 다양한 수준과 부서별로 의사전달 네트워크를 가지고 있다. 이런 네트워크는 현장 요원, 회장과 상급 정부 관계 요원 사이의 정치적인 문제들에 대한 입법 행동 커뮤니케이션 시스템을 통해 보완되어야 한다. 이런 시스템은 다음의 내용을 포함해야 한다.

- 회장의 직접적인 주의를 끌 만한 입법 또는 의회 이슈를 알리는 경보 또는 행동 신호가 전보 방식이든 서신이든 문서화된 경보는 다른 통신문과는 구별될 수 있어야 한다. 페이지 상단의 붉은 표시는 종종 이 목적으로 사용된다. '입법 경보' 서신은 완전하지만 간결하게 문제를 요약해야 한다. 누가 영향을 받고 사업과 활동에 주는 영향과 비용, 경쟁 효과, 반대자, 기타 관련 요소를 포함한다. 목적은 직원들에게 그들의 지역구 의원과 지역 선출 관리, 시장, 주지사, 주 대표에게 편지를 쓰고 전화하고 방문하게 하고 그들의 의견을 지역 미디어에 알리는 것이다.
- 입법 행동 요원 간의 정기적 대면 커뮤니케이션이 필요하다.
- 회사 임원에게 회사의 가장 중요한 이슈를 특별히 다루는 회사 입법프로그램에 대한 정보를 제공하는 입법 간행물이나 소식지를 제공한다.
- 회사의 홍보부는 신문과 주간지에서 편집한 자료와 기타 간행물로 만든 특별한 기사를 제공하도록 한다. 홍보 담당자는 기타 상급 임

원처럼 입법 책임을 가지고 입법 행동 팀으로서 존재한다. 홍보부서는 대개 입법 커뮤니케이션 자료들이 집중되는 조직이다. 입법 문제는 기업의 전반적인 홍보 계획의 통합적인 부분이어야 한다.

- 공동체 포럼을 이용한다. 회사는 상급 경영진이 공동체 그룹을 위한 연설자로 서도록 한다. 회사는 또한 입법 행동 요원을 회의를 보내는 방식으로 시민단체를 지원할 수 있다.

- 광고를 사용한다. 회사가 광고 에이전시나 대중 지지 생성을 위한 내부 역량을 써야 할 때가 있다. 광고는 입법 과정에서 영향이 적은 반면 유권자의 태도에 영향을 주어 의회에 영향을 미칠 수 있게 한다.

- 신문, 주간지, TV, 라디오에 자료를 배포하는 것을 포함하여 입법 행동 미디어 플랜을 세운다. 미디어 플랜 관계자는 정보를 올바르게 인식하고, 로비스트는 제출된 자료가 뉴스로서 가치가 있는지 확인하고 수정한다. 전문적으로 준비되어 배포된 자료는 상당한 반응을 일으킬 수 있다. 다음의 변형은 입법 행동 미디어 플랜의 한 부분이 되어야 한다.

🌐 뉴스 기사: 신문 기사는 입법 제정자들의 관심을 끈다. 주간지와 일간지에 자료를 게재하는 것은 경쟁적인 업무이고, 기업 로비스트는 기업에 관련된 중요한 기사를 배포하고 배치할 전문 회사를 고용해야 한다. 현명한 단어선택과 적절한 미디어 홍보로써 크게 주목받지 않은 현안을 큰 이슈가 되게 할 수 있다.

● 언론 공개: 미디어로 공개하는 것은 고급 임원의 언사가 포함되어
야 한다. 기업의 크기가 배포 범위를 결정한다. 회장의
명성이 잘 알려진 지역 회사는 좋은 홍보 효과를 가지
게 되고, 여러 주에 사무소가 있는 본사의 경우 CEO가
주요 발표를 할 때마다 관련 주에 홍보를 해야 한다. 홍
보 자료의 배치와 포장은 그 효과에 많은 영향을 미치
므로 홍보 전문가를 고용하면 훨씬 좋은 결과를 가져올
수 있다.

● 만 화: 또 다른 기술은 인쇄 미디어에 만화를 배포하는 것이다. 전
문 만화가는 글보다 더 효과적으로 입법 상황을 드라마틱
하게 묘사할 수 있다. 때때로 사용되는 뛰어난 만화는 '그림
하나에 수천 단어의 가치가 있다'는 것을 증명할 수 있다.

● 경제 기사: '경제적 현실' 기사는 대중, 지역 또는 산업에 입법될 법
안이 끼치는 영향을 밝혀준다. 대중은 입법 내용이 그
들 자신에게 부정적이거나 긍정적인 영향을 끼친다는
것을 알게 될 때 민감해지거나 흥분한다. 더 좋은 일자
리가 생기거나 직업을 잃을 수 있기 때문이다. 미디어가
적절하게 보고한 입법 행동은 입법 제정자들에게 상당
한 반응을 일으킬 수 있다.

● 대중적 인물: 분야의 잘 알려진 전문가나 그들의 이름과 영향력을

차용하는 대중적 인물을 이용하는 것은 대중의 관심을 끄는 흔한 수단이다. 사람들이 어떤 사건을 알게 되거나 지역구 의원에게 편지를 쓰도록 하게 하는 TV 토크쇼에서의 토론과 미디어에서의 발언은 종종 효과적이다.

⑥ 입법건 확인

대중 커뮤니케이션 시스템은 만일 기업이 정확한 입법건을 확인하지 않고, 전체입법 행동 팀과 어떤 법안이 비즈니스와 직원들에게 영향을 미칠지 결정해야 하는 고문, 대표, 워싱턴 기업 대리인과 로비스트의 기능이 원활하지 않으면 의미가 없어진다. 중요한 법안을 확인한 후에 기업 대리인과 로비스트는 회사 본부에 법안을 알린다. 기업 대리인이나 로비스트가 어떤 법안이 중요한지 결정하면 대표 또는 기타 고위급 임원은 이사회와 주요 고위급 경영진에게 제안된 입법에 대한 요약본을 제출해야 한다.

현안이 정해지면 로비스트나 기업 대리인은 타이밍을 논의해야 한다. 단기 또는 장기적인 이슈인지 파악하고, 단기 이슈는 회사의 즉각적인 행동, 연구, 대중 로비, 계획을 필요로 한다. 기업은 동시에 여러 개의 입법 이슈를 가질 수 있지만, 의회에서 동시에 하나 또는 두 개의 법안이 고려될 가능성은 거의 없다. 입법 우선순위를 세우는 것은 회사가 로비 지원을 위한 자산을 배치하도록 하고, 다양한 이슈를 통하여 발생되는 대중 반응을 파악하여 하나의 이슈로 통합하도록 한다. 많은 이슈를 원하는 회사는 결국 어떤 이슈도 성공할 수 없게 가능성을 제한한다.

⑦ 미디어

상기된 대로 오늘날의 정교한 대중 운동은 또한 인쇄물과 방송을 포함한 매스 미디어의 이용과 관련이 있다. 앞부분에서 대중 운동에서의 미디어 사용에 대해 언급했지만, 대중, 정부, 내각, 의회는 미디어에 크게 영향을 받는다. 전술했듯이 수천 개의 법안이 의회에 소개되지만 단지 몇 개만이 통과되거나 공청회를 갖는다. 미디어는 때로 의원들의 주의를 얻고, 의회 위원회가 공청회를 갖도록 하거나, 행정부가 입법건을 지지하거나 지지하지 않도록 하는 데 실질적인 역할을 한다.

미디어의 선택적 사용은 항상 로비스트 전략의 중요한 부분이 되어야 한다. 소개되는 모든 이슈나 법안이 새로운 기사와 논설의 주제가 될 수 없다. 로비스트는 어떤 이슈가 편집자의 관심을 끌 수 있는지 결정해야 한다. 철저한 계획과 숙련된 글로 소개되었지만, 주의를 끌지 못했던 이슈도 만일 적절히 언론에 제공되면 논쟁과 논의의 주제가 될 수 있다. 법안을 소개하고 위원회가 법안을 고려하도록 하기 위해 미디어를 이용할 수 있고 또한 그에 대한 관심을 증폭시킬 수 있다. 마을 신문의 기사 하나가 지역이나 주에서 다른 기사들을 촉발시킬 수 있고, 뉴욕 타임즈, 월 스트리트 저널 등의 주요 기사로 되는 연쇄반응이 시작될 수 있다. 실지로 입법현장에서 진실적이고 많이 노출된 이슈가 의원들의 관심을 받게 되고, 이슈를 무시할 수 없게 한다.

로비 전략에 미디어를 활용하는 많은 로비스트들은 이 분야 전문가, 편집자의 관심을 받도록 기사를 포장할 줄 아는 작가나 이러한 자료를 적절히 배치할 수 있는 인물을 찾아 오랜 기간 접촉하고 신뢰를 쌓는다. 미디어 분야에 광범위한 접촉을 하는 로비스트는 거의 없지만 어떤 전문가를 고용해야 하는지는 알고 있다. 국회 의사당은 인쇄물이든 방송이든 뛰어난 미디어 전문가로 가득하다. 미디어를 위해 포장할 수 있는 것은 하나의 기술이고 로비스트는 전문가의 도움을 받아야 한다.

⑧ 의회와의 커뮤니케이션

우발적이든 조직적이든 대중들의 서신은 유권자 의견이자 의원의 정치적 입법적 척도이다. 그러므로 무시되는 일은 거의 없다. 그러나 친필이 아닌 자동으로 사인된 서신은 주목받지 못한다. 의원들은 모든 메일에 주목할 시간이 없지만, 어떤 이슈에 대해서 잘 쓰인 편지는 쏟아지는 일률적인 메일보다 의원의 의사결정에 더 영향을 준다.

그러므로 조직적이고 일률적인 메일 프로그램을 사용하기 전에 로비스트는 역효과 가능성을 고려해야 한다. 의원들은 직원들에게 스트레스가 될 수 있는 과도한 양의 메일을 받기를 원치 않는다. 비록 요즘의 시스템이 전산화되어 있다고는 하나 많은 양의 답장을 하기에는 비용이나 시간적인 면에서 낭비이기 때문이다. 그러나 한편으론 정확한 사실에 집중하고 적시에 실행하는 메일 전술은 강력한 로비 도구가 될 수 있다.

서신 쓰기 전술의 효과와 우선순위를 지정하는 방법이 의회직원들과의 인터뷰를 통하여 어떻게 분류되는지 다음과 같이 조사되고 공개되었다. (1) 기업 리더, 조합 리더, 공동체의 고려해야 할 리더들로부터의 통신문 (2) 개인 유권자가 보낸 친필로 쓰인 사려 깊은 편지 (3) 깔끔하게 정렬된 타이프로 쓴 편지 (4) 같은 이슈에 대한 대량의 편지 (5) 엽서

의회와의 커뮤니케이션은 미국 의회가 입법 결정을 내리는 방식에 영향을 준다. 로비스트는 이 커뮤니케이션 과정, 의원의 의사결정에 영향

을 줄 커뮤니케이션을 계획하고 실행하는데 깊이 관계한다. 아메리칸 대학 정부 공공 정보연구기관은 1981년에 로비스트에게 어떤 커뮤니케이션이 가장 효과적이었는지에 대해 조사한 바 있다. 이 조사는 정보의 흐름을 관찰하고 어떤 커뮤니케이션이 중요하고 어떤 것이 우선순위를 갖고 상사의 주의를 끌 것인지 결정하는 의회와 상원 의회 직원을 대상으로 실시했다. 의원들은 많은 서신을 받는 가운데 어떤 서신이 믿을 만하고 정확하고 조치를 요구하는지 걸러내도록 그들의 직원을 활용하였다. 로비스트는 이 연구를 통하여 발견된 다음의 주요사항이 어떤 커뮤니케이션을 의회와 소통하는 데 활용하고 어디에 강조를 두어야 하는지 결정하는 데 많은 도움이 됨을 알게 된다.

- 유권자의 자발적이고 개인적으로 작성한 편지는 의회 결정권자와 소통하는 가장 효과적인 길이다. 이 편지들은 기타 어떤 커뮤니케이션보다 더 주목받는다. 생각 깊은 유권자가 쓴 분명한 편지 한 통은 같은 메시지를 담은 수천의 엽서보다 더 주목을 받을 것이다.
- 모든 종류의 입법건에 대해 선호되는 의사소통 수단은 유권자와의 접촉(편지, 전화, 방문), 매일의 언론 보도(주요 신문과 지역신문의 뉴스 기사와 논설), 정부 정보 출처(의회 조사연구 서비스, 의회기록 및 기타 정부 간행물)이다.
- 의원의 관심 사안에 관하여 간결하게 잘 만들어진 의견서는 의회 직원의 관심을 받기에 큰 효과를 발휘한다.
- 특정 사건들(다시 말해 사안을 관할하는 위원회의 상원의원 또는 하원의원이 종사하는 분야의 사건들)은 분명히 로비 커뮤니케이션

에 있어 전문가의 영역이므로 철저히 준비되어야 한다.

- 광고는 사건의 종류와 상관없이 의회 직원과의 직접 소통에 있어 큰 효과가 없다.

⑨ 효과적인 서신작성 기술

"유권자가 내게 보낸 모든 메일을 읽는다. 몇몇 경우에 일치되고, 사려 깊고, 사실에 근거하며 설득력 있는 편지가 내 마음을 바꾸었거나 이전의 판단을 다시 생각해볼 기회를 주었다고 말할 수 있다." – 하원의원 Morris Udall(D-애리조나)

의회 행동에 영향을 주기 위해 오랫동안 활용되어온 서신작성 기술은 점차 정교해지고 있다. 비록 많은 기업이 대중 서신작성 기술을 계획하고 실행할 수 있지만, 로비스트들은 이러한 기술을 전문으로 하는 회사를 고용하는 등 서신작성 기술에서 어떻게 가장 큰 효과를 낼 수 있는지에 대해 조언해야 한다.

서신작성은 오래된 로비 기술이므로 로비스트들과 고객들은 그 효과를 평가절하하는 경향이 있다. 대부분의 의원은 메일을 받는 것이 차이를 만든다는 사실에 동의하지만, 전반적인 로비에서 그 정확한 효과를 측정하기는 어렵다. 그러나 활동적인 대중 유권자가 있는 곳에서 서신 발송 전략을 쓰지 않은 로비스트는 로비 현장에서 모든 도구를 쓰지 않는 것과 같다. 정치가들은 매일 메일을 읽고, 모든 직원이 시간을 들여 유권자 메일을 처리하고 답변한다. 대부분의 사무실은 유권자의 의견과 입장을 기록하고 적절한 답변을 보낼 컴퓨터 시스템을 구축하고 있다.

의원들은 유권자의 메일을 무시하면 선거일에 표를 잃을 수도 있다는 두려움을 가지고 있기 때문에 유권자의 메일에 관심을 기울인다.

많은 직원이 있는 기업과 기업에 조언하는 로비스트는 직원들에게 (1) 써야 할 필요성이 있고 (2) 그들의 편지가 영향력이 있음을 확신시켜야 한다. 로비스트는 어떻게 직원들이 편지를 쓰도록 동기부여를 할 수 있는가? 이것은 교육을 함과 동시에 독촉하지 않아야 가능하다. 직원들은 입법제정자가 개개인과 큰 기업과 기타 이해집단이 무엇을 생각하는지 알고 싶어 하고, 만일 많은 사람이 사실에 대해 쓴다면 입법제정자들이 행동을 취할 것이며, 또 의원들은 그들의 편지가 표와 관계있다는 것을 알고 간과하지 않을 것이고, 입법제정자들이 세금, 교육, 교통, 환경 등 유권자의 건강, 부, 복지에 영향을 주는 문제에 대해 의사결정을 하므로 대중이 무엇을 원하는지 알리고 이러한 현안에 대해 더 나은 결정을 내리게 한다는 것을 이해할 필요가 있다.

로비스트는 회사 직원들이 관계된 국회의원과 소통하도록 확신을 주면서 로비스트는 어떻게 효과적인 편지를 써야 하는지 조언을 한다. 다음의 형식은 여러 해에 걸쳐 가장 효과적인 것으로 판명된 서신작성 방법이다.

 참고 2. 국회의원에게 영향력 있는 편지를 쓰는 방법

- 정확한 주소를 이용한다. 답장이 올 주소를 편지와 봉투에 쓴다.
- 가능하다면 당신의 개인 편지지 또는 비즈니스 편지지에 쓴다.
- 법안이나 입법 이슈를 정한다(2만 개 이상의 법안이 매 국회마다 소개되므로 의원이 특별히 명시하기 전에 법안을 알 것이라고 기대할 수 없다. 법안 번호나 대중적

인 타이틀을 붙인다).

- 자신을 밝히고 자신이 유권자인 주, 지역, 도시 또는 마을을 말한다.

- 즉흥적이거나 펜팔 형식으로 쓰지 않는다.

- 법안이 위원회를 벗어나거나 의회에서 통과된 후가 아니라 이슈가 현안이 될 때 쓴다(타이밍 문제는 편지를 보내야 할 때 편지를 쓸 가능성이 있는 사람들에게 조언해야 하는 로비스트의 재량이다).

- 지역구 의원들이나 관계된 대표의원에게 편지를 보낸다(다른 의원들에게 보내진 편지에는 항상 답장을 위해 지역구 의원을 언급한다).

- 본인의 입장을 설명한다. 자신만의 언어로 입법의 영향과 이 법안이나 수정안이 어떻게 본인에게 개인적인 영향을 줄 것인지 매우 간결하게 설명한다. 가능하다면 건설적이 되라. 만일 언론을 자극하고 의원을 물러나게 하려는 것이 아니라면 모든 이슈를 꼬치꼬치 캐지 않는다.

- 간단하라. 이슈가 간결하게 설명될 경우 편지는 읽혀질 가능성이 더 크다. 편지를 타이프로 쳤을 때 한 페이지를 넘지 않도록 하고 손으로 쓴 편지는 두 페이지를 넘지 않도록 한다. 양이 아니라 질이 의원의 관심을 끈다.

- 답변을 구하라. 의원에게 법안을 지지하거나 반대하거나 수정안을 지원하거나 취해주었으면 하는 행동을 취하도록 설득시킨다. 항상 답장을 요구하라. 의원들에게 그들의 입장을 설명하도록 청하라. 그러나 어떤 것을 되도록 요구하지는 마라. 불가능한 것을 요구하지 말고 "만일 당신이 그렇게 하지 않으면 본인은 절대 당신에게 투표하지 않겠다."라고 말하지 마라.

- 예의 있게 하라. 절대 위협하거나 논쟁하지 말고 의원의 의견이나 기타 조치에 감사하라. 의원들은 칭찬 편지에 감사한다.

개인적인 편지가 형식적인 편지보다 낫기 때문에 편지는 쓰는 사람의 견해를 반영해야 한다. 그러나 개인 고유의 견해는 기업이 제공하는 자료에서의 말로 바꾸어 할 수 있다. 형식적인 편지는 형식적인 답장을 받는 반면 손으로 정성스럽게 쓰인 편지는 종종 개인적인 답장을 받는다. 입법 이슈에 대한 지지나 반대를 요구하는 것을 넘어 편지는 건설적이어야 한다. 편지 쓰는 사람은 의원에게 투표하지 않을 것이라고 위협하거나 의원에게 반대하는 정치적 재정적 영향력을 사용해서는 안 된다.

⑩ 컴퓨터로 지원되는 풀뿌리(대중) 로비

대중 유권자가 입법을 지지하거나 반대하도록 하는 것은 실질적으로 컴퓨터와 미리 구성된 데이터베이스로 지원받을 수 있다. 큰 기업들은 지역구나 지역주로 구분하여 직원들을 분류해야 한다. 분류범위는 주식 보유자, 계약업자, 하청 계약업자, 공급업자, 판매업자 그리고 기업과 관련된 모든 주체에게 적용된다. 이러한 분류는 자사직원은 많지 않으나, 그들과 거래하는 상대기업의 지원을 받으려는 기업에는 중요하다.

미국 의회를 로비하는 것은 경쟁적인 업무이다. 그리고 의원의 관심을 끄는 것은 정교한 작업이다. 의원의 주목을 받는 부분은 대중 전술의 결과로 파생된 지역구로부터의 서신에 의지한다. 대중 전술은 점점 복잡해지고, 의원들은 지역구의 관련자로부터 받는 정보 커뮤니케이션에 영향을 받는다. 잘 계획된 정교한 대중 프로그램은 유권자들이 특정 입법에 관심을 끌게 하고, 적시 적소에 의사전달을 하게 한다.

대중로비에 관한 많은 기술이 앞의 과정에서 소개되었지만, 그와 더불어 컴퓨터의 출현은 정교함의 수준을 끌어올렸다. 예를 들어 회원리스트와 인물에 대한 많은 정보를 가진 연합체는 좀 더 쉽게 의원들과 접촉할 수 있다. 우편번호 및 지역구 사이의 연관관계를 발전시킨 시스템들이 출현하면서 연합체는 그들의 회원 리스트, 목표 의원, 그들의 지역구, 특정 유권자들 내 로비 영향력을 효과적이고 신속하게 활용할 수 있게 되었다. 이러한 시스템은 컴퓨터 기반 대중 로비, 저 비용, 늘어난 목표 효율성, 넓어진 대중 전술 기반의 특징을 가진다.

또한, 로비스트와 기업은 미디어 데이터베이스를 접촉하여 신속히 신문, 라디오, 방송국과 케이블 시스템에 연설, 언론 공개, 기타 메시지를 전달할 목적으로 접근할 수 있다.

경쟁적인 로비 현장에서 기업은 입법 이슈가 자기의 회사에 영향을 줄 때 주목할 만한 모든 국회의원을 포함하는 완전하고 정확한 데이터베이스를 가지고 있어야 한다. 정교한 로비 데이터베이스가 없는 회사는 경쟁자에게 빈틈을 보이는 것과 같다. 회사는 직원들이 입법을 지지하도록 사전에 조치하고, 특히 대중로비를 해야 할 경우가 생겼을 때를 대비하여 반응하는 프로그램을 지속적으로 만들어야 한다. 직원들에게 그들의 지지가 인정받고 있다는 것을 깨닫도록 하여 그들이 회사의 입법 행위의 한 부분임을 느끼게 한다.

앞서 살펴본 대중로비의 여러 방법을 통하여 로비스트들은 각 고객을 위한 최선의 접근방식에 대해 조언을 할 수 있고, 전문 회사를 선정하여 자료의 실질적인 준비와 배포를 맡도록 권고할 수 있다. 오늘날은 전문가에 의한 마케팅 아이디어가 로비를 더 쉽게 해결하게 만든다.

대중 로비의 최종 목표는 일반 대중, 유권자, 직원이 그들의 의원들에게 입법안에 관한 자신들의 의견을 알릴 수 있도록 편지를 쓰도록 하는 것이다. 언론에 자료를 배포하는 주요 목적은 대중에 의해 입법을 지지하도록 격려하거나 좌절시키기 위함이다. 대부분의 입법은 대중에게 하나 또는 그 이상으로 영향을 미친다. 로비스트는 어떤 법안이 통과된다면 그들의 고객에게 어떤 영향을 줄 것인지 파악하고, 의원의 결정에 영향을 주기 위한 계획을 만들고 실행해야 한다.

 참고 3. 의원들과의 미팅 시 주의해야 할 점

- 미리 약속을 정한다. 의원의 가장 가까운 현장 사무소에 전화해서 지역구나 워싱턴 사무실에서의 약속에 대해 문의한다.
- 해당 의원의 배경과 투표 기록을 알고 반대하는 의원들의 입장에 대해 토의할 준비를 한다. 그의 지역구에 대한 이해를 가진다(인구학적 특징, 주요 산업 등).
- 의원을 만날 때 가능하면 그가 했던 일들에 대해 칭찬하라. 지지에 대한 감사를 표하는 것은 좋은 출발점이다.
- 해당 이슈, 법안 현황, 위원회 움직임에 대해 알고 있어야 한다. 해당 이슈가 본인과 본인이 속한 공동체의 다른 사람들에게 주는 영향을 강조하고 쟁점을 제공한다.
- 경청하라. 의원이 질문하도록 하고 이슈를 이해하는 데 도움이 되도록 사실에 근거하여 답변하라. 의원의 견해에 동의할 필요는 없다. 모든 질문에 답할 수 없어도 개의치 않는다. 답을 모르면 의원에게 당신이 곧 정보를 받을 것이라는 사실이나 워싱턴에서 후속 처리를 할 로비스트가 있다는 것을 알린다.
- 의원이 이슈를 회피하도록 하지 마라. 주제가 바뀌면 다시 돌아와 그의 입장에 대해 묻는다.
- 적대적 질문 때문에 해당 의원이 반대할 거라 짐작하지 마라. 질문들을 통해 의원은 해당 이슈에 대해 더 많이 알게 될 기회를 얻는다.
- 의원이 당신 편이라면 해당 이슈가 그의 유권자들에게 얼마나 큰 의미가 있는지 강조한다. 할 수 있는 한 최대의 지지를 받는다.
- 만일 의원을 만날 수 없다면 그의 직원을 만나라. 직원에게 조치를 부탁하지 말고 해당 이슈에 대해 당신이 얼마나 진지한지 설득한다. 의원에게 좋은 내용으로 보고될 것이다. 미팅 전에 중요한 직원을 미리 확인한다.

- 가능하다면 약속을 받아라. 의원이 지지하기로 한다면, 그가 해당 입법 이슈의 전
  면에 나설 것인지 묻는다.
- 간단한 기록이나 정책 보고를 남긴다.
- 감사 편지를 한다.

2. 로비 원칙

(1) 로비스트의 입장과 로비의 원칙

단체가 법안에 대한 입장을 표명하기 위해서는 어느 시점에 이르렀을 때 직접로비 활동기법을 활용한다. 직접로비를 하는 데에는 수많은 전략과 기법이 요구된다. 또한, 현안과 단체들에 따라 그 기법과 전략이 달라진다. 직접로비를 함에 있어 몇 가지 주요 원칙들이 있는데 그것은 다음과 같다.

1) 그 자리에 있어라.

그 무엇도 로비스트가 그 장소에 있는 것을 대신할 수는 없다. 그래서 의사당 안이나 근처에 거주하면서 지역에 소속되어 있는 계약직 로비스트들이 다른 로비스트들에 비해 더 유리하다고 인식되는 것이다. 아이다호의 한 로비스트는 로비스트가 항상 곁에 있다는 것을 의원들이 알게 해야 한다고 주장한다. "그곳에 있어야, 그가 있는지 그들이 안다."

2) 입장을 지켜라.

집요하고 일관성 있는 로비스트가 승리할 수 있다.

필자는 2004년 9월 아이다호 주 보이시(Boise, Idaho) 시에서 베리타스(Veritas)라는 로비회사를 운영하는 엘리자베스 크리너(Elizabeth Criner) 씨를 만났다. 그녀는 뜻을 이룰 때까지 계속해서 의원들을 귀찮게 한다고 했다. 그런 그녀가 지나친 것일까? 그러나 그녀는 그렇게 생각하지 않았고 이렇게 이야기했다. "내가 남자였으면, 아마 지금쯤 얻어맞았을 것이다. 그러나 나는 여자이기 때문에 더 많은 점이 용인된다."

3) 간략히 하라.

비록 로비스트들이 집요해야 하긴 하지만, 그들은 의원들의 시간을 존중해야 한다. 말은 신속히 전달하되 장점과 단점을 요약하여 설명해야 한다.

4) 어느 하나라도 당연시해서는 안 된다.

의원들은 독자적으로 행동한다. 오리건 주 상원의장을 역임하고 로비회사를 경영했던 제이슨 D. 보우(Jason D. Boe) 씨는 상황이 얼마나 빨리 바뀔 수 있는지에 대해 지적했다. "주도권을 쥐고 있다고 생각하면, 사건이 바로 터진다. 어느 하나 한방에 이루어지는 것은 없다. 극히 사소한 문제로 다 이루어진 일이 한순간에 모두 무너질 수도 있다. 로비스트가 법안이나 수정안을 통과시켜서 일이 수습되더라도 반대 세력은 마지막까지도 그것을 되돌릴 수 있는 여지가 있다. 모두가 다 떠나야 안심할 수 있는 것이다."

5) 선택할 필요가 있다.

로비스트와 단체들이 의제에 대해 모두 로비할 수 있는 것은 아니다. 우선순위를 정해야 한다. 한 소집 기간에 지지할 수 있는 의제의 수는 한계가 있기 때문이다.

6) 패배를 준비하라.

모두가 한번 이상은 패배를 겪는다. 패배에 어떻게 대처하는가가 중요하다. "가장 훌륭한 나무꾼은 손에 상처가 전혀 없는 사람이 아니라 딱 한 개의 상처만이 있는 사람이다."

State of Delaware
The Official Website for the First State

Visit the Governor | General Assembly | Courts | Elected Officials | State Agencies

State Phone Directory | Help | Search This Site ▼ Your Search... [GO]   Citizen Services | Business Services | Tourism Info.

Department of State ▶ Public Integrity Commission

HOME
About Agency
Jurisdiction
Calendar of Events
Contact Information
Office Location
Agency Site Map

SERVICES
Advisory Opinions
List of Lobbyists
Lobbyist Login
Related Links

Lobbying Registration
• New Lobbyists
• Current Lobbyists

INFORMATION & PUBLICATIONS
Ethics Bulletins
Ethics Disclosure Worksheet
Financial Disclosure Instructions & Form
Lobby Reports
FOIA AG Opinion

Need Directions?

Public Integrity Commission
Margaret O'Neill Bldg
Suite 3
410 Federal St.
Dover, DE 19901
Ph(302)739-2399
FX(302)739-2398

Current Lobbyist Instructions

Currently Registered Lobbyists - Instructions

1. READ THESE INSTRUCTIONS CAREFULLY BEFORE BEGINNING.

TIP: Print these instructions: Right Click on Your Mouse then Select "Print." You will then have instructions while you work.

2. Get your assigned password.

  (A) First time data base users:

   FOR LOBBYISTS NOTIFIED BY E-MAIL OF THIS NEW SYSTEM: At the end of the instructions is a link to the site. Once there, click on "Forgot your password?" Enter your e-mail address, click on "Submit", and you will receive a return e-mail with your assigned password. You may use that password or change the password.

   FOR LOBBYISTS NOTIFIED BY LETTER OF THIS NEW SYSTEM: **Call us at 302-739-2399 Give us your e-mail address. We will give you the assigned password. You can not access the data we have entered without making that call.**

TIP: To change the password. Enter the system with your assigned password. Go to "Edit Lobbyist Profile" In the password block, enter your new password. Re-enter the new password in the next block. Click on "Submit"

  (B) Other users. Login with your e-mail and password. If you ever wish to change your password, see instructions in above TIP.

3. Once you log in with your e-mail address and password, you can select from the Lobbyist Account Selection Menu any action you would like to take.

TIP: Click on "Instructions" for an explanation of each menu item. You may wish to print those instructions for future reference until you are more familiar with the system. See Tip in item 1 above for printing instructions.

TIP: We have added all of the registrations, employer authorizations and expenditure report forms through November 7, 2002. Before taking any other action, you may wish to review the information to insure there are no typing or other errors. If you find errors, you can edit the forms.

4. "Log Out" on Lobbyist Account Menu page.

TIP: For security reasons, log out after each session.

Thank you for using our data system. If you need assistance, call the Public Integrity Commission at 302-739-2399. Our hours are 8:00 a.m. to 4:30 p.m. After hours, leave a message and we will return your call.

댈러웨어(Delaware) 주에서 활동하는 로비스트를 위한 지침서.

3. 로비 전략

(1) 로비 전략

관용은 존경받을 만한 지적 능력이지만 정치에서는 큰 효용가치가 없다. 정치는 여러 주장이나 원칙들의 전쟁터라 해도 과언이 아니다. 정치는 의미 없는 의례를 용인하기에는 너무나도 중대한 문제이기 때문이다.

정치와 입법의 전쟁에 참가할 필요성을 결정한 후에 로비스트는 의뢰인과 함께 상황에 맞는 행동을 취할 전략적 과정을 계획해야 한다. 입법, 행정, 사법 등 정부 조직의 어디든지 정치 투쟁의 장이 될 수 있다. 예를 들어 로비스트는 입법 사건에 소송을 제기하고, 의회를 압박할 전략을 지시하거나, 만일 사건이 사법계에서 해결되지 않을 경우를 대비하여 의회에서의 행동전략을 계획하고 권고할 수 있다. 전문 로비스트는 사건을 해결할 최적의 기회가 제공될 곳을 찾아야 한다.

소송이 법정, 의회 또는 행정기관으로 가게 되면 의뢰인과 가깝게 협력하는 로비스트는 정치력을 이용할 준비를 해야 하고, 의뢰처인 회사는 그 사건을 지지하기 위해 얼마만큼의 지출을 해야 하는지를 결정해야 한다. 전술은 때로 재정적인 부분에 의해 지배된다. 자원이 제한된 작은 회사는 관련된 연합체나 동종산업 등으로부터 외부지원을 구해야 한다.

로비기술과 전략은 원하는 입법 목표를 달성하기 위해 필요한 정치적 영향력을 모으도록 계획된다. 모든 로비 전술에 있어 중추적 요소는 국회의원뿐만 아니라 정부의 많은 창구, 미디어, 다른 로비스트들과 회사들의 신뢰, 작은 정보라도 얻어낼 수 있는 관련된 직원들과의 관계이다. 이 요소들을 이용할 수 있는 로비스트는 가장 큰 영향력을 사용할 최고의 기회를 갖는다. 전문성을 가진 회사 대표와 전문 로비스트를 포함한 큰 정치적 능력을 갖춘 의뢰회사는 적은 자산과 정치자본을 가진 소규모 회사보다 더 나은 로비를 한다. 소규모회사는 정치적 접근과 영향력을 높이기 위해 연합체를 구성하여 대적할 수 있을 뿐이다.

그러므로 만일 로비스트와 의뢰인회사가 회사 자산과 재정의 부족으로 협력적인 로비 공격을 시작할 수 없다면 전략과 기술은 중요하지 않게 된다. 반대로 회사의 지원이 가능하고 실행이 순조로이 되는 경우 논의될 전략과 로비 기술은 로비에 대한 시도와 노력을 향상시킨다.

(2) 로비 전략 원칙

정치와 군사상의 전술은 매우 흡사하다. 군인들이 적을 향해 총을 쏘는 반면 정치적 적대자들은 투표자들에게 영향을 끼치기 위한 선전을 한다. 정치 전략가는 군사 지휘관과 유사하게 전국에 그들의 인원들을 배치하고 용병을 고용하고 지원자들을 모은다. 정치적 군사적 전쟁은 한 가지 중요한 면에서 서로 다르다. 군사적 전쟁은 전장에서 싸우고 이기거나 지는 반면 정치적 전쟁은 선거일에 표를 행사하는 투표자들에 의해 평화적으로 결정된다. 군사적 정치적 전술과 마찬가지로, 로비 전술은 반대 당사자 및 전략적 원칙과 관계되지만, 어느 곳에서든 작은 접전이 일어날 수 있다. 많은 국회의원에 집중하든, 적은 수의 국회의원에 집중하든, 로비 전술은 입법 주도권을 공적, 정치적으로 지지하기 위한 전쟁이다. 만일 위원회, 국회, 상원, 회의에서 성공하게 되면 법률안에 대통령이 사인하는 것으로 결론지어진다. 비록 로비 전쟁에 육체적 폭력은 없지만, 관계자들은 입법 이익의 높은 고지를 점령하기 위해 활동하면서 심적으로 두드려 맞고 멍드는 것 같은 느낌을 가진다.

연합, 일반 대중 운동, 기습 법안과 수정, 의회 연설 같은 입법 전쟁에서 사용되는 전략전술 대부분은 1차 세계 대전 중 영국 장군 J.F.C. Fuller가 개발하여 전 세계군이 채택한 원칙과 관련이 있다. 이 기본 원칙은 목표, 공격, 집중, 힘의 경제성, 작전 행동, 명령 통일, 보안, 기습, 단순성이다. 정치는 과학이 아니므로 공식이 결과를 보장하지는 않지만 잘 다져진 원칙을 기초로 로비를 계획하고 실행하는 전술 운영자와 전문 로비스트는 로비 목표를 달성할 기회를 더욱 확고히 한다.

1) 목표: 모든 로비는 목표가 분명하고 달성 가능한 것이어야 한다.

법안을 만들거나 개정하기 전에 로비스트, 의뢰인 및 모든 관계된 중요한 사람들은 그들의 입법 목표가 달성 가능한지의 여부를 결정해야 한다. 달성이 가능하다는 결정이 내려지면 로비와 입법팀은 분명하고 정확한 입법 타이틀을 만들어야 한다. 로비 전략은 때론 대비해 둔 목표가 달성이 가능한 것일 수 있으므로 하나 이상의 목표를 포함한다.

중간 기술적 목표 역시 고려되어야 한다. 이러한 목표에는 이후 국회에서의 법안 통과를 위해 국회 회기 동안에서의 수정 과정이 포함된다. 모든 로비스트는 승리하기 위해 의뢰인의 목표와 활동 중에 맡은 로비 임무를 정확히 이해해야 한다.

2) 공격: 주도권을 잡고, 유지하고, 이용한다.

이 공격 원칙은 공격 행위 또는 주도권을 유지하는 것이 로비목표를 추구하고 달성하는 가장 효과적이고 결정적인 방법임을 제시한다. 방어적 로비는 때로는 적의 공격에 대응하기 위해 필수적이지만, 필수적인 로비의 힘이 정비될 때까지만 유지되어야 한다.

로비스트는 항상 좋은 방어는 공격의 한 부분임을 인식해야 한다. 그러나 주도권을 잡고 유지하는 로비스트는 대개 입법의 전쟁터를 조정하게 됨도 잊지 말아야 한다. 예를 들면, 의회 전략이 그러하다. 공청회, 최종심의, 의회 활동을 위한 국면을 만들고 일반 대중 조직들을 움직일 수 있다. 공격 행위는 적으로 하여금 행동하기보다는 반응하도록 만들기 때문에 적의 행동이 제한된다.

3) 집중: 로비의 힘을 최적의 장소와 시간에 집중해야 한다.

이 로비 원칙이 기초하는 전략 개념은 로비스트는 로비 목표에 대한 위협이 가장 큰 곳(의회, 정부, 백악관)에 로비의 힘을 주도적으로 발휘해야 한다는 것이다. 일시적인 로비 활동에 있어 적의 성격과 출현은 때로 급격히 변화한다. 그러므로 로비스트/전략가는 유연성 유지를 위해 가장 집중해야 하는 부분을 예상하고 적절한 우연성 계획을 개발해야 한다.

전술적 견지에서 이 원칙은 로비의 힘이 결정적일 시간과 장소에 집중되어야 한다는 것을 말한다. 예를 들어, 힘의 집중이 기타 로비 원칙과 함께 적절히 적용된 작은 연합체가 적절한 시간과 장소에 힘을 집중하지 않은 큰 연합체를 이길 수 있다.

4) 힘의 경제성: 이차적 입법 목표에 필수적인 로비의 힘을 최소한으로 배분한다.

충분한 자원이 없는 경우 로비스트는 여러 분야에 입법 목표를 가질지라도 그의 로비력과 노력을 가장 중요한 곳에 집중해야 한다. 그는 의뢰인과 함께 주요 목표 이외의 이차적 목표에 회사자산과 로비력을 어떻게 쓸지를 계획하고 결정해야 한다. 큰 회사는 주요목표와 이차 목표를 계획하고, 로비력을 적절히 배분하여 사용할 수 있지만, 제한된 자원의 작은 회사는 주요 목표만 집중해야 할 것이다.

5) 작전 행동: 로비 압력을 유연하게 적용하여 불리한 위치에 상대편이 있도록 만든다.

군사적 견지에서 작전 행동의 원칙은 세 개의 차원에서 서로 연관이 있다. 즉 유연성, 이동성, 기동성이다. 넓은 의미에서 이 차원들 모두는 로비 전략에 적용된다. 로비스트들은 예상할 수 없는 입법과정에서의 일에 대응할 권한과 유연성 그리고 예측 불가능한 미국 의회에 부합하는 로비 전략을 수정할 능력과 이동성을 갖춰야 한다. 로비스트의 판단은 그들이 다루는 입법 상황에서 그들을 고용한 조직과 상의할 기회가 없을 수 있기 때문에 신뢰할 수 있어야 한다. 그러므로 유연성과 이동성에는 로비의 위기에 따라 신속히 행동하고, 이전에 계획되지 않았던 때와 장소에 지원을 배치하고 필요하고 가능하다면 고용한 조직에 도움을 요청할 권한이 포함된다.

전술적 관점에서 작전 행동(기민한 움직임)은 주도권을 유지하고 취약성을 줄이는 데 필수적이다. 목표는 바로 불리한 곳에 상대편을 두는 것이다. 로비스트는 적을 불리하게 하기 위해 위원회 공청회에서 의장을 지지하거나 반대하는 외부의 정치적 힘을 배치함으로써 작전 행동 원칙의 목표를 달성할 수 있다. 또는 의회 내에 압력을 가하거나 최종심의 위원회 내에서 압력을 가하고, 기습적 의회 작전행동을 하기도 한다. 또한, 이전에 베일에 싸였던 지지자들을 공개하기도 한다. 로비스트는 그의 전체 로비력을 공개하지 않고 있다가 특정 상황에서 필요한 모든 자원을 이용해야 한다.

6) 명령의 통일성: 로비 목표를 위해서 한 명의 로비스트 지휘 하에 모든 노력이 통일되어야 한다.

이 원칙은 로비에 대한 모든 노력이 공통의 목표에 집중되어야 하고, 한 사람이 로비 활동, 공통의 목표를 지지하는 연합 멤버와 기타 인원들을 통솔하는 책임을 가진다는 것을 말한다. 적재적소에 자신과 타인의 노력을 조정하여 개개인의 능력을 최대화할 수 있는 탁월한 지도자에게서 성공적인 노력과 결과가 나온다.

7) 보안: 상대 로비스트가 예상치 않은 이득을 보도록 절대 허용해서는 안 된다.

정보 보안은 성공의 기회를 늘리고, 예기치 못한 상황을 감소시킨다. 상대 로비스트가 제삼자를 통해 얻을 수 있는 당신의 전략전술, 당신이 소개할 수정안과 법안, 당신이 배치할 미디어와 일반 대중 지원에 대한 사전 지식과 이해는 상대 로비스트를 성공으로 이끌어줄 수 있는 계기가 된다. 프로그램, 수정안, 로비 전술에 관한 보안은 어려울지도 모른다. 그러나 반대자 또는 '경계에 있는' 국회의원이나 직원에게 정보를 노출시키지 않도록 주의해야 한다. '대외비' 자료는 전략회의에서만 전달한다. 철저한 보안은 로비 활동의 방해와 우연을 방지할 수 있다.

8) 기습: 적시 적소에 적이 준비하지 않은 방식으로 적을 친다.

기습의 원칙은 보안의 원칙에 상응한다. 언론에서 관련사건을 많이 다루게 되면 상대측에게 당신의 능력과 의도를 숨기는 것이 어려울 수 있지만, 입법적 작전 행동으로 당신이 공청회에 기습 증인으로 나타날 수 있고, 최종심의에서 예상치 못한 수정안을 낼 수 있으며, 회의장에서 예상치 않은 지원으로 이득을 얻을 수 있다. 모든 국회의원이 기습 행동을 알아차리지 못하는 경우는 없지만, 만일 로비 전략이 잘 보호되었다면 상대측은 효과적인 대응책을 마련할 시간이 없을 것이다.

9) 단순성: 입법건의 완전한 이해를 위해 분명하고 간결한 로비 계획과 문서를 준비한다.

로비 계획은 군사적인 경우처럼 누가, 무엇을, 어디서, 언제, 어떻게를 정의하면서 간결하고 단순해야 한다. 관계된 모든 사람은 계획이 어떻게 실행될 것인지 알아야 한다. 목표와 과제는 만들어진 절차, 주어진 정보 수집 책임, 합동 작전 시간을 보고하면서 분명히 계획되어야 한다.

지침서는 간단해야 한다. 증인들은 증언을 요약해야 하고, 로비스트는 의회 구성원에게 간단한 지침을 얘기해야 한다. 입법건은 너무 간단해서는 안 되지만 기본 원칙도 놓쳐서는 안 된다. 오역될 수 있는 법안, 수정안 또는 지침서는 성취목표와 그 법적 근거를 설명하면서 분명하고도 간결하게 작성하고 공공의 지지를 얻고 유지하며 의회 내외부의 오해의 가능성을 최소화해야 한다.

4. 로비 적용

로비 전략 원칙들은 서로 연관이 있으나 하나 또는 몇 가지를 이용하여 승리를 확신할 수는 없다. 의뢰인과 함께 일하면서 로비스트는 로비 계획에서 공식화된 모든 원칙을 고려해야 한다. 결론적으로 로비스트는 상황에 따라 전략을 수행하고 수정하며 변화시키는데 최종적인 책임이 있다.

다시 말하자면, 성공을 위한 마법의 공식은 없다. 그러나 다음의 원칙들은 입법 과정에서의 승리에 대한 확률을 높인다.

(1) 마스터플랜(총 계획)

'로비 전략 원칙'에서 언급되었듯이 모든 로비스트의 전략에는 총 위원회, 대표나 의장, 기타 주요 팀장과 그 자신의 업무를 포함한 분명하고 간결한 문서들이 통합된 마스터플랜이 포함된다. 이 전략적 마스터플랜은 엄중히 유지되어야 하고 사본은 제한하여 만든다. 그 사본이 어디 있는지 항상 알아야 하고, 계획을 수행할 때 로비대상자들이 알아야 할 자신의 업무에 대해서만 알려야 한다. 마스터플랜은 몇 가지 범위에서 변하지만, 대개 다음 내용을 통합한다.

- 경제적 데이터와 찬반 논쟁을 포함한 분명, 간결, 상세한 이슈와 배경 설명
- 입법 역사. 만일 가능하다면 보고서, 증언, 법규집에서 발췌(고문 또는 지정 법률 고문은 이 자료를 만들 수 있다.)
- 의회 및 상원 다수당과 소수당, 주요 위원회 구성원과 직원의 이름, 전화번호, 주소를 포함한 관련 의회 위원회. 또한 접촉해야 할 대표의 사적인 직원 개개인의 이름, 전화번호, 주소를 포함한다.
- 관련 사건에 관할권이나 이익관계가 있는 백악관, OMB(행정관리예산국), 각 분과의 주요 담당자와 의회 교섭담당자의 전화번호, 주소를 포함한다.
- 협력할 당사자가 누구이고, 어떻게 조직하고, 실행하며, 피고용인, 주식보유자, 도시, 마을, 시장, 주지사 등과 같이 목표로 할 대중에 대한 특정한 지시사항을 포함한 일반 대중 지원 계획을 고려한다(이 분야에 대한 정보계획은 로비팀의 일반 대중 조정담당자가 해야 한다).
- 회사, 연합, 의회 구성원, 백악관과 부서의 관리자를 포함하여 알려진 반대 측 사람들의 이름, 주소, 전화번호 등을 포함한다.
- 지역 신문을 포함하여 이용할 수 있는 신문, 기타 간행물, 방송 매체 리스트(미디어 담당자가 이 부분에 대한 준비를 도울 수 있다.)를 준비한다.

광범위한 일반 대중 로비에 관계된 사람은 적절한 재정적 자원이 주어져야 한다. 총 계획서에는 계획을 실행하는 데 필요한 예산을 포함하고, 자금의 출처 또는 가능한 재정 후원자를 포함시킨다. 분량이 많은 총 계획서는 세 개의 링 바인더로 잘 보관하여 로비의 부분 수행에 관련된 사람들을 위해 옮기거나 복사할 수 있게 한다. 앞서 말한 대로 이것은 단지 지침일 뿐이다. 총 계획서는 로비스트의 특정한 필요에 부합되게 만들어져야 한다.

(2) 로비 활동 계획(질문목록)

로비를 시작하기 전 정보를 제공할 최고의 위치에 있는 회사 임원, 대표, 위원회 회장, 최고 고문, 개인 등에게 기본적인 질문을 하지 않고 로비를 시작하는 전문 로비스트는 없다. 로비에 대해 많은 질문을 해야 하지만 다음의 질문들이 질문목록의 상위에 올라야 하고 로비를 본격적으로 시작하기 전에 만족할 만큼의 답을 얻어야 한다.

- 회사는 강자의 위치에 있는가, 그렇지 않을 경우 어떻게 상황을 개선할 것인가?
- 이슈가 공공에 노출되면 제안자들은 모든 방면에서 방어를 준비해야 한다. 결함이 있는 법률은 좌초될 것이다. 최고의 의견으로 보강하여 최고의 위치에서 입법과정을 시작하라.
- 누가 회사의 의견을 반대하겠는가? 그리고 어떤 방식으로 반대하

는가?

- 반대편이 누가 될지, 강점과 약점은 무엇인지, 만일 당신이 그들의 입장이라면 가능한 전략은 무엇인지 결정한다. 이 초기의 계획은 상대측이 쉽게 공격할 수 없는 회사의 위치 계획을 포함한다.
- 영향을 받는 특정 대중과 일반 대중은 누구인가? 그 범위는?
- 공공의 영향력은 부정적인 것보다 더 긍정적인가? 몇몇 대중이 부정적으로 영향을 받는다면 그 위기는 수용 가능한가?
- 회사 이슈의 결과에 영향을 가장 많이 끼칠 입법과 정치적 연결고리에서 중요한 사람은 누구인가? 그리고 어떤 위원회가 입법과정을 다루게 될까?
- 회사의 입법적 위치, 적당한 시기, 전략에 영향을 줄 수 있는 중요 결정권자를 정한다.
- 의뢰 회사는 신뢰성이 있는가?
- 회사가 실적에 근거하여 신뢰할만한 정보를 제공한다는 평판을 가지고 있는지 알아본다. 너무 자주 거짓말을 하지 않는가? 국회와 정부에 관련된 모든 사실을 제공하는가?)
- 입법 전략은 유효한가? - 입법 초안, 후원, 연합, 전술 공헌, 일반 대중 지원에서부터 모든 입법 과정을 면밀히 검토한다.
- 연방, 주, 민간 부문에 대한 예산 효과는 어떠한가?
- 연방 예산에 대한 영향은 성공 가능성 평가에 있어 중요하다.

로비 전략 계획에서 신뢰성 요소는 매우 중요하다. 논쟁할 요소들은 믿을 수 있는 것이어야 하고, 로비스트는 의뢰인에게 신뢰감을 주어 의뢰인이 믿고 따르도록 해야 한다. 신뢰성은 잘못된 판단에 의해 갑작스럽게 무너질 수 있으므로 로비스트는 긴장감과 함께 항상 정확한 판단력을 가지고 실행에 옮겨야 한다. 신뢰성은 사람들을 믿음으로 하나로 묶는 시멘트와 같은 역할을 한다. 이것은 계속되는 관계를 만드는 접착제이다. 로비 계획이 승인되지 못할 때 신뢰성으로 승인을 얻어라. 신뢰할 만한 논쟁점과 로비스트를 가진 의뢰처는 실현 가능한 로비에 임하는 태도로 시작하는 것과 같다.

5. 로비 기술

로비는 고전적인 기술이다. 미국에서 '로비'라는 용어는 입법자들이 워싱턴의 호텔 로비에서 여러 사람과 만남을 가졌던 1800년대 말에 도입되었다. 기본적으로, 이것은 어느 한 당사자가 다양한 수단을 이용하여 또 다른 당사자의 의견에 영향을 미치게 할 수 있는 설득의 기술이다. 오늘날 로비활동은 수십억 불 규모의 투자가 이루어지며, 우리의 생활상의 거의 모든 면에 영향을 끼친다. 전 세계의 복지, 우리가 숨 쉬는 공기, 먹는 음식, 사용하는 에너지, 교통수단, 보험, 금융, 우편수단과 돈, 이 모든 것을 다루는 로비활동은 워싱턴에서 가장 규모가 큰 업무 부문이다. 이와 같이 로비는 전 세계적인 대규모 사업이지만 이것의 기본적인 원리는 올바르게 실행되고 있지 못하다. 현재 세계는 수많은 규칙과 규제를 통해서 구현된 끝없이 얽혀 있는 법의 미로에 의해 지배되고 있으며, 이러한 법, 규칙, 그리고 규제를 변경하려면, 최고의 로비기술 활용이 요구된다.

로비란 매우 오래된 기술이나, 여전히 의심쩍은 시선을 많이 받는다. 세계 로비 중심가인 워싱턴D.C.에서조차도 "저는 로비스트입니다."라고 말하는 자를 의심쩍은 시선으로 바라본다. 이런 이유로, 어떤 로비스트들은 사람들이 "……어떤 일을 하세요?"란 질문을 하면, "입법 계에서 일합니다."라고 말하기도 한다. 로비스트는 때로 워싱턴 대변인, 대외홍보 전문인, 변호사라 자칭하며, 중앙정보원 첩보원인 양 대중으로부터 자신의 일에 관한 정보유출을 막는다.

앞서 살펴보았듯이 로비 전략 원칙(목표, 공격, 집중, 힘의 경제성, 작전 행동, 명령의 통일, 보안, 기습, 단순성)은 특정한 기술로 인해 실행된다. 일련의 행동이 이전에 성공한 적이 있던 것이라도 승리를 보장하지는 못한다. 그러나 전문 로비스트는 각각의 상황에서 원하는 결과를 만드는 전략을 선택한다. 성공적인 로비스트는 다음의 로비 기술들을 적절하게 일정 범위로 사용한다.

- 의회 모금: 비록 로비 입법과정과 직접 연관은 없지만, 국회의원을 위한 모금을 돕는 것은 성공적 로비를 위한 도로를 닦는 '유연화' 과정의 한 부분이다. 모금 행사에 참여하여 로비스트는 접근가능성과 영향력을 행사하기 위해 친구들을 만들고 관계를 구축할 기회를 갖는다.
- 정치 행위 기여: 국회의원에게 정치 행위 자금을 기부하여 입법과정을 고려하기 전에 연결될 다리를 구축한다.
- 정치계와 의회의 지명에 영향력 행사: 경험 많은 전문로비스트는 차후를 대비하여 입법건에 대해 공감할 수 있는 하부 위원회와 위원회 회장, 의회 리더 선정에 영향력을 행사할 시도를 한다. 제휴 그룹

과 함께 일하는 산업 연합은 연방 통신 위원회와 환경보호국 같은 주요부서 수장 자리에 그들 산업의 회원이 선정될 수 있도록 로비해야 한다.

– 의회와 정부 관리를 도움: 기업 대표나 로비스트는 의회와 정부 관리에게 정보와 전문적 조언 및 개인적 서비스를 제공하여 정치적 로비력을 축적할 수 있다.

– 일반 입법 공적 관계: 계획된 공적 관계 프로그램은 의회 구성원과 정부 관리를 포함하여 우호적인 입법 분위기 조성에 필수적이다. 점심, 저녁, 연회, 정치적 회의, 의회 여행, 모금 원조 등의 공적 관계 프로그램은 필요할 때 접근할 수 있는 개인적 연락관계를 구축하도록 돕는다.

– 무료 서비스: 기업 대표는 미국 정부에 의한 연구 산하 현안에 대해 요청받거나 정부 임시 특별위원회에 봉사하는 것 등을 자원해야 한다. 비록 시간 낭비적이고 당장의 가치가 없어도 이런 서비스는 로비스트들에게 정부 관리와 친해질 수 있는 기회를 제공한다.

– 제안된 입법과 규정 초안: 회사나 고객의 관점을 반영하는 제안된 법안, 법률, 규정 초안이 의회 구성원이나 고문에게 고려되도록 제공할 수 있다(워싱턴의 로비 법률회사가 초안한 주요 법안들은 오늘날 법규집에 있다).

– 연합 구축: 로비스트는 연합체를 구축해야 한다. 거의 모든 입법 제안은 잠재적인 연합체를 가진다. 강한 지지는 더 쉽게 입법 성공의 기회를 제공한다.

– 의회 공청회: 의회 공청회는 로비의 초석이 될 수 있고 증언, 질문,

답변은 이후 일반 대중을 위한 로비에 쓸 수 있다. 의회 공청회를 받는 것은 입법전략의 중요한 부분이다.

- 영향력 있는 지지 발생: 공동체의 지도자나 영향력 있는 지지자가 안건에 대한 그들의 생각을 선택된 국회의원에게 강력한 내용으로 편지를 써 보내도록 로비한다. 산업과 비즈니스계의 리더들, 교육자, 지방 정부 관리에게는 일반 대중 로비 시작 전에 미리 로비하도록 한다.

- 일반 대중 로비: 조직된 일반 대중로비가 로비 프로그램의 한 부분이 되도록 해야 한다. 정교한 컴퓨터 운영기술이 이 로비 기술의 중요성을 증가시켰다. 일반 대중 로비는 법안 소개, 최종심의, 의회 활동과 회의를 지지하는 입법 과정 전, 중 또는 후에 실행되어야 한다.

- 정부 담당자 로비: 일반적으로 또는 선택적으로 정부 담당자를 로비하는 것은 가장 흔한 로비의 한 부분이다. 로비스트와 회사의 정치적 영향력에 따라 사법부의 장관이나 실무진에 투입할 수 있다.

- 기술 전문가와 연구 정보의 활용: 의회나 정부를 로비하는 것은 때로 기술 전문가의 발표 보고서 준비와 관련이 있다. 프로그램의 전반적인 로비를 위한 것이 아니라 전문 지식이 필요한 청중을 위한 것이다. 대부분의 로비 노력은 로비스트가 독립 컨설팅 회사를 고용하여 이슈에 대한 깊은 분석을 준비하고 지지 논의와 함께 정부나 의회에 발표할 때 향상된다. 이러한 문서는 의회, 정부 내, 또는 일반 대중로비를 위한 기본 도구이다.

- 의회 주변의 지지를 구함: 국회의원이 지지하도록 만드는 것은 입법 이슈의 성공에 매우 중요하다. 특정 법안이 얼마나 그들의 지역

구 또는 주를 돕거나 해치는지 간단히 설명하는 보고서를 준비한다. 국회의원은 법안을 지지하거나 반대할 이유가 필요하다.

- 언론과 미디어 활용: 대부분의 로비는 회사 홍보부와 회사 대표나 로비스트와 협력할 전문 홍보 인력에 의한 언론과 미디어의 활용을 포함한다. 언론과 미디어가 입법을 촉진하거나 또는 해를 끼칠 수 있기 때문에 로비스트는 언론과 미디어의 이용에 대한 장단점과 계획을 고객에게 조언해야 한다.

- 공공 시위를 위한 인원동원: 모든 입법을 위한 노력과정에서 직접 방문하는 로비를 위해 회사 직원을 동원하거나 회사를 전면에 드러낼 필요는 없다. 이슈가 개입 정도를 결정한다. '인원 동원'은 많은 직원이나 중요 경영진에 적용될 수 있고, 시위가 항상 효과적이지는 않지만 적시 적소에 유용할 수 있다. 소란스럽고 남용되는 대중 시위는 역효과가 될 수 있으므로 조심해야 한다.

간단히 요약된 로비 기술은 단지 로비영역에서 명백한 것들일 뿐이다. 로비스트들은 이슈에 맞는 기술과 그 변형을 골라내어 사용해야 한다. 과학보다는 기술로서 '입법의 빛'을 찾는 창조적인 마인드가 필요하다. 로비스트, 연합체, 회사가 입법 제정자들에게 영향력을 끼칠 유권자 지지를 발생시키는 경쟁력 있고 정교한 업무를 행함으로써 정치적 영향력을 만들고 이끌 수 있다.

6. 로비 대상

(1) 직접로비 대상

누가 주도적인 위치에 있는가? 누가 존경을 받는가? 반대세력은 어디에 있는가? 위원회는 어떤가? 현안에 따라 다르긴 하지만 일반적으로 지도자들, 위원회와 일반 의원들이 주요 목표대상이다. 많은 의원에게 시간을 할애할 필요는 없으며, 결정권자에게 중점적으로 시간을 할애하는 편이 더 낫다. 관계 분과위원회 위원들은 직접적으로 혹은 의사운영위원회를 통하여 법안이 검토될 것인지의 여부와 또 언제 검토될 것인지를 결정할 수 있다. 법안이 관계 위원회를 거치지 않고 상정되려면 의사운영위원회의 특별 명령 일정이 잡혀야 한다. 미국에서는 하원 의장이나 상원의장의 수석 보좌관들이 의사운영위원회의 의장이다. 모든 로비스트의 관심사는 '내 법안을 어떻게 특별 명령 일정에 올릴 수 있는가?'이다. 어떤 경우에는 로비스트들이 행정부 지도자들, 즉 주지사와 그의 참모 및 각 부서장에게 공을 들인다. 예를 들어 환경문제의 경우 주지사와 환경 부처들이 지도적인 역할을 한다. 또 카운티나 도시들의 지원은 지역개발부에서 맡을 수도 있다. 대개 과세나 예산 문제에 있어서는 행정 부처들이 앞장을 선다. 로비스트의 의뢰인이 금융이나 세출원에 관심을 가지고 있으면, 일은 정부기관의 예산안에서부터 시작된다. 그 후에 주지사 사무실 쪽의 예산안 배정에 중점적으로 로비해야 한다. 현안이 무엇이든 간에 로비스트가 법안을 통과시키려면 반드시 주지사를 설득해야 한다. 왜냐하면, 주지사는 언제나 거부권을 행사할 수 있기 때문이다. 로비스트의 주요 목표대상은 위원회 의장이다. 의장이 법안을 후원할 경우, 위원회에서는 물론이거니와 최소한 하원에서라도 통과될 가능성은 커진다. 대부분의 주 위원회 의장에게는 위원회에 회부된 법안에 대한 폐기 또는 발기의 권한이 있다. 그래서 로비스트가 법안을 무산시키려고 한다면 위원회 의장을 집중적으로 공략해야 한다.

오리건(Oregon) 주정부 인터넷 사이트에서 제공하는 로비에 관한 정보.

미국 오리건 주지사(Gov. of Oregon State) Kate Brown,
행정장관(COO of Oregon Administrative Dept.) Katy Coba,
저자의 내자 정문희 2016. 12. 2.

(2) 입법부의 주요직원들

입법부의 주요 직원들은 의원들에게 많은 영향력을 행사한다. 그들은 의원 보좌관 및 위원회 자문들과 일하며, 특히 법안의 상세한 사항 및 개정안과 관련된 일을 한다. 의원들이 입법안에 찬성하는 경우 일을 전담하기도 하고, 로비스트가 의원의 원칙에 따라 일을 할 수 있도록 돕기도 한다. 로비스트의 연락망은 개인마다 다르지만, 특정 직원을 목표대상으로 삼는 것은 흔히 있는 일이다. 로비스트는 현안에 개입된 사람이라면 누구도 무시해서는 안 된다. 그리고 로비스트가 모든 의원을 다 설득할 수는 없기 때문에 반대자들의 생각을 바꾸려고 하기보다는 미결정자들, 즉 설득이 될 수 있을 만한 의원들에게 노력해야 한다. 또 위원회 절차에서 가장 중요한 것이 바로 청문회이다. 이때 지지자와 반대자들이 조언을 한다. 위원회 청문회에는 현안에 관련하여 일하는 모든 로비스트가 집합한다. 청문회에서의 증언으로 투표결과가 바뀌는 경우는 드물지만, 언론의 주의를 끌고 의원들에게 정보를 전달하는 한편 단체 회원들의 관심을 살 수 있는 마지막 기회이기도 하다. 또한, 청문회는 의원들에게 있어 로비스트를 평가할 기회이기도 하다.

1995년 저자가 약 2조 원에 달하는 현대전자(Hynix 전신)의 64 D-Ram 생산공장을 오리건 주 Eugene에 유치한 공로로 당시 Neil Goldsmith 주지사로부터 받은 '한국주재 오리건 주 야전사령관'이라는 칭호의 헬멧. 이 프로젝트는 당시 한국 해외투자 역사상 가장 큰 규모였으며, 오리건 주에게도 역사상 가장 큰 액수의 해외직접투자 유치였음.

2016.11.30: Oregon 소재 Erickson Inc. S-64(초대형소방헬기: 약 240억 원)의 우리나라 산림청(KFS) 납품 계약 성공에 오리건 주정부 대표로서 저자의 도움에 대한 감사패(3 Stars)

Gallatin Public Affairs(GPA)는 미국 오리건 주에 소재한 유명한 로비스트 회사이다. 이 회사를 예로 로비스트회사의 구성원은 누구이며, 그 활동내용은 어떠한지 알아보자.

1) GPA: 회사의 구성원

Greg Peden(사장): Greg Peden씨는 주 정부나 연방 정부와의 관계에서 40여 년이 넘게 폭넓은 경험을 가지고 로비스트로 활동하고 있다. 그는 성실성과 정보에 대한 분석 능력으로 민주 공화 양쪽으로부터 좋은 평판을 가지고 있으며 그로 인해 정부관계 일 중 어느 한 쪽에 치우치지 않고 접근이 가능한 사람이다. 로비스트로서의 그를 Rogue Valley 지역협회 개발담당 국장 Richard K. Mclaughlin 씨는 "정치적 사화에 대한 그의 정보와 파악 능력은 탁월하다. 그와 관계를 맺고 있는 사람들과 아주 독특하고 탁월하게 의견을 교환하는 능력을 갖추고 있다."라고 했으며 Searle & Company 정부 관계 부서 국장인 Dave Gleason 씨는 "Peden 씨의 도움 없이는 우리 회사가 추진하는 어떤 법안도 통과시킬 수 없다는 것은 의심의 여지가 없다. 그와의 상담, 그의 지도 경험 그리고 판단력 등은 정말 크게 도움이 된다. 무엇보다도 그가 지니고 있는 높은 도덕성은 아주 중요하고 필수적인바, 이것이 바로 그가 아주 효과적으로 로비활동을 하는 평상시의 태도이다."라고 말한다.

Ryan Frank(직원): Ryan Frank 씨는 수년 동안 오리건 주 상원 의회의 직원으로서 주의 입법과정에서 일한 뒤 이 회사의 파트너로서 함께 일하고 있다. 15년 동안의 의회에서의 경험은 고객들을 위한 로비 활동에 많은 도움을 주고 있다. 그의 고객들은 그의 안건에 대한 균형감과 문제점에 대한 진지한 접근과 해결 능력에 대해 높이 평가한다. 로비스트로서 Mr. Frank에 대해 전 오리건주지사였던 John Kitzhaber 씨는 "로비 활동이 필요한 개인이나 집단이 나한테 전화를 걸어오면, 지체없이 당신을 추천하겠다. 왜냐하면, 지난 수년 동안 당신을 지켜봤으며 그리고 당신의 능력에 아주 깊은 인상을 받았기 때문이다."라고 말했다.

Matthew Friesen(직원): 1997년 Matthew Friesen 씨는 각종 정치 활동에 홍보 책임자로 활동하기도 했으며 또 입법부의 참모로서 일한 경험이 있다. 그는 입법 과정이나 입법부 사람들과 정보를 교환하는데, 탁월한 능력이 있다. 그는 고객들에게 유용한 회의일정이나 안건 등에 대한 이해나 편의 등을 제공하며 긴밀한 관계를 유지한다. 기업 재단의 Becky Shine 씨는 로비스트로서의 그에 대해 "우리가 추진하고 있는 법안을 통과시키는데 가장 중요한 것 중의 하나는 그를 로비스트로 고용했다는 것이다. 그는 입법과정의 얽히고설킨 복잡한 문제들을 풀어나가는 데 있어 그의 경험과 지도는 누구도 따라올 수 없었으며 무엇보다도 그는 함께 일하는 것을 즐거워한다."라고 말한다.

Morgon Belts(직원): 의회의 분과위원회 직원으로서 수년간 일한 그녀의 경험은 DBA 회사의 일원으로서 일하는 데 손색이 없다. 의회 경험은 물론, 대각에서 영어 교사, 신문 기자, 직업 훈련원 교사 등의 경험을 가지고 있으며 고객들과 원활한 의사소통은 물론 합의 도출에 대한 훌륭한 재능이 있다. 복지 재단의 사장인 Richard D. Brinkley 씨는 "Morgon Belts의 조언은 정계의 주요 인사들에게 우리의 복지 재단의 입지를 알리는 데 아주 유용했다."라고 이야기한다.

미국 오리건 주 포트랜드 소재 유명 로비회사(Gallatin Public Affairs : GPA)의 소개서

2016. 12. 6. 사장 Greg Peden 씨와 GPA 회사 현관 벽화 앞에서

2) Gallatin Public Affairs: 회사는 다음과 같은 점을 특징으로
내세운다.

Professional Qualifications(전문적 자격)
- 오랜 역사와 경험
- 전략과 전술
- 효과

Professional Experience(전문적 경험)
- 대정부 관계
- 안건의 운용
- 로비활동
- 관련단체와의 관계
- 회원 봉사
- 전략 수립

Associates(관련 업무)
- 대중 홍보 및 참여
- 연합 결성
- 각종 이벤트 계획 및 운용

3) Do's & Don'ts of Lobbying (로비의 해야 할 것과 하지 말아야 할 것)

Do's & Dont's of Lobbying

Lobbyist(by Webster's New World Dictionary): n. a person, acting for a special interest group, who tries to influence the introduction of or voting on legislation or the decisions of government administrators(Webster's New World 사전에 의하면 로비스트는 정부의 결정이나 입법부의 투표에 영향을 미침으로써 특별한 혜택을 받는 단체를 위해 일하는 사람을 말한다).

① **Honesty: 정직**

- Do not exaggerate the merits or problems with a bill. 의안의 장점이나 단점을 과장하지 마라.
- Be realistic. 현실적이어라.
- Do not say the world will com to an end. 오직 이것만이 최선이라고 간주하지 마라.
- Be sincere. 성실해라.
- Admit a mistake. 과오를 인정하라.
- Apologize. 잘못이 있으면 사과해라.

② Respect: 존중

- Avoid disdain for legislators and the system. 의원이나 입법

제도에 오만하지 마라.

- Respect legislatorｉˉs view. 의원의 의견을 존중해라.

- Legislators will listen to constituents first. 의원들에게는 선거구민이 제일 중요함을 인식해라.

- Never embarrass a legislator. 의원의 입장을 난처하게 하지 마라.

- Give strokes to your friends. 우호적인 사람들에게도 기회를 줘라.

- Never beat up on your friends. 친구들을 파멸시키지 마라.

- Be courteous. 예의 바르게 행동하라.

- Be punctual. 시간을 엄수해라.

- Be concise. 간단명료해라.

- Always introduce people with you. (의원들에게) 함께하는 사람들을 소개하라.

- Never follow a legislator into the restroom. Never! 절대로 의원이 화장실에 갈 때 따라가지 마라.

③ Be prepared: 준비

- Do your homework. 숙제를 하듯 준비해라.

- Know each legislator's political bent. 의원들의 정치적 성향을 분석해라.

- Do not assume anything. 미리 짐작하지 마라.

- Don't get caught by surprise. 놀라게 하지 마라.

- Don't let legislators get caught by surprise. 의원들에게 갑작스런 정보를 주어 당황하게 하지 마라.

- Deal with committee members first. 관련 상임위원회 의원들과 먼저 상의하라.
- Some legislators commute. 어떤 의원은 통금 시간이 있음을 유의해라.
- Make an initial contact with every legislator. 모든 의원을 개별적으로 접촉해라.
- Educate your detractors. 반대 측 의원들에게도 입장을 알려라.
- Find supportive legislators to draft and sponsor. 후원하는 의원을 확보해라.
- Use visual aids when possible. 필요할 때 능력 있는 의원 보좌관의 협조를 활용해라.
- Know where your bill is at all times. 항상 당신의 의안이 어디쯤 있는지 파악하라.
- Identify legislators' constituents who are supportive of your position. 당신의 의안에 협조적인 의원의 선거구에 대해 파악해라.
- Know as much about the legislator and his or her spouse, family and district as possible. 그 의원의 가족, 배우자 및 선거구 등에 대해 가능한 많은 정보를 입수해라.

④ Your Demeanor: 태도
- Do not demand. 강요하지 마라.
- Do not threaten. 협박하지 마라.

- Do not get angry. 화내지 마라.

- Know which legislators do not like to be summoned from the floor or from committee. 의원들은 관련 상임위나 본 회의로부터 소환되는 것을 원치 않는다는 것을 알아라.

- Don't be convoluted. 어떤 안건에 대해 지나치게 복잡하지 마라.

- Have a sense of humor. 유머 감각을 가져라.

- Always ask directly for support of your position. 당신의 입장에 대한 지지를 직접 요청해라.

- Do not be intimidated by legislators. 의원들과 지나치게 가까이 지내지 마라(不可近 不可遠).

⑤ Staff: Use the Golden Rule 참모: 규칙 활용하기

- When you talk to staff, you are talking to the member. 의원의 참모에게 이야기하는 것은 결국 의원과 이야기하는 것과 같음을 잊지 마라.

- Be friendly to staff. 참모들과 우호적으로 지내라.

- Follow up with staff. 참모들의 견해를 존중해라.

- Only use staff when it's appropriate. 의원 참모들의 활용은 꼭 필요할 때만 해라.

- Meet committee administrators and assistants. 상임 분과위의 행정관이나 조력자들을 접촉해라.

⑥ Follow- Through is Critical 과정: 과정의 중요성

- Say "I will get back to you." and do it. 그 일을 추진하기 위해 당신의 도움이 필요하다 말해라.

- If you don't know the answer, find out. 만약 해결책을 모르면 찾아내라.

- Notify legislators of changes. 의원들의 변화를 인지해라.

- Give recognition to members who have helped you in their communities. 관련 상임위원회에서 어느 의원이 도움이 되었는지 파악해라.

- Send thank you notes. 감사의 표시를 해라.

⑦ Chaos is Natural: 혼란은 당연.

- Chaos is natural. 무슨 일을 하는데 어려움은 당연하다.

- If you crumble, you will lose. 그렇다고 만약 포기하면 결국 실패한다.

- Be prepared for chaos. 예상되는 어려움에 대처하라.

- Chaos does work. 혼란스런 과정을 겪으며 일이 된다.

⑧ Sexual Attitudes and Conduct: 이성 간의 관계

- Never touch a member of the staff or legislature in a familiar manner. 지나치게 친한척하며 의원이나 참모들에게 신체적인 접촉을 하지 마라.

- Don't flirt or act personally interested in legislators or staff. 사적인 일로 그들과 괜히 잡담하지 마라.

- Men: Don't talk down to women legislators OR women staff. 여자의원이나 참모들을 낮게 보지 마라.

- Don't let legislators or staff compromise you sexually. 의원이나 참모들을 어떤 성적으로 관계하지 마라.

- Gay and lesbian legislators. 동성연애자들도 있다는 것을 알아라.

⑨ The Interim: 회기 중

- Stay in touch with incumbents. 현직 의원들과 꾸준한 관계를 맺어라.

- Know legislators' schedules. 의원들의 일정을 파악해라.

- Invite legislators to speak at your events. 당신이 준비한 행사에 초대해 연설기회를 줘라.

- Know your own legislators. 당신의 적극적인 지지를 파악하라.

- The interim is campaign time. How can you help? 회기는 일종의 선거기간이다. 어떻게 도울 수 있을까?

- Money is the mother's milk of campaigns. 돈은 선거운동에서 어머니의 젖줄과 같은 것이다.

⑩ Ethics: 윤리

- Register only if you have to. 만일 꼭 해야 된다면 반드시 등록하라.

- During legislative sessions, never discuss money with legislators. 회기 중에는 절대로 의원들과 돈에 대해서 상의하지

마라.

- Never discuss campaign contributions. 선거운동 기부금에 대해 절대로 언급하지 마라.

- Don't assume a legislator was supported by anyone, particularly your opposition. 상대하는 의원이 당신의 반대편에 있는 사람들로부터 후원받고 있다고 넘겨짚지 마라.

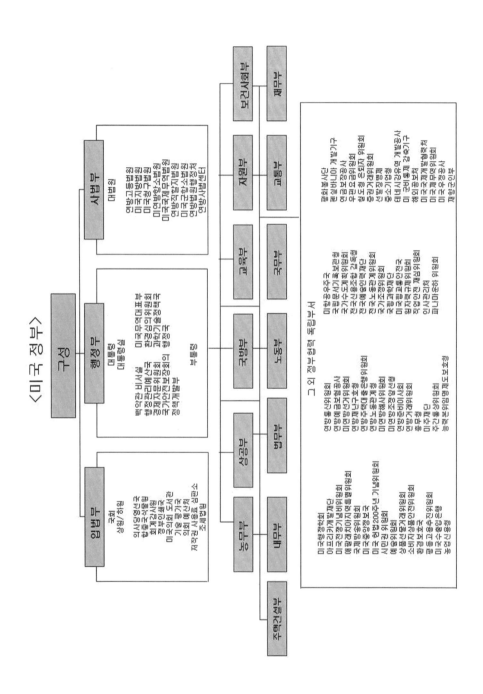

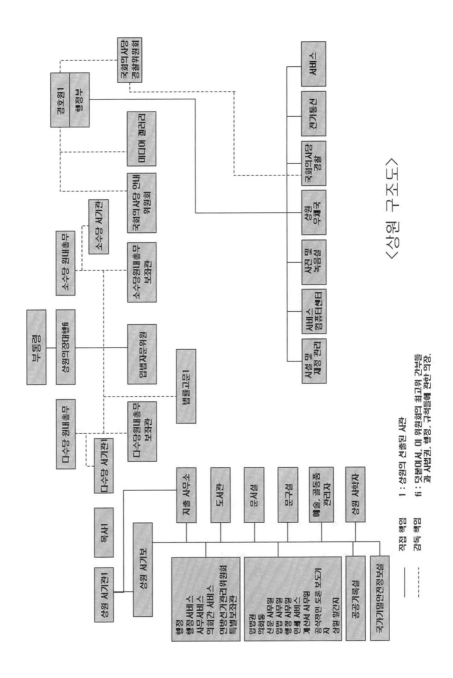

〈성원 구조도〉

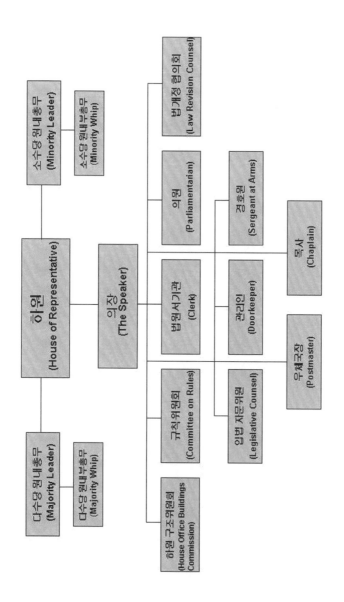

<하원 구조도>

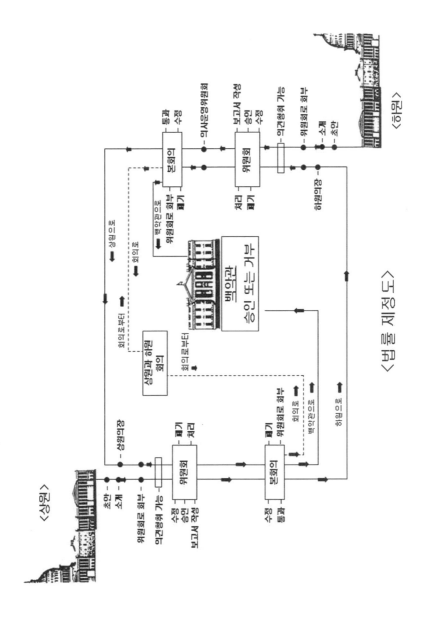

〈법률 제정도〉

Chapter. 3

로비스트

1. 로비스트의 정의

2005년도 '워싱턴 포스트(Washington Post)'의 보도에 의하면 연방정부에 등록된 로비스트 수는 2000년 이후 급속히 증가, 2005년 6월에는 3만 4,750명이 활동했었다고 한다. 이 중 수도 워싱턴 DC에는 2만 6,013명의 등록된 로비스트가 활동 중이었던 것으로 알려졌다. 이들 로비스트 중에는 전직 상·하원 의원과 행정부의 고위관리, 의원 보좌관들이 대거 포함되어 있다.

로비스트라는 용어는 영국 하원의 복도에서 의원들을 만나 취재하기 위해 기다리고 있던 기자들에서 유래했다. 미국에서는 의사당 본회의장 주변에 있는 로비 룸에서 청원업자들이 대기하고 있었던 데서 비롯했다. 로비스트들의 활동은 미국에서는 100% 합법이며, 세계에서 미국 외에 드러내놓고 로비활동을 펼치는 나라는 없다. 미국의 정치드라마 'West Wing'을 보면 로비스트들이 자신들의 이익을 관철하기 위하여 백악관의 참모 사무실과 심지어 대통령을 직접 만나 의견을 개진하는 장면이 수업이 나온다. 드라마 속의 장면이 실제 백악관에서의 로비활동과 무관하지는 않을 것이다.

(1) 로비스트와 에이전트

린다 김(본명: 김귀옥)의 저서인 "코코펠리는 쓸쓸하다"에서는 로비스트와 에이전트를 다음과 같이 구별하고 있다.

> … 에이전트는 공식적으로 어떤 회사의 대리인 역할을 하고, 한국의 군수 사업에 참여하기 위해 필요한 서류 작성, 정보 수집, 담당자들과의 연락 등 실무적인 일을 담당한다. 따라서 에이전트는 어떤 군수사업이든지 초기부터 일을 하게 된다.
>
> 로비스트는 에이전트와는 달리 공식적으로 나서지 않는다. 물론 어떤 특정한 회사와 컨설턴트 계약을 맺고 그 회사의 제품이 선정되도록 일한다는 점에서는 에이전트와 다를 바 없지만, 실무적인 일보다는 막후에서 협상 조정 역을 한다는 점에서는 다르다.
>
> 어떤 군수사업에 처음부터 관여하는 로비스트도 있지만, 추진 중인 사업이 어려움에 부딪혔을 때 그 어려움을 해결하기 위해 일을 시작하는 로비스트도 있다. 컨설턴트 계약서상에서는 로비스트와 에이전트가 구분되어 있지 않지만 실제적으로 담당하는 일은 확실히 구별된다. …

즉 로비스트를 거래의 전면에 나서지 않는 상태에서 거래가 이루어지도록 돕는 역할을 하는 사람 또는 계약의 성사를 위해 암묵적으로 일하는 사람이라 정의한다. 그에 반해 에이전트는 공식 입찰에 참여하거나 거래 측의 창구 역할을 하는 것이라 일컫는다. 이러한 단편적인 특성으로 말미암아 로비스트라고 하면 '비밀스런 뒷거래'를 생각하는 사람들이 많은 것 같다. 김 귀옥 씨에 의하면, 로비스트의 주된 일은 정확한 정보를 제공하고 합리적으로 설득하는 것이라고 한다. 즉 물건을 팔 사람으로부터 고용되며 물건을 판매할 대상을 물색하여 거래를 성사시킬 임무를 띠고 있는 것이다. 요약하면 매도인(Seller)의 생산품에 대한 객관적이고 정확한 정보를 가지고 매도 품목을 필요로 하는 매수인(Buyer)을 찾아내어, 합리적인 타협점을 찾아내도록 노력하는 사람을 가리키는 것이다. 물론 매도인으로부터 보상을 받지만, 매수인의 입장을 최대한 반영하는 것이 해당 로비스트의 생명력과 연관되기에 어느 한 쪽에 치우친 형태의 것이 아닌, 말 그대로 중개인인 것이다.

고속철도 테제베로 유명한 로비스트 강귀희 씨는 그녀의 저서인 『로비~ 여자』에서 입찰경쟁을 '총성 없는 전쟁터'라고 표현한다.

> … 그 중에서 피를 마르게 하는 입찰 경쟁은 한 마디로 총성 없는 전쟁터와 같다. 내가 먼저 쏘지 않으면 상대방의 총알에 쓰러지는 비정한 비즈니스다. 남들보다 먼저 고민하고, 좋은 제품을 확보하며, 새로운 서비스를 개발하고, 그리고 마지막까지도 긴장의 고삐를 늦추지 않아야만 이길 수 있다. …

결국, 딜(Deal)을 성사시킬 목적으로 해당 분야에 대한 전문지식을 바탕으로 남보다 먼저 양질의 정보를 확보하고 끝까지 노력하는 사람이라는 것이다. 여자의 몸으로는 발도 붙이기 어렵다는 우리나라 건설업계의 중장비 계약을 성사시킨 그녀의 노력이 어떠했을지 짐작할 만하다.

오리건 주의 주도인 샐럼(Salem)에서 근 30여 년간 로비스트로 활동하다 지금은 미 서부 농산물 무역협회(Western United States Agricultural Trade Association)의 사무총장으로 봉직하고 있는 앤드류 앤더슨(Andrew Anderson) 씨를 만났는데, 그는 한마디로 "로비는 되어야 할 일은 되게 하고 안 돼야 할 일은 안 되게 하는 것!"이라고 하였다. 즉 1%의 가능성이라도 보인다면 면밀히 분석하고 계획하여 빛나는 성과를 만들어낼 수 있는 것이 로비이지만, 99% 이상의 가능성이 보장되는 비교적 용이한 거래라도 그것이 옳지 않다면 해서는 안 될 것이 로비라는 것이다.

로비스트의 정의는 대상이 누구냐에 따라 달라질 수 있다. 다시 말해서 정부를 대상으로 삼는가, 기업을 상대로 하는가, 개인이나 이익단체를 위해서 이루어지는 것인가에 따라 의미가 약간 달라질 수 있다는 것이다. 하지만, 이들은 로비나 로비스트의 대상이라는 카테고리 내에 포함된 개념이기에 일반적인 정의 자체가 무리는 아니라고 생각한다. 결국, 로비라는 것은 인간의 기본 성향인 사회성에 입각하여 원만하고 다양한 대인 관계를 바탕으로 대상 간의 합리적 타협점인 거래를 성사시키기 위한 객관적이며 신속한 정보 획득 과정이라고 정의될 수 있으며, 그러한 로비의 대가를 위한 전문 인력이 로비스트라고 할 수 있겠다.

(2) 로비스트의 법적 지위

일반적인 의미에서 봤을 때, 우리는 모두 로비를 한 경험 혹은 로비를 당한 경험이 있다. 거의 매일 우리는 의식적 혹은 무의식적으로 우리에게 이득이 되는 일을 하도록, 반대로 해가 되는 일은 하지 못하도록 하고 있다. 어떤 사람들이 정부 관료나 국회의원, 혹은 시의원이나 도의원에게 로비하기도 한다. 그들이 특정방향으로 행동하거나 투표하기를 바라는 사람들은 자신의 이득을 위해 로비를 하는 것이다. 그러나 로비를 얼마나 잘하는 가와는 무관하게 생계의 수단 혹은 직업적으로 하는 사람들은 소수에 불과하다. 엄밀하게 말해서 비교적 몇 안 되는 사람들만이 로비스트의 법적인 정의에 적용될 수 있다.

미국의 경우 일반적으로 로비스트가 법적 지위를 획득하기 위해서는 상원 사무국과 하원 사무국에 등록해야 할 의무가 있다.

(3) 로비스트의 역할

1) 대리인

기본적으로 로비스트는 대리인으로서 특정 이익집단의 의견을 객관적인 정보로써 제시하는 역할을 한다. 거래의 성사에 있어서 로비스트는 일반적인 대리인보다 그 능력을 훨씬 더 크게 발휘할 수 있다는 장점이 있다. 막후에서 조정역할을 한다는 점이 바로 그것이다. 그러나 에이전트와 비교하여 공식적으로 나서지 않는다는 점은 잘못하면 비도덕적인 로비방법, 즉 음성로비의 가능성을 내포하게 된다. 로비스트는 자신을 고용하는 측의 이익을 대변하는 역할을 한다. 앞서 언급했듯이 대상에 대한 객관적인 정보를 가지고 딜을 성사시키는 것이다. 따라서 일단 로비스트로 고용되면, 해당 사업과 경쟁사업 측에 대해서 공부하는 것이 가장 중요하다고 할 수 있다. 그리고 거래 자체에 대한 평가는 고용 주체에 관한 문제이기 때문에 고용주체는 정부가 될 수도 있고 기업이 될 수도, 일반 이익단체가 될 수도 있다.

대한민국의 초대 미스코리아로서 테제베 로비스트였던 강 귀희 씨는 1977년 포탄사와 현대건설과의 거래를 성사시켰다. 그녀는 자신의 저서

"로비스트의 신화가 된 여자"에서 나름대로 대한민국을 위한 마음이 있었음을 드러냈다. 당시 우리나라는 중장비 기술 제휴는 감히 상상도 하지 못하고 있을 때였다. 기껏해야 값싼 노동력을 이용한 봉제나 가발, 섬유, 나아가 조선 등 노동 집약적 산업에만 의존했을 뿐 최첨단 중장비 개발이나 기술 제휴는 꿈같은 이야기였다. 당시 프랑스 회사는 현대와의 기술 제휴를 꺼리고 있었고, 현대건설의 사우디 아라비아 주택 건설 프로젝트에 필요한 장비는 포탄사의 타워 크레인 86대였다. 단일 거래 물량으로는 엄청난 규모인 것이다(한 대당 약 8만 ~ 10만 달러). 그러나 결국 강 귀희 씨의 노력 덕분에 86대의 크레인 중에서 18대만 타이완 완성품으로 사고 나머지는 기술 제휴를 받아 한국에서 직접 제작하는 조건으로 최종 계약서에 도장을 찍었다. 로비스트의 역할로 인해서 국가 기술력의 향상을 가져올 수 있었던 것이다. 그러나 그녀를 평가하는 데 있어서 훌륭한 로비스트라고는 할 수 있어도 결코 애국자라고는 할 수 없다. 왜냐하면, 그녀의 로비방법이 어떠했느냐 하는 관찰도 없이 다만 거래의 성사라는 결과만을 가지고 그녀를 평가하는 것은 해당 로비스트 고용업체의 판단에 의한 성급한 일반화일 수 있기 때문이다. 요컨대 로비스트란, 해당 물품이나 재화에 대한 정보의 제공과 비교로써, 대리인의 입장을 충분히 반영한 거래를 성사시켜주는 역할을 담당하는 사람이다.

2) 매개자

또한, 로비스트는 의회, 행정부, 이익단체 간의 매개체 역할을 한다. 미국의 통상정책 결정과정을 예로 들어보자. 하나의 통상정책을 결정함에 있어 그 영향력을 행사할 수 있는 주체는 크게 두 부류로 나눌 수 있다. 대통령, 의회, 행정부와 같은 공식적 참여자와 업계 및 협회, 로비스트, 연구기관, 소비자 집단, 민간자문 위원회 등의 비공식적 참여자가 그것이다. 한편, 미국의 통상정책 및 무역조치에 대한 개입과 영향력 행사는 이해 당사자라면 누구나 가능하다. 그러나 각종 무역 구제조치 등을 제기하거나 실제로 통상정책 결정과정에서 막강한 영향력을 행사하는 집단은 업계이다. 또 그 직접적인 참여 수단은 청원(Petition)이며, 각계로부터 수렴된 의견을 가지고 부처 간의 조정과정을 거쳐 통상정책이 수립되는 것이다. 따라서 로비스트는 비공식적 참여자로서의 역할도 하지만 공식적 참여자와 비공식적 참여자 사이에서 연결 고리 역할을 하기도 한다. 즉, 일종의 정보 브로커인 셈이다. 다시 말해서 통상정책은 그것의 실시로 인해서 이익을 보는 그룹과 손해를 볼 수 있는 그룹을 유발시킬 수 있기 때문에 정부를 포함한 공식적 참여자의 경우 로비스트를 통해 업계의 주장을 신중하게 검토해 볼 필요가 있다. 업계가 소유한 특정 기술이나 사안에 대한 전문가라고 할 수 있는 로비스트가 행정부에 그들의 정보를 가지고 교감을 형성한다면 결국 업계와 행정부가 로비스트로 인해서 정보교환 채널을 확보할 수 있는 것이다. 게다가 로비스트들의 전직은 대부분 미국 의회 내 입법보좌관, 행정부 관료, 의회 의원, 변호사 등이 많다. 한마디로 해당 분야의 전문가라고 할 수 있는 것이다.

로비스트는 자신을 고용하고 있는 업체의 이익을 대변하기 위해 노력하는 반면, 그들의 로비 내역을 투명하게 공개하는 것을 원칙으로 하고 허위 정보를 유포하거나 거짓말을 하지 않아야 한다. 결국, 로비스트는 각종 이익단체와 협회라는 그룹과 행정부, 의회 등의 정책 결정 그룹 사이에 정확히 정보를 제공함으로써 그들 간의 교량 역할을 해주는 셈이 된다.

3) 중재자

로비스트는 정책 결정주체의 상호 대립되는 이해관계와 이해 집단 간의 마찰을 효과적으로 조정하며 목적달성을 위해 이해관계를 같이하는 단체나 협회 간 연합전선을 형성하기도 한다. 이러한 경우 국가 경제에 중요한 영향을 미치는 역할이 되기도 한다. 이는 로비의 대상이나 주체에 따라 이들의 영향력이 다양함을 반증하기도 한다. 로비의 대상은 기업뿐만이 아니다. 특히 미국과 같은 나라에서는 다양한 이익 집단, 협회가 존재하며 이들이 추구하는 영리나 목적에 따라 국가적 차원의 로비도 전개되고 있다. 1980년대 초 미국과 일본 사이에 VTR 저작권을 둘러싸고 연합전선을 형성한 예가 있다. 당시 미국에서 판매되고 있던 VTR은 미국회사의 브랜드였지만 사실 거의 모두가 일본 제품이었다. 1976년 미국영화협회, 방송업자협회, 케이블TV협회, 영화관업주협회, 영화·TV의 극작가, 감독, 탤런트의 여러 조합이 연합전선을 형성하여 VTR 1대당 50달러, 비디오테이프 1개당 1달러의 인세부과를 요구하는 의회 입법을 추진하였다. 우선 월드 디즈니프로덕션과 유니버설 스튜디오가 원고가 되어 일본의 소니를 상대로 로스앤젤레스 지방법원에 저작권 침해 소송을 걸었다. 많은 우여곡절 끝에 지방법원에서는 원고가 패소하였으나 고등법원에서는 승소하였다. 이런 일련의 움직임에 대항하여 소니는 미국의 유력 23개 신문에 전면 광고를 게재시켜 만일 의회에서 저작권 개정안이 통과될 경우 미국 소비자들이 받게 될 불이익을 대대적으로 홍보함으로써 로비를 펼쳤다. 또한, 소니는 미국 전자 공업 회(EIA), 테이프 제작회사인 3M, VTR 소매회사인 CEG(가전 그룹), 시어즈 로벅 등과 연합전선을 형성하여 결국 '가정 녹화권 연합'이라는 단체를 만들고 미국의 원고 측에 대항하였다. 당시 미국 측의 로비스트로는 영화협회 회장인 잭 바렌치, 전 USTR(United States Trade Representative 미국 무역 대표부) 대표 로버트 스트라우스, 전 FCC(Federal Communications Commission 미 연방 통신 위원회) 위원장 딘 바치, 민주당계의 유명 로비스트 J.D. 윌리엄스 등이 있었다. 이에 반해 일본 측의 로비스트는 카터 정권 시대의 FCC 위원장 찰즈 베리스, 대통령의 국내정책담당보좌관 스튜어드 아이젠스타트, 유명 로비스트인 토머스 복스 등으로 양국의 대결은 곧 워싱턴의 화려한 얼굴들의 대결이 되었다. VTR의 경우는 미국과 일본 간의 제품 경쟁이 없어 양국 간의 통상 마찰도 없는 품종이므로 사실상 영화 및 방송에 소프트웨어를 파는 오락산업과 그 장치를 파는 제조업자, 유통산업 간의 투쟁이었다. 그러나 거의 모든 VTR이 일본제이므로 만일 인세가 부과되면 일본의 대미 수출은 그만큼 감소하게 될 것이므로 미국 내의 저작권 문제에 일본 기업이 뛰어들지 않을 수 없게 되었다는 것이 이 문제의 흥미로운 점이기도 했다. 공격하는 측, 즉 오락산업 측의 로비스트들은 처음부터 미국 내의 반일 무드를 충분히 이용하여 미·일 통상 문제를 강조하는 전략을 펴 일본으로부터의 VTR 수입을 규제할 것을 주장하였다. 그러나 방어하는 입장인 일본 측에서는 가능한 한 미국의 국내문제로 돌리기 위하여 표면에 나서기를 극구 회피하였다. 결국, 이 사건은 수비 측의 승리로 끝났으며, 연합전선을 형성하여 싸운 로비의 좋은 예로 평가되고 있다.

현대경제에서 국가산업의 수출경쟁력은 국가의 운명을 좌우한다고 해도 과언이 아니다. 일국의 주력 육성 품목의 수출에 빈번한 마찰이 생긴다면 엄청난 국가적 손실을 초래할 것이다. 물론 수출입 활동에 대한 근본적이고 법적인 기준을 충실히 따르고 상대의 허를 찌르는 정보를 가지고 로비를 전개하는 것은 필수이다.

4) 전략가

로비스트는 또한 법적인 테두리 안에서 투명성과 합리성, 객관성을 가지고 정보를 수집하거나 공동 전선을 구축하여 의뢰인(고객)의 목표를 달성하도록 해주는 전략가 역할을 한다. 세상에 존재하는 법과 현실에 대한 인식은 사람마다 다르게 판단될 수 있다. 또 개인이나 단체가 추구하는 목적도 다양하고, 이와 더불어 정보의 중요성도 강조된다. 로비스트는 객관적인 정보의 수집과 제시로써 의뢰인의 거래나 계약을 성사시킬 수 있어야 하고, 이를 위해 먼저 의도하는 로비대상에 대한 철저한 분석을 통해 빈틈없는 전략을 세워야 한다.

Official Internet Site of the Florida Legislature

October 8, 2007   Search Statutes: 2007 ▼ [   ] Search

Home
Senate
House
Statutes, Constitution,
& Laws of Florida
Legislative & Executive
Branch Lobbyists
Find Lobbyists
Registered Legislative
Lobbyist Directory
Registered Executive
Lobbyist Directory
Registration and Other
Forms
View Compensation
Reports
Create and Submit
Compensation Reports
Information Center
Joint Legislative
Committees
Legislative Employment
Legistore
Links

Interpreter Services
for the Hearing Impaired

Lobbyist Information

The filing deadline for Lobbying Firm Compensation Reports for the quarter ending September 30 is November 14, 2007, no later than 11:59 p.m. Eastern time.

- Find Lobbyists
- View Registered Legislative Lobbyist Directory
- View Registered Executive Lobbyist Directory
- Registration and other Forms
- View Compensation Reports
- Create and Submit Compensation Reports

Training Opportunities

Effective April 1, 2007, lobbying firms will file compensation reports electronically.

- Overview of the Online Lobbying Compensation Reporting Application

For Your Information

- Lobbyist Registration Office hours are 7:30am to 5:00pm, Monday-Friday.
- Visit the NAICS website to obtain the 6-digit industry code that best identifies the principal's main business. The Lobbyist Registration Office cannot select or recommend a code.
- Mail completed registrations to the Lobbyist Registration Office 111 West Madison Street Room G68 Tallahassee Florida 32399.
- Registrations are effective when received by the office. Registration fees are as follows: For the Legislature the fee is $50 for a lobbyist's first registration of the year and $20 for each additional registration. For the Executive Branch, the fee is $25 per registration.
- Questions about disclosing compensation may be e-mailed to lobby.reg@leg.state.fl.us.

Quick Links

- FAQs for Lobbyists before The Florida Legislature
- FAQs for Lobbyists before Executive Branch Agencies
- NAICS Codes
- Download Formatted Lobbyist Registration Data
- Joint Rule One
- Commission on Ethics Website—Executive Branch lobbying rules and opinions
- Section 11.045, F.S Legislative Branch Lobbying
- Section 11.0455, F.S. Legislative Branch electronic filing of compensation reports
- Section 112.3215, F.S. Executive Branch Lobbying
- Section 112.32155, F.S. Executive Branch electronic filing of compensation reports

LEGISTORE
Legislative and Executive Lobbyist Labels
- Order Online
- Mail Order

로비스트에 대한 다양한 정보를 모아놓은 플로리다 주 의회의 공식 인터넷사이트. 이처럼 미국에서는 공식적으로 로비스트에 대한 정보를 쉽게 찾아볼 수 있다.

2. 로비스트의 등록 및 규정

(1) 로비스트 등록 및 보고의무

로비스트는 최초로 로비접촉을 하였거나 로비접촉을 하기 위해 고용되었거나, 수임된 날 중의 빠른 날로부터 45일 이내에 그의 성명, 주소, 의뢰자의 신분, 계약기간, 활동대상분야, 보수액, 비용명세서 등을 소정의 서식에 기재하여 하원사무처(Clerk of the House)와 상원서기국(Secretary of the Senate)에 등록하여야 할 의무가 있다. 그리고 일단 등록을 마친 후에도, 로비활동을 계속하는 한 로비활동을 위하여 지난 분기에 있었던 기부금의 수입내역(500$ 이상 기부금 제공자의 명단, 일자, 금액 등) 및 지출내역(10$ 이상의 지출금액, 일자, 목적), 활동내용 등을 제출해야 한다. 또한, 기사나 논설을 신문, 잡지, 정기간행물 등의 발행물에 기사화한 경우 그 발행물의 이름과 통과 또는 부결의 대상이 되는 의안 등에 관한 보고서를 매 분기별(3월, 6월, 9월 및 12월의 첫 10일 이내)로 하원 및 상원에 각각 제출하여야 한다. 등록 및 보고의무 규정은 다음의 세 가지 경우에는 적용되지 않는다.

– 단지 의안을 지지 또는 반대하여 연방의회의 위원회에 출두하는 자

– 공적 임무를 수행하는 공무원

– 의안의 통과 또는 부결을 직접 또는 간접으로 종용하는 보도, 논설 또는 유료 광고를 통상업무 일부로 발행하거나 행하는 자

법적으로 몇 명의 로비스트가 등록할 수 있는지는 주마다 다르다. 실제로 등록하는 인원의 수는 주 내의 정책 현안을 지닌 이익단체의 수와 주의 특정한 로비에 관한 규정에 따라 결정된다.

예를 들어, 2005년을 기준으로 애리조나 주에서는 6,000명의 로비스트가 등록되어 있지만, 캘리포니아에서는 겨우 788명의 로비스트가 활동하고 있다. 플로리다는 4,600명, 텍사스는 800명, 그리고 뉴저지에는 631명이 등록되어 있다. 이러한 주별 차이는 인구나 경제적 위상에 따른 것이 아니라, 그들이 로비 활동에 들이는 시간에 따른 로비스트의 정의를 바탕으로 나타나는 것이다. 부업으로서 수백 개의 기관을 위해 로비 자원봉사 활동을 하는 사람들을 정의에 포함시키지 않는 주에서는 소수만이 등록을 해야 할 의무가 있다. 또, 다른 주에서는 어느 정도 활발하게 로비활동을 하는 사람들은 모두 등록하도록 되어 있다. 의원들

과 어쩌다 연락하는 사람들도 법적으로 로비스트로 지정되는 곳에서는 등록인원수가 상당히 많다. 예를 들어, 플로리다 주에서는 한 법률안의 통과, 파기 및 개정이 이루어지도록 강구하는 사람들이라면 모두 등록해야만 한다(의원과 입법부 직원 제외). 더 나아가 플로리다를 포함한 여러 주에서 주 정부 및 지방 정부 관료들이 공직자로서 로비활동을 하는 것도 모두 등록하도록 되어 있다.

어떤 사람이 로비스트라 일컬어지는 것은 때와 장소에 따라 다르기 때문이며 법적인 정의도 때때로 바뀌기 때문에 로비스트 등록자 수를 바탕으로 주를 비교함에 있어서는 주의를 기울여야 한다. 예를 들어 뉴저지에는 등록된 로비스트가 적은데 이것은 로비활동에 대한 보수를 받고 이에 일정한 시간을 보내는 사람만이 로비스트로서 등록하도록 되어 있기 때문이다. 게다가 등록하는 사람 중 많은 이들이 로비를 전업으로 하지 않는다. 로비스트에 대한 최근 조사에 따르면 60%의 응답자가 로비 활동을 자신의 전업으로 생각하지 않는 것으로 나타났다. 어떤 사람들은 협회의 간부, 또 다른 사람들은 변호사, 사업을 경영하는 등 상당수가 다른 직종에 종사하고 있었다. 가장 중요한 것은 등록된 자들 중에 오직 소수만이 입법절차에서 '직업적 로비스트'로 간주된다는 것이다. 예를 들어, 콜로라도에 있는 500명의 로비스트 중 100명만이 의회 소집기간에 매일 의회에 참석하고 뉴저지 주에 등록된 600명의 로비스트 중 60~70명만이 실질적인 영향력을 행사한다.

(2) 벌금 및 처벌

로비스트 등록 및 보고의무를 위반하여 유죄판결을 받을 경우, 경범자는 5,000$ 이하의 벌금이나 1년 이하의 징역형 또는 양벌 병과의 처벌을 받게 되며, 중범자는 10,000$ 이하의 벌금이나 5년 이하의 징역형 또는 양벌 병과의 처벌을 받게 된다. 또한, 이와는 별도로 처벌을 받은 자는 3년간 로비활동을 할 수 없게 된다.

(3) 로비활동 규정

로비스트 또는 로비회사는 다음과 같은 행위를 할 수 없다.

① 담보 또는 무담보대출을 하는 것처럼 입법관련 주 공직자, 의회공무원, 주 행정관서 공무원, 주 공직 입후보자 등으로 하여금 로비스트 또는 로비회사에 대해 개인적인 의무를 부담하게 할 목적으로 어떠한 행위를 하는 것.

② 계류 중이거나 제안된 입법활동 또는 행정활동과 관련된 구체적 사실에 관하여 입법관련 주 공직자, 의회공무원, 주 행정관서 공무원, 주 공직 입후보자 등을 기망(欺罔)하거나 이를 시도하는 행위

③ 어떤 제안된 입법 또는 행정활동에 대해 일반 대중의 호감 또는 협오감에 대한 허구적 외관을 만들려고 시도하거나, 선출직 주 공직

자, 의회공무원, 주 행정관서 공무원, 주 공직 입후보자에게 가공인물의 이름으로 또는 실제 사람의 동의를 받지 아니하고 그 사람의 이름으로 의사표시를 한 우편물이 송달되도록 하는 행위

④ 제안된 입법 또는 행정활동의 부결, 시행, 결과를 조건으로 어떠한 방식이든지 지급을 받거나 받기로 동의한 행위

1) 1년간 금지

주 행정관서 공무원은 공직을 떠난 후 12개월 동안 자신이 근무했던 행정관서의 어떤 결정에 영향을 미치기 위하여 보상을 받고 그 관서에 출입하거나 접촉하는 것이 금지된다.

2) 평생금지

주 행정관서 공무원은 자신이 소속하였던 관서에서 자신이 퇴직 전 담당하였던 특정 절차와 관련하여 평생 자신이 그 기관에 출입하거나 또는 다른 사람이 출입하는 것을 돕는 것에 대한 대가를 지급받을 수 없다. 또한, 주 행정공무원이 장래의 고용주와 고용관계에 대해 협상을 하는 경우, 그동안에는 특정한 정부결정에 참가할 수 없다. 다만, 의원들은 1년 동안 의회에 대해 로비활동을 하는 것이 금지되어 있지만, 평생금지규정의 적용을 받지 않는다. 기타 의회 피고용자들은 1년간 금지와 평생금지의 적용을 받지 않는다.

참고 4. 공무원에 대한 일반적 금지 규정(미국의 경우)

가. 선물의 한도

의회공무원, 주 또는 지방공무원, 주 또는 지방공직 입후보자들은 1년 동안 단일한 출처로부터 총 280달러를 초과하는 선물을 받을 수 없다. 각 선물의 한도는 소비자 물가지수의 변화를 반영하기 위하여 매 홀수년도마다 조정된다. 특정한 여행경비는 선물한도의 적용을 받지 않는다.

나. 사례금지

의회공무원, 주 또는 지방공무원, 주 또는 지방공직 입후보자들은 사례를 받을 수 없다. 사례란, 공적 또는 사적인 회의, 회합, 사교행사, 식사모임, 기타 유사 집회의 참석이나, 연설, 글을 발표한 것에 대한 보답으로 지급하는 것을 의미한다. 그러나 사례의 개념에는 순수한 산업, 거래, 전문직과 관련하여 일반적으로 제공되는 개인적 서비스에 대한 대가로 취득한 소득은 포함되지 않는다. 다만, 그 산업, 거래, 전문직의 유일하거나 주된 활동이 연설하는 것인 경우에는 예외이다.

다. 퇴직 후 고용의 제한

법은 특정한 주 행정공무원이 일단 공직을 떠난 후에도 로비활동 하는 것을 금지하고 있다. 많은 공무원은 1년간 또는 평생 로비금지규정의 적용을 받게 된다.

LOBBYIST INFORMATION

Lobbyist Registration Requirements

Title 67, Chapter 66, Idaho Code, defines lobbying as follows:

67-6602. Definitions.
(j) "Lobby" and "lobbying" each means attempting through contacts with, or causing others to make contact with, members of the legislature or legislative committees or an executive official, to influence the approval, modification or rejection of any legislation by the legislature of the state of Idaho or any committee thereof or by the governor, and shall also mean communicating with an executive official for the purpose of influencing the consideration, amendment, adoption or rejection of any rule or rulemaking as defined in section 67-5201, Idaho [amendment 변경, 개선; 정정, 수정] decision, procurement, contract, bid or bid process, financial services agreement, or bond issue. Neither "lobby" nor "lobbying" includes an association's or other organization's act of communicating with the members of that association or organization; and provided that neither "lobby" nor "lobbying" includes communicating with an executive official for the purpose of carrying out ongoing negotiations following the award of a bid or a contract, communications involving ongoing legal work and negotiations conducted by and with attorneys for executive agencies, interactions between parties in litigation or other contested matters, or communications among and between members of the legislature and executive officials and their employees, or by state employees while acting in their official capacity or within the course and scope of their employment.

(k) "Lobbyist" includes any person who lobbies.

All persons doing lobbying must register with the Secretary of State unless they fall under one of the criteria to be *exempt from registration*.

Before doing any lobbying, or within thirty (30) days after being employed as a lobbyist, whichever occurs first, a lobbyist must complete and file a lobbyist registration form with the Secretary of State, accompanied by a registration fee of ten dollars ($10.00). If a lobbyist is employed by or representing more than one employer or interest, the lobbyist must file a separate registration statement for each.

When filling out the lobbyist registration form, the lobbyist discloses:
1. His/her name and address
2. The name, address, and general nature of the occupation or business of the lobbyist's employer
3. Whether the lobbyist is hired by the employer specifically to lobby, or is a regular employee performing lobbyist services for the employer as only one portion of his/her job duties
4. Whether the lobbyist will be lobbying the legislature, executive officials or both.
5. The general subject(s) of the lobbyist's legislative interest
6. The name and address of the person who will have custody of the accounts, receipts and other documents required to be kept by law

Each registered legislative lobbyist then files financial disclosure reports [amendment 변경, 개선; 정정, 수정] legislative session (generally covering January, February and March) and an annual report at the end of the calendar year. These reports disclose expenditures made or incurred by the lobbyist during the time period covered.

Registered executive official lobbyists are required to file a semi-annual and annual report detailing expenditures made for lobbying purposes in those time periods.

Those lobbying both the legislature and executive officials will file monthly reports during the legislative session and an annual report disclosing expenditures for all lobbying activities for each category on each report.

Lobbyist registration is on an annual basis. Each lobbyist must file a new registration statement, revised as appropriate, on or before each January 10. Failure to do so terminates the lobbyist's registered status. (Section 67-6617(5)(d), Idaho Code)

미국 아이다호(Idaho)주의 로비스트 등록 요건.

Rev. 06/2006　　　　　　**LOBBYIST REGISTRATION STATEMENT**　　　　THIS SPACE FOR OFFICE USE ONLY

State of Idaho

Ben Ysursa
Secretary of State

To Be Filed By:

L-1　LOBBYISTS
(Sec. 67-6617)

(Type or print clearly in black ink)
See instructions at bottom of page

Lobbyist's name and permanent business address	Date Prepared	Telephone Numbers
		Home: _____
		Business: _____
		Cell:

Temporary residential and business address in Ada County during Legislative Session	General Subject(s) of Lobbying Interest Enter code(s) from subject identification table below. List all applicable categories. (**A statement of ALL will not be acceptable.**)

Name and address of employer

LOBBYING SUBJECT IDENTIFICATION

Code	Subject	Code	Subject
01	Agriculture, horticulture, farming, and livestock	18	Higher education
02	Amusements, games, athletics and sports	19	Housing, construction, codes
		20	Insurance (excluding health insurance)
03	Banking, finance, credit and investments	21	Labor, salaries and wages, collective bargaining
04	Children, minors, youth, senior citizens	22	Law enforcement, courts, judges, crimes, prisons
05	Church and religion	23	License, permits
06	Consumer affairs	24	Liquor
07	Ecology, environment, pollution, conservation, zoning, land and water use	25	Manufacturing, distribution and services
08	Education	26	Natural resources, forest and forest products, fisheries, mining and mining products
09	Elections, campaigns, voting, political parties	27	Public lands, parks, recreation
10	Equal rights, civil rights, minority affairs	28	Social insurance, unemployment insurance, public assistance, workmen's compensation
11	Government, financing, taxation, revenue, budget, appropriations, bids, fees, funds	29	Transportation, highways, streets and roads
12	Government, county	30	Utilities, communications, television, radio, newspaper, power, CATV, gas
13	Government, federal		
14	Government, municipal	31	Other (please specify)_____
15	Government, special districts		
16	Government, state		
17	Health service, medicine, drugs and controlled substances, health insurance, hospitals		

Occupation or business of employer

Duration of lobbyist employment

Lobbying activities will be directed at:

☐ Legislature　　☐ Executive Official

Lobbyist is employed and compensated

☐ Solely as a Lobbyist　　☐ As a regular employee performing services for his employer which include, but are not limited to, the influencing of legislation.

Name and address of the person who will have custody of the accounts, bills, receipts, books, papers and documents required to be kept under this act.

INSTRUCTIONS

Who should file this form: All lobbyists, unless exempt under Section 67-6618 Idaho Code (see reverse side).
Filing deadline: Before doing any lobbying or within 30 days after being employed as a lobbyist, whichever occurs first.
New Filing Required: On or before each January 10. Termination of lobbyist's employment, changes, modifications, or within one week of change.
Filing fee: $10.00 per registration

TO BE FILED WITH:　Ben Ysursa
　　　　　　　　　Secretary of State
　　　　　　　　　PO Box 83720
　　　　　　　　　Boise, ID 83720-0080
　　　Phone: (208) 334-2852　Fax: (208) 334-2282

Certification: I hereby certify that the above is a true, complete and correct statement in accordance with Section 67-6624 Idaho Code of this law.

Lobbyist's Signature　　　　　　　　　　　　Date

아이다호(Idaho)주의 로비스트 등록 서식

LOBBYIST ANNUAL REPORT FORM

Page_____of_____Page(s)
THIS SPACE FOR OFFICE USE ONLY

State of Idaho

Ben Ysursa
Secretary of State

To Be Filed By:

L-2 LOBBYISTS
(Sec. 67-6619)

☐ Annual   ☐ Semi-Annual

(Type or print clearly in black ink)
See instructions at bottom of page

Lobbyist's name and permanent business address	Date prepared	Period covered
		☐ year ending
		(Mo.) (Day) (Yr.)

Item 1 Totals of all reportable expenditures made or incurred by Lobbyist or by Lobbyist's Employer on behalf of Lobbyist's Employer.

Category of Expenditure Reimbursed Personal Living and Travel Expenses Pertaining to Lobbying Activity Do Not Have to be Reported	*Total Amount for All Employers	Proportionate amounts contributed by each employer (Identify employers, under Item 3, at bottom of page.)			
		Employer No. 1	Employer No. 2	Employer No. 3	Employer No. 4
Entertainment Food and Refreshment	$ _____	$ _____	$ _____	$ _____	$ _____
Living Accommodations	_____	_____	_____	_____	_____
Advertising	_____	_____	_____	_____	_____
Travel	_____	_____	_____	_____	_____
Telephone	_____	_____	_____	_____	_____
Other Expenses or Services	_____	_____	_____	_____	_____
Total	$ _____	$ _____	$ _____	$ _____	$ _____

*When the number of employers you are reporting for requires multiple L-2 forms to be filed a total amount for all employers should be entered on Page 1.

Item 2 The totals of each expenditure of more than fifty dollars ($50) for a legislator, other holder of public office, and executive officials.

Date	Place	Amount	Names of Legislators, Public and Executive Officials in Group

☐ Continued on attached page(s)

INSTRUCTIONS	Item 3	Employer(s) Name(s) and Address(es)
Who should file this form: Any lobbyist registered under Section 67-6617 Idaho Code	No. 1	
Filing deadline: Annual report is due on January 31st. Executive Lobbist semi-annual report due July 31st.	No. 2	
TO BE FILED WITH: Ben Ysursa Secretary of State PO Box 83720 Boise, ID 83720-0080 Phone: (208) 334-2852 Fax: (208) 334-2282	No. 3	
	No. 4	

아이다호(Idaho)주의 로비스트 연별 보고서 서식

LOBBYIST MONTHLY REPORT FORM

Page_____ of _____ Page(s)
THIS SPACE FOR OFFICE USE ONLY

State of Idaho

Ben Ysursa
Secretary of State

To Be Filed By:

L-3 LOBBYISTS
(Sec. 67-6619)

(Type or print clearly in black ink)
See instructions at bottom of page

Lobbyist's name and permanent business address	Date prepared	Period covered
		☐ month ending
		(Mo.) (Day) (Yr.)

Item 1 Totals of all reportable expenditures made or incurred by Lobbyist or by Lobbyist's Employer on behalf of Lobbyist's Employer.

Category of Expenditure Reimbursed Personal Living and Travel Expenses Pertaining to Lobbying Activity **Do Not Have to be Reported**	*Total Amount for All Employers	Proportionate amounts contributed by each employer (Identify employers, under Item 3, at bottom of page.)			
		Employer No. 1	Employer No. 2	Employer No. 3	Employer No. 4
Entertainment Food and Refreshment	$ _____	$ _____	$ _____	$ _____	$ _____
Living Accommodations	_____	_____	_____	_____	_____
Advertising	_____	_____	_____	_____	_____
Travel	_____	_____	_____	_____	_____
Telephone	_____	_____	_____	_____	_____
Other Expenses or Services	_____	_____	_____	_____	_____
Total	$ _____	$ _____	$ _____	$ _____	$ _____

*When the number of employers you are reporting for requires multiple L-2 forms to be filed a total amount for all employers should be entered on Page 1.

Item 2 The totals of each expenditure of more than fifty dollars ($50) for a legislator, other holder of public office, and executive officials.

Date	Place	Amount	Names of Legislators, Public and Executive Officials in Group

☐ Continued on attached page(s)

INSTRUCTIONS	Item 3	Employer(s) Name(s) and Address(es)
Who should file this form: Any lobbyist registered under Section 67-6617 Idaho Code	No. 1	
Filing deadline: Monthly reports due within ten (10) days of the month for activities of the past month.	No. 2	
TO BE FILED WITH: Ben Ysursa Secretary of State PO Box 83720 Boise, ID 83720-0080 Phone: (208) 334-2852 Fax: (208) 334-2282	No. 3	
	No. 4	

아이다호(Idaho)주의 로비스트 월별 활동 및 경비 보고 서식

Legislative Year: 2007

9/27/2007

Lobbyist	Efr Amt	Living Amt	Adver Amt	Travel Amt	Phone Amt	Office Amt	Other Amt	Report Totals
MOSS NEIL P								Legis
February	$0.00	$0.00	$0.00	$0.00	$0.00	$0.00	$0.00	$0.00
March	$0.00	$0.00	$0.00	$0.00	$0.00	$0.00	$0.00	$0.00
MURDOCH REED								Exec/Legis
January	$0.00	$0.00	$0.00	$0.00	$0.00	$0.00	$0.00	$0.00
February	$0.00	$0.00	$0.00	$0.00	$0.00	$0.00	$0.00	$0.00
March	$0.00	$0.00	$0.00	$0.00	$0.00	$0.00	$0.00	$0.00
NAEREBOUT ROBERT								Exec/Legis
January	$687.94	$850.00	$0.00	$984.55	$200.00	$0.00	$0.00	$2,722.49
February	$547.90	$850.00	$0.00	$945.75	$200.00	$0.00	$0.00	$2,543.65
March	$10,206.00	$850.00	$620.00	$744.47	$200.00	$0.00	$0.00	$12,620.47
NELSON DEBORAH								Exec
Semi-Annual	$0.00	$0.00	$0.00	$0.00	$0.00	$0.00	$0.00	$0.00
NELSON MELISSA								Legis
January	$2,447.20	$0.00	$0.00	$0.00	$0.00	$0.00	$411.29	$2,858.49
February	$0.00	$0.00	$0.00	$0.00	$0.00	$0.00	$160.00	$160.00
March	$0.00	$0.00	$0.00	$0.00	$0.00	$0.00	$0.00	$0.00
NELSON RANDY								Legis
January	$0.00	$0.00	$0.00	$0.00	$0.00	$0.00	$0.00	$0.00
February	$0.00	$0.00	$0.00	$0.00	$0.00	$0.00	$0.00	$0.00
March	$0.00	$0.00	$0.00	$0.00	$0.00	$0.00	$0.00	$0.00
NEWCOMB BRUCE								Exec/Legis
February	$0.00	$0.00	$0.00	$0.00	$0.00	$0.00	$0.00	$0.00
March	$0.00	$0.00	$0.00	$0.00	$0.00	$0.00	$0.00	$0.00

아이다호(Idaho)주의 각 로비스트들에 의해 보고된 지출비용 리스트.

3. 로비스트의 조건

(1) 로비스트의 요건

일의 성격상 로비스트가 되기 위해 가장 필요한 것은 바로 광범위한 인맥이다. 의원이나 의원 보좌관 등이 의사당을 떠난 뒤 로비스트로 변신하는 이유도 바로 이 때문이다. 미국의 예로 1998년 하원 의장에 오르기 직전에 간통사건으로 불명예 퇴진을 해야 했던 밥 리빙턴 전 공화당 의원은 상원에서 가장 잘 나가는 로비스트로 변신하는 데 성공하였다.

통계에 따르면, 1998년 말까지 총 128명의 전직 의원들이 로비스트로 활약했다고 한다. 심지어 막대한 연봉을 받고 임기 도중에 의원직을 사퇴하여 의사당을 떠나는 경우도 있다. 이런 로비스트들의 평균연봉은 1980년대까지는 10만 달러였으나 지금은 수백만 달러를 훨씬 넘는 경우도 비일비재하다고 한다. 특히 전직 의원이나 고위직 관료 출신의 특급 로비스트들은 최상급의 대우를 받고 있다고 한다. 이런 현실 때문에 미국에서는 1991년 이후부터, 퇴임 후 1년 동안은 상원이나 하원을 상대로 로비활동을 못하도록 법으로 금하고 있다. 행정부의 고위 임명직 관리들도 퇴임 후 5년 동안 실질적인 책임을 졌던 정부기관에 로비활동을 할 수 없도록 법으로 규정하고 있다.

로비스트는 심리학, 사회학, 철학, 대외홍보, 공공관계 등의 분야와 관련된 다양한 지식을 가지고 있어야 한다. 개별인원과 단체들을 설득하고, 구두 및 서면으로 의사소통하고, 자신의 입장을 피력할 수 있어야 하기 때문이다. 한편, 로비스트는 여러 가지 관문을 통해서 이 직업에 입문할 수 있다. 예컨대, 법, 철학, 신문방송, 광고, 혹은 정치학 분야의 교육을 받은 적이 없는 사람 중에도 성공적인 로비스트가 많으며, 이들은 평생교육과 실제경험을 통해서 이러한 여러 분야의 지식과 기술을 습득한다.

덧붙여, 효과적인 로비활동을 펼치기 위해 해당 분야에 대한 전문지식은 필수이다. 그러므로 로비스트는 항상 배우고자 하는 자세를 가져야 한다. 일례로 백두사업에 고용되었던 로비스트 린다 김은 감청 장비와 비행기에 대한 300페이지 분량의 보고서를 요구했다고 한다. 자신이 대표하는 제품의 장점을 타사의 제품과 객관적으로 비교하여 나타낼 수 있어야 하기 때문에 자신이 대표하는 회사 제품뿐만 아니라 경쟁회사의 제품에 대해서도 연구해야 하기 때문이다. 가지고 있는 객관적인 정보와 지식을 잘 활용하여 상대방을 설득할 수 있는 능력 또한 로비스트의 요건 중 하나이다. 어떤 주장이라도, 또 어떤 대상에 대해서라도 논리적인 이해가 선행되어야만 수긍될 여지가 있다. 효과적인 로비활동을 활발히 전개하고 있는 로비스트들은 분명히 일반인보다 훨씬 뛰어난 설득력을 갖추고 있다.

마지막으로 로비스트는 올바른 직업의식 및 직업윤리를 가져야 한다. 이제 로비스트도 하나의 전문직으로 인정받는 추세이다. 이러한 시류에 발맞추어 로비활동을 벌이는 로비스트 자신도 명확한 정체성을 확립하여 투철한 직업정신을 발휘해야만 한다.

(2) 로비스트가 되는 방법

로비활동은 세계적인 사업이기 때문에, 많은 사람이 로비스트가 되는 방법에 대해 궁금해 하고 있다. 여기에는 엄격한 공식이 존재하지는 않지만, 다음과 같은 권고사항들이 도움이 될 수 있을 것이다.

① 교육을 받아라: 로비는 주어진 현안에 대해 자신의 입장을 효과적으로 피력하는 것이다. 그러므로 로비스트가 되고자 한다면, 영문학, 커뮤니케이션, 홍보활동, 혹은 저널리즘 등의 학위가 큰 도움이 될 수 있다. 예컨대, 많은 언론인과 대외홍보 전문가들이 자연스러운 로비능력을 발휘하는데, 그들의 직종에 필수적인 구두 및 서면 의사소통력이 로비활동에 있어 매우 중요한 역할을 하기 때문이다. 또한, 행정학이나 정치학 학위도 역시 도움이 될 수는 있지만, 반드시 필요한 것은 아니다. 법학 학위도 로비활동에서 매우 큰 도움이 될 수 있지만, 훌륭한 변호사

가 반드시 훌륭한 로비스트를 의미하지는 않는다.

② 의회나 정부기관에서 직업을 구하라: 정부나 의회가 운영되는 방식을 배우는 것은 로비스트의 중요한 도구가 될 수 있다. 이와 같이 내부로부터의 학습은 의회나 정부를 상대로 로비를 시작할 때 크게 도움이 될 수 있다.

③ 친분 네트워크를 형성하라: 의회나 정부 내에 많은 친구를 가지고 있는 것은 매우 중요하다. 사람을 모른 채 시스템만을 알고 있는 것은 마치 한 손이 뒤로 묶인 채 전쟁터로 향하는 것과 같다. 이와 같이 많은 연락망과 인맥을 가지고 있는 것은 필수사항이며, 자신의 관점을 들어줄 수 있는 누군가가 있다는 것은 매우 중요하다. 즉, 친분관계를 통해서 접근경로를 수립하는 것이 절대적으로 필요하다.

④ 전문화하라: 어떤 로비스트도 의회에서 모든 현안을 다룰 수 없다. 오늘날의 세계는 법이나 의학 혹은 과학 등의 전문가들을 필요로 하며, 전 세계 대부분의 로비스트들도 역시 세금, 운송수단, 커뮤니케이션, 보건, 그리고 자금문제 등과 같은 여러 분야에서 각자 자신들만의 전문성을 보유하고 있다. 예를 들어, 만약 심장질환이 있다면, 우리는 일반의사가 아니라 최고의 심장전문 의사를 찾아갈 것이다. 그리고 바로 이러한 점이 로비활동에도 그대로 적용된다.

⑤ 의사소통력을 키워라: 로비는 의사소통의 사업이기 때문에, 어느

하나의 관점을 소개하는 것은 말과 글로 이루어진 의사소통이 포함된다. 따라서 성공적인 로비스트는 간결하게 글을 쓰고, 말을 할 수 있어야 하며, 일대일로 이루어지는 설득의 기술은 뛰어난 의사소통 기술이 요구된다.

 ## 참고 5. 로비스트의 행동강령

전문 로비스트 일의 상당량이 의원과 로비스트 간의 좋은 관계 형성에 달려 있다. 어떻게 행동해야 하고, 어떻게 행동하면 안 되는지 전문 로비스트의 경험을 바탕으로 아래와 같은 행동강령이 개발되었으며, 이를 따르면 매우 유익할 것이다.

- 자신의 국가 혹은 정부의 법과 규제 내에서 활동한다. 그리고 개인 및 의뢰처에 대한 충성보다 국가에 대한 충성을 우선시해야 한다.
- 의회 구성원이나 정부 담당자의 수행에 영향을 미치는 것으로 간주될 수 있는 어떠한 호의나 혜택을 제공하지 않는다.
- 직접적 혹은 간접적으로 의회나 정부 구성원들의 명예를 훼손하지 않는다.
- 로비의 대상이 되는 사람을 속이거나 잘못 유인하지 않는다.
- 말보다는 실천에 기반을 두어서 신뢰할 수 있는 관계를 형성한다.
- 신용과 신뢰에 대한 명성을 쌓는다.
- 열린 마음으로 자신과 반대되는 의견을 경청한다.
- 문제의 양쪽 측면을 모두 소개한다.
- 기꺼이 타협에 응한다.
- 배후에서 로비활동을 수행한다. 그리고 개인적인 유명세나 명성을 추구하지 않는다.

🧭 로비스트 좌우명

- 항상 준비되라!
- 정확하라!
- 프로답게 일하라!
- 인내심을 가지고 어려움을 극복하라!

(2) 실제 로비스트의 예 - 브라이언 보우(Brian Boe)

요즘 음성적이고 불법적인 로비가 심각한 문제로 대두되고 있지만, 로비스트 스스로 범법자가 되어서는 안 된다. 물론 로비의 목적은 경쟁자를 제치고 우위에 서는 것이다. 그러나 그 과정 역시 목적만큼이나 중요하다. 유능한 로비스트는 무분별하고 난잡한 싸움을 벌이지 않는다. 보다 투명하고 공정한 선의의 경쟁을 하는 것이 로비스트 자신에게, 또 그의 의뢰인에게 이롭다. 또한, 상황에 따라 오늘의 적군이 내일의 아군이 될 수도 있으므로 로비스트는 항상 정직한 게임을 해야 한다. 실제로 근 20여 년 동안 로비전문회사인 보우 어소시에이트(Boe Associates) 운영하다가 최근 미국의 유수한 보험회사인 리버티 노스웨스트사(Liberty Northwest) 부사장으로 자리를 옮긴 브라이언 보우(Brian Boe) 씨에 의하면 로비스트가 반드시 갖추어야 할 중요한 덕목은 성실성과 평판 그리고 운용 능력이라고 한다.

포틀랜드에서 Brian Boe 씨와 함께 2004년

먼저, 성실성은 로비스트를 신뢰할 수 있는 판단 기준이 됨과 동시에 제공하는 정보 자체에 대한 신뢰도의 잣대가 될 수 있다. 즉, 성실성이 곧 믿음의 초석이 되는 것이다. 다음으로, 평판은 로비스트의 학력 및 경력을 총체적으로 평가한 결과가 될 것이다. 실제로 많은 로비스트에 대한 평가가 주로 이 평판에 의해 이루어지고 있음은 부인할 수 없는 사실이다. 마지막으로 운용 능력은 그 로비스트가 얼마나 훌륭한 전략을 세우는가, 고객의 상황을 얼마나 잘 파악하는가, 직업윤리를 얼마나 잘 견지하는가를 통해 판단할 수 있다. 특히 그는 훌륭한 로비스트가 되기 위해서는, 언제든지 자기 통제력을 발휘해야 하는바 즉 자신이 위임받은 건에 대해 전문적이어야 하며 절대로 감정에 좌우되지 말아야 하며, 공과 사를 분명히 구분해야 함을 강조하였다. 브라이언 보우 씨가 지적한 바에서 볼 수 있듯이 실제로 로비활동을 펼치는 데 있어 로비스트가 주의를 기울여야 할 부분은 매우 많다. 더구나 이 많은 부분을 동시에 신경 써야 한다는 것도 여간 어려운 일이 아니다. 그래서 훌륭한 로비스트가 되기 위해서는 짧지 않은 시간과 꾸준한 노력이 필요하다.

4. 로비스트의 유형

일반적으로 로비스트는 계약직 로비스트, 기업소속 로비스트, 구, 시, 특별구역과 정부 단체들을 위한 로비스트, 그리고 협회나 사회단체를 위한 로비스트로 구분할 수 있다.

(1) 계약직 로비스트

계약직 로비스트들의 의뢰인층은 시간이 지남에 따라 바뀐다. 이것은 주로 로비스트들이 한 의회 소집 기간에 20, 30명 혹은 그 이상의 의뢰인들을 대표하기 때문이기도 하다. 그러나 하루 동안 로비스트는 여러 가지 다른 현안들보다는 오직 한 가지 현안에 중점을 둘 수도 있다. 또 하루 중에 한 로비스트가 여러 의뢰인을 위한 여러 가지 현안들에 동시에 집중할 수도 있다. 콜로라도 주의 어떤 로비스트는 의회 소집 초기, 오전 중에만 4명의 의뢰인을 대표하기도 했다. 의원과의 단 한 번의 대화로도 로비스트는 여러 가지 현안들과 여러 의뢰인을 위해 일을 하기도 한다. 따라서 의원들이 로비스트들을 그들이 대변하는 단체보다 더 잘 알아볼 수 있다는 것도 이해될 만하다. 계약직 로비스트들은 그들의 정체성을 강화하기 위해 유흥, 사교와 정치활동 참여 등의 수단으로 의원들과의 유대 관계를 형성하기도 한다. 그들의 이해관계는 개인적이며, 의뢰인보다 훨씬 더 밀접하다. 로비 계에서 이들의 성패는 어느 의뢰인과의 돈독한 관계가 아니라 의원들과의 유대관계에 달려 있다. 하지만 계약직 로비스트가 자신의 정체성을 가졌다는 점만으로 이들의 성격을 자세히 설명할 수는 없다.

(2) 기업소속 로비스트

한 단체로부터 월급을 받는 로비스트들이 바로 협회 및 기업 소속 로비스트들이다. 기업과 협회들은 장기적인 안목을 가지고 로비를 한다. 그들의 쟁점들은 매년 소집할 때마다 다시 제기된다. 어느 한 기업에 속한 로비스트들은 고용주들에게 충성을 다해야 한다. 또한, 협회 로비스트들, 고위 간부들, 이사회와 일반회원들을 모두 접해야 한다.

(3) 구, 시, 특별구역과 정부 단체들을 위한 로비스트

구, 시, 특별구역과 정부 단체들을 위한 로비스트들은 협회 및 기업소속 로비스트들과 비슷하다. 그들의 정체성은 소속된 정부단체의 업무로 통한다. 따라서 정치 및 사교적 관계의 긴밀도는 상대적으로 약하다고 할 수 있다. 기업체 로비스트와는 달리 유흥 접대를 거의 하지 않으며, 정치활동 위원회도 없다. 또한, 특정인을 공개적으로 지지하지도 않는다.

(4) 협회나 사회단체 로비스트

협회나 사회단체 로비스트는 계약직 로비스트들과 정반대이다. 그들의 정체성은 그들이 받드는 단체의 목적과 일치한다. 대표적인 예로는 코먼코즈(공익압력 단체)와 선거 자금 유치개혁, 공공이익 옹호단체와 환경, 미국 시민 자유 동맹과 헌법수정조항 제1조 등 소속 단체의 목적을 들 수 있다. 이런 단체를 대표하는 사람들은 신념을 바탕으로 일한다. 그들의 목적은 진실과 정의를 위한 싸움이다. 자신들의 신념을 위해 교도소까지 갈 각오를 하고, 현재나 미래를 위한 의원들과의 관계에 신경을 거의 쓰지 않는다. 대신 그들은 '정의'를 무기로 내세운다. 이 로비스트들은 대부분 '외부' 전략의 추구를 선호한다. 그들은 연구를 하며 언론과 연락을 취한다. 사회단체를 위한 로비스트 중 일부, 특히 분파그룹을 위해 일하는 로비스트들은 의원들로부터 호감을 사지 못하는 경우가 있다. 어떤 로비스트는 마치 말을 마구 퍼부으면 효과가 올 것처럼 의원들에게 장황한 열변을 토하곤 한다. 무엇보다 이 로비스트들과 단체들은 자신들의 주장의 정당함과 선거 때에 처벌을 받을 것이라며 공공연하면서도 은밀하게 협박한다. 그들은 체제에 흡수되는 것을 두려워하여 항상 거리를 둔다.

5. 로비스트의 실제

(1) 로비스트의 실제

로비스트는 법안이나 개정안을 통과, 해체시키기 위해서 다음과 같은 절차로 노력한다. 먼저 해당 현안에 대한 의원들의 입장을 확인한 뒤 대상의원들을 결정한다. 설득 과정에 있어 가장 중요한 단계는 정당 지도자 회의, 회의장 혹은 양원 협의회일 것이다. 로비스트들은 누가 주도권을 쥐고 있는지를 확인한다. 또한, 감시자를 두어 절차를 모니터하고, 사무원이나 의원들로부터 제시된 개정안을 알아내어 어느 쪽으로 투표할 것인지 빠르게 결정한 뒤 투표를 위해 의원들에게 신호를 한다. 이런 절차로 법안이나 개정안을 통과 혹은 해체시키기 위해 노력할 때 점검해야 할 사항은 누가 주도권을 쥐고 있는지 확인하고, 돌아다니면서 의원들과 다른 입법 관계자들로부터 중요한 정보를 얻어내야 한다. 생각할 시간이 아주 적기 때문에 정보를 계속적으로 수집하는 노력을 게을리 해서는 안 된다.

V/\ULT
> the most trusted name in career information®

8:30 a.m.　　Arrive early to read the papers and look over the schedule for today

9:00 a.m.　　Meet with colleagues to run through the lobbying schedule for the week. This is a good time to leverage their contacts on the Hill on behalf of your clients.

10:00 a.m.　　Take a cab up to Capitol Hill to meet with staff members on behalf of several clients. A good portion of the day is typically spent outside the office, especially for lobbyists with a firm.

10:30 a.m.　　Meet with a several legislative assistants to Members serving on the House Transportation and Infrastructure Committee on behalf of a client looking to encourage Members of Congress to support a particular piece of legislation.

^ 12:00 p.m.　　Take a senior Senate staff member to lunch. Meals are a huge part of the job since they are a great opportunity to build and maintain relationships with key Hill contacts.

1:00 p.m.　　Back to the Hill to meet with more staff members.

3:00 p.m.　　Return to the office. Must spend some time scheduling appointments for the rest of the week on behalf of clients

4:00 p.m.　　Participate in a conference call with a client that wants to ensure its project is funded in the upcoming appropriations process.

5:00 p.m.　　Start putting together a pitch for a new business presentation at the end of the week.

6:30 p.m.　　Meet a former Hill colleague for dinner -- yet another night at one of DC's swank downtown steak houses to talk a little business and stay in touch.

로비스트의 하루 일정

08:30 출근, 그날 신문을 읽고 일정 점검.

09:00 동료와 한 주간의 로비 활동에 대한 회의 및 고객(의뢰인)을 위해 의사당 측과 어떻게 접촉할지 연구.

10:00 고객을 위해 의사당에 가서 의원 보좌진들을 만남. 이 시간은 특히 회사 소속 로비스트들에게는 아주 중요한 시간임.

10:30 특별 안건에 대해 하원의 교통 건설 분과위원회 의원 보좌진들을 만남.

12:00 상원의 고위 보좌관 점심 초대. 식사를 같이하는 것은 의사당 내의 관계를 쌓는데 아주 중요한 요소 중 하나임.

13:00 다른 보좌진들을 만나러 식사 후 의사당에 감.

15:00 사무실로 돌아옴. 그리고 주중에 만날 다른 약속을 준비함.

16:00 여러 동료와 함께 의뢰인과 당해 안건을 추진함에 소요되는 경

비에 대해 상의.

17:00 주말에 다음 주의 새로운 사업 설명회에 대한 구상.

18:30 전직 의회에서 근무했던 협조자와 저녁. 비록 현직에서 떠났지만, 워싱턴 시내의 멋진 스테이크 음식점에서.

Career Profiles

Career: Lobbyist

A Day in the Life

Whether lobbyists work for a large organization, a private individual, or the general public, their goals and strategies are the same. First and foremost, lobbyists must be adept at the art of persuasion, which is the mainstay of their job. They must figure out how to sway politicians to vote on legislation in a way that favors the interest they represent. This means tailoring appeals to specific individuals as well as to group voting blocs, such as Southerners or pro-choicers. Lobbyists also occasionally lobby one another. When normally opposing groups find a common area of interest and can present a united front they are extremely effective. Lobbying can be direct or indirect. Direct lobbying means actually meeting with congressmen and providing them with information pertinent to a bill being voted on. The lobbyist imparts her information with the help of graphs, charts, polls, and reports that she has hunted up or created. Needless to say, this is usually information that the politician might not otherwise have access to, that casts the matter in a light favorable to the interest the lobbyist represents. Sometimes, lobbyists will even sit down and help a politician draft legislation that is advantageous for their interest. Maintaining good relations with politicians who can be relied on to support the lobbyist옑 interest is key. While lobbyists and their employers cannot themselves make large campaign donations to politicians, they can, and do, raise money from other sources for reelection campaigns. To be successful at all of this, the lobbyist must be well-informed, persuasive, and self-confident. Personal charm doesn옑 hurt either, and lobbyists will often do social things like host cocktail parties, which allow them to interact with politicians-and opponents-in a less formal atmosphere. Indirect lobbying, sometimes referred to as grassroots organizing, is a bit less glamorous. Grassroots lobbyists enlist the help of the community to influence politicians by writing, calling, or demonstrating on the organization옑 behalf. This means long hours spent on the phone and writing letters, trying to rouse the community to get involved. These lobbyists also report to politicians about the concerns and reactions they have gotten from community members. Indirect lobbying is also done through the media. Grassroots lobbying write articles for newspapers and magazines and appear on talk shows to generate interest in and awareness of their issues. Lobbyists tend to work long hours-between forty and eighty hours per week is normal, and when a bill is up for vote they will usually work through at least one night. But the least attractive part of being a lobbyist may be the profession옑 less-than-spotless reputation. While most are undoubtedly scrupulous, some lobbyists have been known to grease a palm or two where persuasion falls short, and the rest must suffer the public옑 mistrust. These honest lobbyists, who represent every segment of society, take refuge in the knowledge that they are working to promote causes they believe in.

Paying Your Dues

Lobbying is a profession full of people who have changed careers, since relevant knowledge and experience are all you really need to become a lobbyist. There are no licensing or certification requirements, but lobbyists are required to register with the state and federal governments. Most lobbyists have college degrees. A major in political science, journalism, law, communications, public relations, or economics should stand future lobbyists in good stead. While you옑re still in college you can check out the terrain through various government-related internships-as a congressional aide, in a government agency, or with a lobbying firm, for example. Any of these positions will give you a look at the role of lobbying in the political system. After college the same holds-working in a government or political office, especially as a congressional aide, takes you to the front lines, but it may also be useful to start out in a law or public relations firm. Many lobbyists also come from careers as legislators, as former politicians often capitalize on their years of government service and their connections to old pals still in office. This is the 뱑evolving door?that recent legislation has begun to regulate (see 뱏ast and Future?. Indeed, networking is the name of the game in lobbying, where people are hired as much for who they know as what they know. Someone who can schmooze at high levels will start his lobbying career from an accordingly high perch, while others face a long hard climb upwards. While there is no hierarchy of seniority as in corporations, this also means that there is no ceiling for those who do well.

Associated Careers

Primarily, the lobbyist works with legislators and aides, both of which are career options for former lobbyists, with their inside knowledge of the political system. Public relations is also a natural choice, since packaging and communicating messages is the lobbyist옑 primary skill. Advertising, journalism, and teaching are also good outlets for the lobbyist옑 energy and talents.

사진설명 : 로비스트의 하루. 로비스트의 실제생활과 그 비용 및 로비와 관련된 직업 등을 소개하고 있다. "로비스트들은 그들의 고객이 큰 단체이든, 개인이든 또는 공공 단체들이든 그들의 목적과 전략은 동일하다. 로비스트가 되기 위한 가장 중요한 요소는 상대방을 설득하는 능력이다. 그들은 필수적으로 어떻게 하면 의원들을 자기가 고용된 고객들을 위해 투표하게 할 것인가를 파악해야 한다. 그러기 위해서는 의원 개개인들에 대해 그들이 남부 출신인지 또는 낙태 찬성론자인지 등 특성을 파악해서 그에 맞는 접근을 해야 한다." "로비스트는 어느 개인이 그동안 쌓아온 경험과 지식을 관련된 분야에 전문적으로 활용하는 사람이다. 로비스트가 되기 위한 특별한 규정이나 자격 조건은 없다. 다만, 반드시 관계정부기관에 등록해야만 한다. 대부분의 로비스트는 대학 졸업자들이며 정치학, 신문 방송학, 법학 공공관계 또는 경제학 등을 전공했다. 대체로 이들 분야가 로비스트들의 활동에 유리하다고 본다." "원칙적으로 로비스트들은 입법의회 의원들과 그의 보좌관들을 상대로 일한다. 이 과정에서 홍보 활동이나 정보를 입수하고 판단하는 것은 필수이다. 광고 업계, 신문기자 또는 교직에 있던 경험 등도 훌륭한 로비스트가 되기 위해 좋은 요건이다." – 본문에서

(2) 정보의 필요성

효과적인 로비활동이란 합당한 견해를 밝히고 이를 사실로서 뒷받침하며, 의원들을 설득하고 결정을 내릴 시기에 항상 그 자리에 있는 것이다. 모든 로비스트는 의원들에게 정확한 정보를 제공하고 자신의 의뢰인 입장에 대해 알려야 한다.

수많은 의원이 로비스트들로부터 제공되는 정보에 의존한다. 오늘날 의원들은 많은 직원과 정보원을 거느리고 있음에도, 여전히 로비스트들로부터 정보를 찾고, 로비스트들 또한 정보를 제공하고자 한다.

"정보는 권력이다."

"누구와 싸우든 정보가 있으면 이길 수 있다." 정보에 관한 이 말들은

모두 사실이다.

만약 로비스트가 확실한 정보뿐 아니라 공공 정책적으로 매우 합당한 근거를 제시할 수 있고 좋은 이행 방안까지 가지고 있다면 로비스트는 상당히 유리한 입장에 설 것이다. 의원들이 여러 분야의 것에 대해 조금씩 알고 있을 거로 생각하지만, 의외로 의원들은 많은 것을 알지 못한다. 그래서 로비스트가 제공하는 정보의 신뢰성은 매우 중요하다. 의원들은 자신들의 결정에 대한 정당성이나 논리를 필요로 한다.

위와 같이 정보에 관한 말은 모두 사실이나, 정보는 여러 가지 영향력 중의 하나라는 것도 알아야 한다. 로비스트들은 가공되고 이해할만하며 정치적이고 정책적 관련성이 있는 정보들을 제공해야 한다. 더 나아가 로비스트들은 의원들이 필요로 할 때에 그것을 전달해야지, 너무 늦거나 일찍 전달해서도 안 된다. 적정 정보를, 적정한 시간에, 적정한 사람들에게 전달하는 것. 이것이 가장 이상적이다. 그리고 제공되는 정보는 의원들의 요구 사항에 맞아야 한다. 정보 제공자로서 로비스트는 의뢰인의 견해를 밝히고, 법안이 통과될 경우 어떤 영향을 받을지 어떤 점이 유리해질지 등을 파악하고 설명한다. 많은 로비스트가 현안에 대한 입장 보고서를 작성하는 습관을 가지고 있다. 또한, 내용이 충실한 기술적인 정보도 제공하고 연구 보고서도 작성한다. 연구 및 보고와 더불어 로비스트들과 그의 의뢰인들은 전문가들을 활용하여 위원회 앞에서 증언하고 의원들과 개별적인 논의를 하기도 한다.

효과적인 정보는 다음과 같이 구분할 수 있다.

첫째, 다른 주에서 어떻게 하고 있는가, 둘째는 조치가 어떤 변화를 야기하였는가이다. 일례로 미국에서는 의료 조무사들이 의료 행위를 할 수 있도록 하는 법안이 1992년 초 뉴저지 주에서 통과되었다. 의회에서 이 법안이 통과되는 데에는 이미 다른 여러 주에서 이와 유사한 법안을 통과시켰다는 단체의 주장이 큰 도움이 되었다. 그리고 뉴저지의 검안 사들은 법안에 대한 주장을 펼 때, 의원들에게 그와 유사한 법들이 20 개의 주에서 이미 시행되고 있다고도 주장하고 그 결과 아무런 피해가 없었다면서 검안사들의 의료과오 보험비용이 오르지 않은 것을 증거로 제시했다.

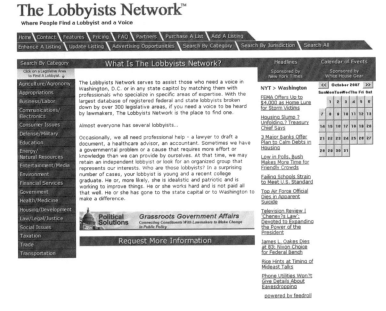

로비스트 온라인 네트워크.
각계 분야의 전문로비스트들을 쉽게 검색할 수 있는 사이트이다.

(3) 타협과 설득

1) 타협의 원인

공공정책에 대해 로비스트들이 사용하는 로비방법은 현안에 따라 각각 다르지만, 대부분은 타협하고자 한다. 그 근본적인 원인은 무엇일까?

① 공정하지 않을 때

주로 담배와 주류업계가 '공정하지 않다'는 논리에 의존하여 엄격한 규제에 대항한다. 담배와 주류에 대한 과세로 보건과 사회복지 프로그램의 자금을 조성하는 것을 반대한다. 관련 업체들은 이 프로그램들이 일반 세출원에서 비용을 충당해야지, 특정 제품에 대한 과세 세입원으로 그 비용을 충당해서는 안 된다고 주장한다. 최근 담배산업이 '공정성' 문제를 효과적으로 이용하여 여러 주에서 흡연자 채용차별 금지를 이끌어 냈다. 이 문제는 채용 관례, 근로 장소에서의 흡연 및 직원들의 행동성 여부와 관련되었다. 당시의 공정성 주장은 꽤 설득력이 있었다고 한다.

② 효과가 없을 때

쓰레기 및 파편 문제로 인해 뉴저지 해변 오염을 야기한다는 이유로 플라스틱으로 만든 탬폰 에플리케이터나 다른 미생물 분해 성 물질의 사용을 금지하는 법안이 상정되었으나, 실제로 이 물질들은 해변 전체 쓰레기 중 고작 4%만 차지한다는 결과를 제시하여 법안이 쓸모없어진 사례가 있다.

③ 비용이 너무 많이 들 때

여러 가지 환경문제와 관련하여 기업체의 로비스트들은 환경과 관련한 조치들에는 너무 큰 비용이 들고 기업체에 피해를 줄 뿐만 아니라 소비자와 세납자들에게도 부담이 된다고 주장한다. 또, 시 정부 로비스트들도 환경에 관한 특정 조치로 인해 시 정부는 3억 달러를 들여야 할 것이고, 이는 지역의 세납자들에게 큰 부담이 될 것이라고 주장한다.

④ 소비자들에게 도움이 될 때

예를 들어, 노약자를 돌보는 전문 치료사들은 주 정부 규제를 원하는데, 이들은 무자격자들이 전문가 행세를 하는 것을 법으로 방지해야 한다고 주장했다. 이런 경우, 주 정부의 규제는 노약자와 다른 많은 사람을 보호하는 조치가 될 수 있을 것이다.

⑤ 시민에게 해로울 때

예를 들어, 동물의 치아를 닦을 수 있는 권한을 얻기 위한 애완견 관리사들의 노력에 저항하는 수의사들의 사례가 있다. 그들은 수의 치과술이 의학적 절차라고 주장했다. 또한, 허가증 절차를 밟은 전문가만이 시민을 무자격으로 인한 피해로부터 보호할 수 있다고 주장했다. 수의사가 동물치아검사를 할 때, 입안검사를 다 하지만, 관리사들은 단지 미용에 목적을 둔 것이라고 주장했다.

2) 설득의 방법

① 정보의 포장

로비스트들은 때때로 의원들에게 정보를 가공하거나 추가적인 내용을 덧붙여 주의를 끈다. 예를 들어, 법안이 검토되기로 되어 있던 바로 전 주말에 의원들의 조치로서 성사될 상당한 비용절감 효과를 충분히 알리지 못하였다고 해보자. 어떻게 각 선거구역에 해당되는 통계수치를 의원들에게 빠르고 실감 나게 전달할 수 있을까? 해결방안으로 사용된 것은 "세납자에게 지급하라."라는 말과 함께 엄청난 금액에 달하는 액수를 기재하여 수표처럼 만들어 아주 두꺼운 파란 종이에 복사하여 의원들에게 수표인 양 준 것이었다. 즉, 조치가 통과되면, 의원들의 선거 구민들이 그 액수만큼 환급받게 될 것이라는 점을 깨닫도록 하는 것이 목적이었다. 후에 의원들이 이 수표가 선거후원금이 아닌 홍보물이라는 것을 알고 약간은 실망했을지라도 기발한 방법으로 주의를 끈 사례이다.

② 주의를 끄는 제목

법안의 제목을 설득력 있고 기발하게 붙여 의원들의 주의를 끄는 것이다. ' 깨끗한 물 법안', '안전한 식수법', '알권리법' 등 이러한 단어의 사용으로 인해 그 법안이 시민에게 이득이 된다는 것을 제목만 보고도 미리 짐작할 수 있도록 알리는 것이다. 하지만, 제목 붙이기에도 양면성이 있다. 공공장소에서 흡연을 규제하는 싸움에서 금연 찬성자들은 이 법안을 '실내공기 청결법'이라고 하는 반면, 반대자들은 '흡연규제 법안'이라고 부른다.

③ 인간적 감정에 호소

공공목적을 위해 설득하는 로비스트들은 때때로 극과 극의 상황(선과 악)을 묘사하여 감정에 호소한다. 공익 로비스트들이 특히 현안들을 인격화하는 것에 능숙하다. 예를 들어, "이 법안에 반대하면, 환경을 파괴하는 것이다." 하는 주장을 펴는 것이다.

3) 타협의 효과와 영향

협상은 입법과정에서 가장 중요한 단계 중 하나이다. 협상은 의원들 간에, 로비스트 간에, 한 현안에 대한 모든 의원 단체 간에 지속적으로 이루어진다. 협상의 주목적은 관계자들이 모두 법안에 대해 동의하게 하는 것이다. 그러기 위해서는 서로 양보가 있어야 한다. 여러 의원과 관계를 지닌 로비스트들은 대개 타협과 양보를 하고자 한다. 여기에는 여러 가지 이유가 있는데,

첫째, 장기적 안목으로 상생의 원칙에 입각한 소위 윈윈(Win-Win) 전략인 것이다.

둘째, 로비스트들은 의뢰인들에게 노력의 결실을 보이고자 한다. 모든 것에 대해 일방적으로 이기거나 질 수 없기 때문에 타협을 하지 않으면 더 큰 위험이 따를 수 있다. 셋째, 의원들도 싸우는 것보다 타협하여 해결하는 쪽을 선호한다.

넷째, 가능하면 의원들이 지원하는 법안에 맹렬히 반대하지 않는 것이 좋다. 이는 추후 적대심을 갖게 할 수 있기 때문이다.

다섯째, 때때로 로비스트들도 손해 볼 줄 알아야 한다. 법안을 두고

할 수 있는 최선책은 의뢰인에게 미치는 손해를 줄이는 것이다. 한쪽을 위한 투표가 전혀 불가능하다면, 개정안이 최선이다.

여섯째, 양방이 원하는 것이 정해져 있고, 권력의 분배가 균등할 경우, 일을 성사시키기 위해서는 양보를 해야 한다. 그러나 모든 협상과정이 성공적인 것만은 아니다. 개입된 사람들이 서로 양보하지 않으려고 하여 협상이 이루어지지 않을 수도 있다. 또 어느 한 쪽이 스스로 유리하게 될 것이라 생각되면, 더 유리한 입장을 점하기 위해 협상을 미룰 때도 있다. 위원회, 회의장 그리고 의회로 법안이 상정되기 전과 후의 절차를 거치면서 상황은 매우 유동적이며, 합의점은 상황에 따라 달라질 수 있다.

(4) 지원세력의 확보

1) 인맥 형성

국회의사당에서 일어나는 많은 일들은 기본적인 인간관계를 기초로 한다. 정치체제나 문화와는 무관하게 로비스트의 목표는 유대를 형성하고 최대한 많은 의원과 인맥을 형성하는 것이다. 필자의 오랜 친구이자 전직 로비스트인 브라이언 보우(Brian Boe) 씨 역시 "모든 것은 인간관계에 기초한다."라고 말한다. 이는 특히, 계약 로비스트들에게 있어 매우 중요하다. 공공 목적 로비스트들은 유대 관계를 형성하는 데 있어서 '사적인 관계'에는 신경을 덜 쓰는 경향이 있다. 개인적인 유대관계는 의원들로 하여금 영향을 주려고 하는 사람들에 대한 믿음을 갖게 한다. 모든 사람이 그렇듯 의원들도 자신이 좋아하고 믿는 사람들을 돕기 쉽기 때문이다. 입법부에서 유대를 형성하기는 어렵지 않다. 의원들과 로비스트들은 입법 체제 내에서 이권을 가지고 있기 때문에 서로가 서로를 도우려 하는 경향이 있다. 의원들의 경우 입법부 생활 전후에 형성된 친분이 영향력이 강하다.

때로는 혈족관계도 도움이 된다. 가족이라고 해서 꼭 서로의 뜻에 따르는 것은 아니지만, 그들의 유대관계는 그 무엇보다 확실하다. 따라서 전직의원과 혈연관계를 가진

로비스트라면 더욱더 유리할 수 있다. 또한, 로비스트의 경우 입법부 직원으로 일한 경험이 유대관계에 도움을 줄 수 있다. 전직의원이었던 로비스트들과 의원직을 계속하는 동료 간의 관계는 서로 끈끈한 동료의식을 가지고 있기 때문이다.

가끔 의원들은 로비스트나 그의 의뢰인을 싫어해서 관계가 부정적으로 형성될 때도 있지만, 목적과는 무관하게 로비스트는 불친절한 의원에게 접근해야 하고, 힘들지만 계속 유대관계를 형성하기 위해 노력해야 한다. 로비스트들은 유대를 형성하기 위해 부단한 노력을 해야 한다. 매우 섬세하게, 인내심을 가지고 접근해야 하고 너무 성급하게 관계를 형성시키려고도 하지 말아야 한다.

다음은 유대를 형성하는 데 있어 실질적으로 행해지는 10가지 기법이다.

① 접대: 접대는 공통점을 찾기 위한 수단이다. 기업, 단체들의 후원을 받은 사교 모임을 개최하는 형태이다.

② 여행: 야외에 나가 여유롭게 지내는 것은 친분을 다지기에 매우 효과적이다. 사교와 교육이 함께 이뤄지는 현장답사 및 여행이 있다.

③ 선물: 유대를 형성하기 위해 부담되지 않은 선물을 준비한다. 때로는 선물 대신 특별서비스를 제공하기도 한다. 예를 들어, 각 로비스트가 속해있는 기업이나 단체의 물품 및 서비스를 제공하는 것이다.

④ 스포츠: 로비스트들에게 있어 골프는 특히 좋은 사교수단이다. 술집에서 행해지던 사교가 점점 스포츠로 전환되고 있다.

⑤ 선거구민 서비스: 의원들의 선거구민들에게 도움을 줄 수 있다.

⑥ 감사와 인정: 의원들에게 감사와 찬사를 보내는 것이다. 거의 모든 단체가 의원들의 공로, 지원과 수행에 대한 감사패를 수여한다.

⑦ 이해: 의원들의 상황에 대해 이해하고, 관심을 보이는 것이다.

⑧ 조언: 조언은 주로 전문적이다. 어떤 분야에 전문성을 갖춘 로비스트들에게 의원들은 조언을 구한다.

⑨ 법안 지원: 의원들은 로비스트들을 이용하여 다른 의원들과 대중에게 영향을 주고자 한다. 로비스트들이 의원들의 법안이 통과될 수 있도록 도우면, 의원들도 그들을 도울 것이다.

⑩ 선거자금기부와 운동참여: 의원들의 선거운동기간은 유대관계를 확대할 수 있는 기회이다. 정치가에게 가장 중요한 것이 선거이기 때문에 모금 운동이나 후원금 전달 같은 정치적인 기여를 통해 유대를 형성할 수 있다.

최근에는 위 같은 유대형성 기법들이 과도하게 행해지면서 로비스트들의 활동을 규제해야 한다는 여론이 높아졌다. 미국의 한 자선재단은 최근 기금 모금 파티를 열었다가 곤혹스러운 상황에 부닥쳤다. 기업과 로비스트들이 한 장에 2500달러(약 230만 원)나 하는 파티 입장권을 수백 장씩 구입해서는 다시 재단에 기부한 것이다. 대신 이들은 표를 받을 사람들의 명단을 건넸다. 여기에는 의회 의원과 보좌관 100여 명의 이름이 적혀 있었다. 로비스트들이 직접 입장권을 주면 과도한 선물에 해당하지만, 자선재단을 통해 주면 문제가 되지 않는 법의 허점을 이용한 것이다.

미국에서 정치인들이 로비스트에게 받을 수 있는 선물과 향응에 대한 규제가 강화되고 있지만 이처럼 허점을 파고드는 로비는 여전하다고 한다. 2007년 상반기 회기에 미 의회는 로비스트들이 의원들에게 식사와 여행·선물 등을 제공할 수 없도록 한 법을 통과시켰다. 이는, 거물 로비스트 잭 아브라모프가 2006년 사기와 불법 로비 혐의로 징역형을 선고 받고, 의원 3명이 부패 혐의로 투옥된 데 따른 것이다. 그러나 워싱턴의 한 법률 회사에서 '법에 저촉되지 않는 접대 방식'에 관한 세미나를 열 자 로비스트 수백 명이 몰려들었다. 그 세미나에서 한 발표자는 "새 법 은 로비스트들이 음식 대접을 하는 것은 금지하고 있지만 (의원들의) 술 집 청구서를 대신 결제해주는 일에 대해서는 언급이 없다."라고 꼬집었 다. 새 법은 의원들이 민간 기업의 전용기를 공짜로 타는 것을 금지했 다. 그러나 대여료를 내면 이용할 수 있어 대여료를 싸게 해 특혜를 줄 수 있다는 허점이 있다.

로비스트들이 1만 5,000달러 이상을 특정 의원의 선거운동에 기부할 경우 일정 기간마다 신고해야 하지만 남의 명의로 기부하는 것까지는 감시하지 못한다. 기업이 전당대회 기간에 특정 의원을 위한 파티를 열 어주는 것도 금했지만, 로비스트들이 '친구 모임'이라고 둘러대면 처벌하 기 어렵다. 이처럼 모호한 법 적용 때문에 의회 윤리위원회에는 접대 한 계를 묻는 의원과 로비스트들의 문의가 최근 몇 달간 1,000건 이상 쏟 아졌다. 주말여행과 값비싼 결혼 선물, 다섯 가지 코스 요리 등 내용은 천차만별이다. 그렇지만, 의원들이 과거 누리던 특혜를 쉽게 포기하려 들지 않는 것도 문제다. 이에 대해 미 상원은 기업의 전용기 이용과 관 련, 법 발효 이후 60일 동안은 대여료를 꼭 내지 않아도 된다고 결정했 다. 의원들의 교통비 부담이 급격히 늘어나고, 대여료 산정에 시간이 걸 린다는 명분을 내세웠다.

2) 연합세력(연맹) 결성

의원들과의 연결 및 결속력과 지속적인 유대의 결과로 로비스트는 현안에 대한 입장을 더욱 효과적으로 발전시킬 수 있다. 의원들과의 유대는 결정적인 시기에 매우 유용하다. 유대로써 로비스트들은 정보를 더 잘 전달할 수 있을 뿐만 아니라 정보를 받을 수도 있기 때문이다. 또한, 좋은 관계를 유지하려면 로비스트 역시 영향력을 갖고 있어야 한다. 의사당 내의 로비스트들은 의원들, 주 의회 기자들 및 다른 로비스트들에 의해 지속적으로 평가되므로 항상 주의 깊게 행동해야 한다. 로비스트가 효과적인 로비활동을 펼치기 위해서는 외부의 지원이 필수적이다. 따라서 많은 로비스트가 흔히 연맹을 결성하여 단체들로부터 지원을 받는다. 또한, 지역협회회원 및 회사원들, 공장관리자들, 물품제공자들 등 기타 시민에게서도 도움을 받을 수 있다.

연맹의 결성은 현대 로비활동에 있어 빼놓을 수 없는 주요 과제이다. 연맹은 가능한 한 많이 결성하는 것이 좋다. 지원하는 층이 넓고 클수록 의원들은 그 정책에 대해 긍정적으로 생각할 확률이 높다. 그러므로 연맹을 결성함으로써 의원들의 지지를 얻기가 쉬워진다. 연맹이란 공동의 목표를 달성하기 위해 상호 협동하는 단체들의 모임이다. 연맹을 결성하기 위해 일단 로비스트는 연맹의 잠정적 회원들을 규명하고, 목적에 따라 단체를 개입시킨다. 단체를 개입시키는 일은 로비스트의 능력에 달려있는데 남들보다 현안을 호소력 있게 전달하여 단체들로 하여금 행동을 취하도록 동기부여를 해야 한다. 로비스트들은 다양한 단체들과 유대를 형성한다. 이런 유대로 그 단체들이 반대파와 연맹을 결성할 확률을 줄일 수 있다. 하지만, 연맹을 결성하여 좋은 이점이 있는 반면에 연맹결성의 부작용 또한 있을 수 있다. 어떤 경우에는 연맹을 이루고 있던 단체들이 서로 앙숙이 될 경우도 있기 때문이다. 그러나 무엇보다 위험한 것은 연맹 회원들이 막판에 뒤로 물러나는 것이다. 일반적인 입장에 동의하다가도 세부사항에서 반대를 하기도 하고, 또 어떤 회원들은 중간에 탈퇴를 하기도 한다. 그래서 때때로 연맹은 중간에 해체되어버릴 수도 있다.

로비스트들에게는 자신이 결성한 연맹의 활동을 지도하고 지휘할 책임이 있다. 그들은 회원들에게 최신의 정보를 제공해야 하고, 계획에 참여시키고, 업무를 위임하고, 활동을 조정해야 한다. 로비스트는 연맹의 결속이 유지될 수 있도록 최선의 노력을 해야 한다.

3) 대중 동원

오늘날, 로비스트들은 사람들이 멸시하는 구식의 로비활동을 대신하여 첨단기술 및 대중 동원 작전을 제시하고 있다. 대중 동원 로비는 점차 유행되고 있으며, 환경, 기업체, 전문직 및 정부 단체들이 이러한 능력을 배양시켜 활용하고 있다. 모든 공익사업체, 비제조업체 들 및 제조사들이 대중 동원 프로그램에 직원, 주주, 퇴직 근로자와 소비자들을 참여시키고 있다. 대중동원운동의 목적은 의원들에게 유권자들이 특정 현안에 대해 우려하고 있음을 알리기 위한 것이다. 대중동원운동을 통해 유권자들은 의원들에게 의원 각자의 행위가 유권자들에게 어떤 영향을 미칠 것인가를 보여준다. 또한, 대중 동원 로비는 의회에서 직접로비활동을 지원하기 위해 존재한다. 예를 들어, 유권자들이 보낸 엽서와 편지들, 방문 운동 등은 모두 단체의 직접 로비활동을 보조한다. 대중

동원 운동을 위한 회원 모집 방법으로는 첫 번째, 여러 회사의 마케팅 네트워크를 이용하는 것이다. 특히 담배산업 경우, 이런 방법을 이용하여 '흡연자 권리' 네트워크를 조성한다. 미국 안호이저 부시(Anheuser-Busch) 회사는 버드와이저와 미켈롭 맥주를 생산하는 아주 유명한 회사이며, 가장 뛰어난 대중동원운동을 하는 회사로 유명하다. 고객층이 넓을 뿐 아니라 4천만 명 이상의 직원을 고용하고 있어 이들을 언제든지 동원시킬 수 있고, 전국적으로 수많은 도매업자들, 미국 전 주에 5,000여 개의 유통망들과 관계를 맺고 있어 대중동원운동을 하기에 좋은 조건을 가지고 있다. 또한, 재단을 통하여 보조금을 지급하는 방법을 이용하여 회원을 모집하기도 하고, 가정방문 순회운동을 하기도 한다. 그들은 사무소를 설치하고 회원을 등록, 모금 운동을 펼치고, 현안들에 대한 홍보, 특히 탄원서를 돌리거나 엽서에 서명하게 하여 그 구역의 의원들에게 전달한다. 효과적인 대중동원운동을 하는 단체의 마지막 예로 교사단체를 들 수 있다. 교사들은 로비활동을 할 때 특별 회합과 의회 및 정치 교육 세미나에 참석한다. 그리고 교사단체들은 뛰어난 의사소통체제를 갖추고 있어 회원들 간에 정보와 소통을 신속하게 주고받는다.

4) 언론과 대외 홍보

지지율을 확보할 수 있는 또 다른 방법은 언론에 중점을 두는 것이다. 언론 및 대외홍보 영역으로는 신문, 정책지침서, 팸플릿, 보도자료, 기자회견, TV 및 라디오 인터뷰, 성명방송, 광고, 지역홍보 등이 포함된다. 로비스트들이 언론과의 유대를 구축하는 목표는 기자들에게 특정현안이 얼마나 호소력이 있는지 또 얼마나 인지도가 높은지를 알려주는 것이다. 언론이 주도하면 의원들은 주의를 기울이지 않을 수 없다.

① 언론홍보

언론 전략은 특히 감정에 호소하는 현안들을 다룰 때 효과가 있다. 언론을 통한 홍보활동을 위해 그리고 현안과 이미지 관리를 위해 로비스트들은 언론 전문 컨설턴트를 채용하기도 한다. 언론은 환경단체, 경제성장 관리, 소비자 현안들과 윤리 및 선거 자금 유치 개혁에 관련한 현안에 대해 특별 보도를 해주기도 한다. 대개 환경과 공익을 위해 일하는 로비스트들을 '올바른' 사람들로 간주하기 때문이다. 반면 기업체 로비스트들에 대한 인식은 그다지 좋지 않아 그들의 입장을 호소하는 데는 큰 어려움을 겪기도 한다.

공익 단체들의 로비스트들은 사설 칼럼 기고, 현안들 모음집, 연구자료 공개 등을 통해 홍보하기도 한다.

② 대외홍보

대외홍보는 장기적인 일이고 시간이 지나면 단체가 정부에 미치고자 하는 영향력이 행사될 수 있다. 중요한 것은 긍정적인 이미지를 구축하는 것이다. 기업 대외홍보 회사들은 이제 기업들이 로비스트와 더불어 대외홍보 전문가를 필요로 한다는 것을 인식하고 있다. 의회에만 현안을 홍보하는 것으로는 충분하지 않고 현안에 대한 대중의 긍정적인 인식이 얼마나 중요한지를 실감하는 것이다. 여러 가지 대외홍보는 단체의 이미지와 입장에 큰 도움이 될 수 있다. 교사들의 이미지를 자상하고 유능한 전문인으로 부각시키는 TV 광고가 그 예이다. 현재 담배업계는 수백만 달러를 투자하여 청소년 흡연을 막기 위한 선전 운동을 펼치고 있고, 또 주류업계에도 기존의 부정적인 이미지를 쇄신하기 위해 최근 강도 높은 대외 홍보에 노력을 기울이고 있다.

 참고 6. 효과적인 로비활동을 위한 제언

Golden Rules For Lobbying

- Never Tell a Lie: 절대 거짓말을 하지 마라,
- Be Patient: 참을성 있어라,
- Be Courteous: 예의 바르게 행동해라.
- Be Brief: 간결해라.
- Get to the Point: (변죽만 올리지 말고) 요점을 말하라.
- K.I.S.S: Keep it simple and short: 간결하고 명료함을 지켜라.
- Keep Your Group Small: 한꺼번에 너무 많은 사람을 만나지 마라.
- Plan Your Pitch: 상황을 유리한 쪽으로 이끌도록 해라.
- Practice! Practice! Practice!: 발표할 내용을 충분히 연습해라.
- Don't Forget to Close: 적당한 시간에 끝내는 것을 잊지 마라.

6. 로비스트의 영향력

(1) 로비스트의 영향력

미국에서는 의회에서 다루어지는 거의 모든 현안이 거치는 모든 단계에 로비스트가 한 명 이상씩은 개입되어 있다. 로비스트는 의뢰인들의 입장을 대변하고 의원들과의 유대를 형성하며 정치적 및 정책적 정보를 제공한다. 또한, 로비스트는 연대를 형성하고 민중 동원운동을 주도하며 선거정치활동 등의 모든 과정에 걸쳐 협상하고 흥정한다. 의뢰인들은 자신의 로비스트가 효과적인지를 궁금해하지만, 이 질문에 대답하기란 쉽지 않다. 본인의 지인으로 현재 한 제약회사의 로비스트로 일하고 있는 데이브 바로우(Dave Barrow) 씨는 "영향력 행사는 상황별로 다양하게 진행되기 때문에 진행된 정도나 결과를 가늠하기란 매우 어렵다. 저울로 잴 수 없는 여러 가지 변수가 법안 결정 및 투표과정에 영향을 미치기 때문이다."라고 말했다. 대부분의 계약 로비스트들은 그들의 의뢰인들이 내는 돈에 대한 대가를 보여야 한다. 메릴랜드의 한 로비스트는 여러 가지 일에 성공해야 의뢰인들이 만족스러워 한다고 말한다. 그는 의뢰인들의 이권을 방어하고 발전시켜야 할 뿐만 아니라 요청이 있을 경우에는 하원의장이나 상원 의장을 초청하여 단체에서 연설할 수 있게 해야만 한다. 다른 로비스트들 역시 결과를 생산해내야 하는 건 마찬가지이다. 그렇지 않으면 그들의 단골 고객들이 언젠가는 떠날 것이기 때문이다. 그래서 로비스트들은 종종 자신의 영향력을 과장한다. 뉴저지 주의 한 로비스트는 "유력한 로비스트가 갖는 영향력은 좋은 평판과 위치에 있는 의원들도 따라가지 못하는 경우가 많다."라고 말한다. 결국, 그들의 행동이 영향력에 대한 평판을 좌우한다.

영향력을 행사하는 데 있어 가장 중요한 것은 사람들이 로비스트들을 어떻게 인식하는가이다. 그러므로 계약 로비스트들에게는 의원들, 의뢰인들, 언론과 대중이 자신에 대하여 실제로 유력하다는 인상을 받게 하는 것이 무엇보다 중요하다. 일반적으로 의뢰인이 가장 많고 가장 높은 임금을 받는 로비스트들이 가장 활동적이고 유력하다는 인식이 있다. 로비스트들이 의뢰인들에게 상당히 도움이 된다는 점은 의심할 수 없는 사실이며 로비스트가 없는 사람들은 불리하다는 결론을 내릴 수 있으나 중요한 것은 로비스트들의 영향력이 어떻든지 간에 그들은 단지 입법 과정에서 결정적인 역할을 하는 여러 요인 중 하나에 불과하다는 것이다.

로비스트들의 영향력은 개인과 원칙에 따라 다를 수 있거나 현안에 따라 다를 수 있다.

필자의 지인인 쉘바이 컨스(Shlby Kerns) 씨는 아이다호 주립대(Univ. of Idaho) 재학시절부터 로비스트로 활동했으며, 한 때 아이다호주 농무성 무역부장(Trade Specialist, Idaho State Dept. of Agriculture)으로 일한 적이 있는데 그녀는 대기업을 위해 일하는 사람들의 심정에 대해 "로비스트들은 자신들이 가장 유력하다고 생각하고 싶어 한다. 그러나 이것은 부차적인 것이다. 로비스트가 대변하는 단체가 현안에 대해시 가장 큰 영향을 미친다. 어떤 회사는 제품의 품질, 직원들에 대한 처우, 그리고 사회 투자 및 지역에 대한 공헌으로 뛰어난 평판을 받고 있다. 이러한 것이 로비스트가 할 수 있는 그 무엇보다 더 효과적이다."라 말한다.

어떤 로비스트들의 정체성은 의뢰인보다는 사회 목적과 연결될 수 있다. 그들은 개인적인 유능함이나 재원이 부족하지 않다. 그럼에도, 그들의 영향력은 주로 공공 목적의 인기도에 따라 결정된다. 또한, 보호나 이익을 얻기 위해 경쟁하는 경제, 전문직 및 직업단체들과 관련된, 본질적으로 특수 이익적인 현안들도 있다. 비록 양쪽 모두 자신의 사정이 갖는 공공 정책적 측면과 공익적인 혜택을 논하지만, 이 현안들은 일반 대중이나 시민의 대변자에게는 별로 중요하지 않은 현안들이다. 일반 대중이나 의원들이 모두 관심을 갖지 않으면 오히려 로비스트들의 역할은 매우 중요할 수 있다.

의원들은 여러 가지 요인을 바탕으로 행동을 취하지 오로지 로비스트들이나 단체들이 형성한 것에만 대응하지는 않는다. 이렇듯 로비스트의 영향력 이외에 의원들의 정책결정 과정에 영향을 미치는 요소로는 첫 번째, 의원들이 로비스트들보다 유권자들의 목소리를 경청하고 있다는 것이다. 미국 연방 상원의원과 예산결산위원장을 지낸 마크 해필드(Mark O. Hatfield) 씨의 오랜 보좌관 월터 에반스(Walter Evans) 씨는 현재 포틀랜드에서 변호사로 활동 중인데, 그는 "의원들은 언제나 로비스트보다는 유권자들의 목소리를 경청하고 있다."라고 말한다.

다음으로, 의원의 믿음, 원칙과 가치관이다. 이는 사형제도, 교육의 선택권, 사회복지와 같은 광범위한 현안들에 있어서 중요할 뿐만 아니라 범위가 좁은 특수 이익 현안들의 경우에도 역시 그렇다. 또한, 모두가 확신하는 현안도 로비스트의 영향력 이외에 영향을 미치는 요소이다. 한 로비스트는 그녀의 단체가 1990년 플로리다 행정부 시절에 상정된 세율 인상을 반대하기는 하였으나, 열심히 대항하여 로비하지는 않았다고 한다. 모두가 세율이 인상될 것이라 확신했기 때문이다. 열심히 대항했다고 하더라도 그녀는 아무런 결실도 얻지 못했을 것이다.

마지막으로 다른 주들에서 현안이 통과되면, 반대하기가 어렵다는 것이다. 한 로비스트는 안과 의사들을 대변하여 검안사들과의 싸움을 로비했고, 10년간 공격을 막아냈지만, 끝내 지고 말았다. 실제로 다른 모든 주에서 검안사들이 점안 액을 사용할 수 있도록 하는 법안을 통과시켰기 때문이다.

앞에서 살핀 것처럼 별로 중요하지 않은 현안에 있어 로비스트들의 영향력이 중심적인 역할을 할 수 있고, 실제로 결정적인 역할을 할 수 있다. 또한, 중요한 현안들에 있어서는 다른 요인들이 더 큰 역할을 할 수 있고, 로비스트의 영향력이 부수적일 수도 있다.

그러나 어떠한 경우에도 로비스트의 영향력은 여전히 중요시되고 상당한 기여를 하고 있다.

(2) 의뢰인들의 요구와 목적

로비스트가 입장표명을 어떻게 하느냐에 따라 많은 것이 좌우된다. 비교적 범위가 좁은 현안들의 경우, 로비스트들은 의뢰인이 이기느냐, 지느냐의 여부에 대한 책임을 지게 될 수 있다. 즉 범위가 좁으니 성공과 실패가 쉽게 구별된다.

이에 반해 광범위한 현안들의 경우, 로비스트에겐 합의안의 특정 조건에 대한 책임이 있을 수 있다. 즉 광범위하면 대체적으로 만족하지만 어떤 특정한 사항에 대해 이의를 제기할 수 있다.

효과적인 워싱턴 로비스트 채용하기

특정시점이 달하면 대부분 사업가가 미 의회, 행정부 및 각종 정부기관과 부차들과의 문제해결을 위해 도움이 필요하게 되어, 경륜과 신임이 있고 입법 및 정치계에 인맥이 넓은 로비스트를 필요로 하게 된다. 정부의 사업체에 대한 영향력의 정도는 사업부문에 따라 다를 것이다.

어떤 부문은 규제를 많이 받고, 어떤 부문은 단지 조세의무에만 충실하면 된다. 후자에 해당하는 기업도 과세부담을 줄이거나 정부가 과세율을 높이는 것을 막기 위해서 상원재정위원회 및 하원 세입위원회를 설득하도록 노력할 것이다. 사업가는 의회와 정부기관들이 집행하는 법과 규정들로 자유경쟁 시장 내 활동을 제재한다고 생각할 수도 있다. 사업 개시 초기에 따라야 하는 규제들로 후기 사업발전에 대한 장애가 될 수도 있다. 사업체가 성장함에 따라 법과 규제에 더욱 얽히게 된다. 사업체는 전문 워싱턴 로비스트뿐만 아니라 전임 기업대변인이 필요하게 될수 있다.

대부분의 기업 대변인들은 로비, 대외관계, 영업 및 일반 문제해결을 포함한 광범위한 책임을 가지고 있다. 기업 대변인들이 대개 미 의회, 정부 및 자신들의 입장을 외치는 군중을 로비할 시간이 없기 때문에, 어떤 기업들은 로비스트를 채용하여 기업대변인을 보조하고 입법상의 위기를 모면하고자 한다. 전임 로비스트는 기업의 운영과 목적을 잘 이해하여 입법관련 대외관계 시 시간제나 프로젝트별로 맡아 하는 로비스트보다 기업의 목적을 더 잘 전달할 수 있다. 한 회사를 대변하는 로비스트로 알려지면 로비스트의 신임성이 높아질 수 있다. 오랫동안 여러 행정부와 의회에 걸쳐 정치 네트워크를 구축해온 베테랑 로비스트는 단기간 내에도 기업대표자들이 당면한 현안에 대한 동정심을 의원들로부터 살 수 있다. 경륜 있는 로비스트들이 한때 미 의회 입법 및 행정 보좌관직을 수행했던 행정부 인사들과 인맥이 있는 일은 흔히 있는 일이다. 행정 보좌관이 모시던 의원이 미 의회에서 고위급 정치직이나 영향력 있는 직책을 맡게 되는 경우 보좌관이 더욱더 노동력의 과실을 수확할 수 있듯이, 개인적 친분이나 위원회 보좌관직을 맡았던 친분자들이 권력과 유망성이 있는 자리로 승격되면 로비스트도 또한 덕을 볼 수 있게 된다.

의회 위원회나 미 정부 부처 및 기관의 관할권 내에서 운영되는 거의 모든 회사가 특정 위원회나 특정 정부부문의 전문가 로비스트들을 필요로 한다. 기업 간부진은 어떠한 로비스트도 기업대표자나 회사에 관련된 로비 상의 모든 문제를 해결할 수 있는 정치권과 입법 노하우를 가질 수는 없음을 이해해야 한다.

로비스트들은 자신들이 의원, 의회 직원, 정부 내 영향력 있는 인사들과 맺은 관계들을 과대포장하기도 하며, 남의 이름을 들먹이는 일은 워싱턴DC에서 흔한 일이다. 예를 들어 칵테일 서커스는 정치권력자들과 어깨를 나란히 하며 사담을 할 수 있는 기회가 되며, 어떤 이들은 잘 모르는 정치가들과 말을 놓는 가까운 관계라고 주장하기를 서슴지 않는다. 그러므로, 워싱턴DC에 기업대표인이 상주하지 않는 기업은 기업에서 대리인을 따로 파견하여 채용하고자 하는 로비스트의 평판과 능력에 대해 조사를 하고, 미 수도 내 및 정부기관 내에 인맥이 있는지의 여부를 확인해야 할 것이다. 기업들은 한 로비스트가 특정 의원을 잘 모른다고 해서 깎아내려서는 안 된다. 그 어떠한 로비스트도 의원들을 다 알 수 없으며, 전문가라면 자신이 모르는 의원까지도 접근할 수 있는 주위 사람을 꼭 찾아낸다. 로비스트 직업에 대한 이해에는 위원회나 미 의회로부터 특별한 도움을 받거나, 전반적으로 지원을 얻을 수 있는 개인적 친분과 대인관계도 포함된다.

　자신들이 집행했던 법령들을 바꾸고자 로비하기 위해 캐피톨 힐의 정부직을 떠나는 사람들을 일컬어 소위 '회전문(the revolving door)'과정이라 한다. 전임 독립 로비스트로서는 부족하지만, 많은 전직 공무원들이 자신들의 분야에 전문성을 가지고 전문 로비스트의 지도하에 일하고 있다. 비록 철칙이라고 할 수는 없지만, 기업들은 최근에 의회나 정부직을 떠난 사람보다는 여러 현안을 다루어보고 캐피톨 힐과 정부 내에서 인맥을 널리 형성해온 경륜 있는 로비스트를 채용하는 것이 더 나을 것이다. 겨우 일을 해내는 로비스트들은 비효율적이며 경륜을 쌓을 수 있을 만큼 오래 남지 못하기 때문에, 경륜이 있는 로비스트치고 평판이 나쁜 로비스트들은 드물다. 돈을 헤프게 쓰며 규율에 얽매이지 않는 로비스트들은 이제 소수에 불과하다. 한때 로비스트들은 음지의 정치계 일부나 의회에 특별한 호의를 베풀었던 소수 의원들에게 붙어사는 정치적 기생물로 간주되었다. 어떤 로비스트들은 비자금과 화려한 접대로 한때 입법안에 영향력을 행사하기도 하였으나, 오늘날 로비계의 환경은 변화하고 있다. 이제 로비는 유능한 전문직으로 여겨지며, 오늘날의 로비스트들은 대다수가 재능 있고 뛰어난 평판을 가진 사람들이다. 특정 교육 요건이나 행동강령이 아직은 없는 전문직이며, 로비는 많은 이들이 우연히 진입하게 되는 분야이다. 로비의 순리, 관료주의적 과정에 대한 지식 등은 풍부한 경험으로 습득되며, 이는 훌륭한 로비스트를 만드는 초석이 된다.

변호사, 홍보전문가들도 로비스트로 활동하지만, 기업을 대표할 수 있는 최고의 로비스트는 먼저 특정 산업부분에 대한 경험이 있고, 그 후 로비라는 업을 배운 사람일 것이다. 예를 들어 농산물에 관한 직업 배경이 있는 로비스트가 공과부문 배경의 로비스트보다 농산업 분야의 일을 더 잘할 것이다. 그러나 한때 의사, 엔지니어, 워싱턴 컨설턴트, 홍보전문가 혹은 캐피톨 힐이나 정부의 소위 '경력자'라 하여 채용되기보다는 전문 로비스트로서의 실력으로 채용되기 위해 노력해야 할 것이다. 한 기업의 사업부문에만 깊이 있는 지식을 가진 로비스트는 훌륭한 로비스트일 수 없다.

한 기관이 로비스트를 채용할 때, 어떻게 선택할 것인가? 미 수도 내에 많은 로비스트가 있다고 하나 적절한 로비스트를 찾기란 어려운 일이다. 로비는 수천 명의 전문가가 개입하고 있는 분야이지만, 워싱턴 전화록에는 오직 소수의 로비스트만 등록되어 있다. 이토록 역동적인 산업부문에 기업계를 위해 안내서를 제공하지 않는다는 것이 참 아이러니하다. 더 나아가 최고의 로비스트들은 조용히 활동을 하는데, 이는 한때 로비가 비도덕적인 '검은돈'으로 일을 하는 저속한 업으로 간주되었을 때 겪었던 어려움의 여파라 할 수 있다. 변호인들은 수천에 달하도록 발행물에 그 명성이 수록되나, 로비스트들은 전혀 그렇지 않다. 회사들은 좋은 로비스트를 찾을 때 구전으로 알아보는 방법뿐이 없다. 상황을 더 어렵게 만드는 것은 워싱턴DC에서 정부나 캐피톨 힐 경험이 있는 사람은 누구나 자신을 로비스트라 자칭할 수 있다는 점이다. 한 전문 로비스트는, "의회나 백악관 안으로 걸어 들어왔던 사람은 누구나 이를 간판으로 내걸 수 있다."라고 말했다.

① 변호사 출신 로비스트

워싱턴 변호사들 중 로비경험이 있는 자는 드물며, 워싱턴에 있는 법률회사는 대부분 로비능력이 제한되었거나 완전한 로비업무를 해내지 못한다. 수천 명의 변호사가 정부와 캐피톨 힐을 떠난 후 일부는 워싱턴 변호사 겸 로비스트가 된다. 기관에서 파악해야 할 것은 한 법률회사의 변호사 겸 로비스트의 정치적인 기술과 인맥에 대한 유지 여부이다. 많은 변호사가 로비계에 한쪽 발을 담고, 다른 한쪽 발은 법률계에 담으려고 한다. 법률회사의 변호사로서 또한 훌륭한 로비스트가 되기 위해서 동시에 두 분야의 매우 힘든 일을 맡고 있는 것이다.

의원들 중 변호사 출신 대 비변호사 출신 비율이 선거 때마다 다르나, 그 어떠한 분야보다 많은 법률부문 출신자들이 의원으로 일하고 있다. 변호사 겸 로비스트는 변호사 겸 의원에게 법안의 범위, 조항의 의미, 일반법이나 특정 법령의 현상, 법안의 수정 및 관련 조항에 미치는 영향에 대해 잘 설명할 수 있다. 그들은 같은 통속의 말로 통한다. 법률계 출신이 아닌 사람은 법안의 필요성을 설명할 수는 있으나, 변호사 겸 로비스트는 한발자국 나아가 법의 수정으로 문제 상황이 개선될 수 있는지를 보일 수 있다.

전문 로비스트로서의 재능을 가진 변호사는 매우 다재다능한 인재라고 할 수 있다. 법률 활동을 하면서 유능한 로비스트가 되기는 매우 어렵기 때문에, 훌륭한 변호사 출신 로비스트라는 것은 법률 배경이 있는 유능한 로비스트라고 할 수 있다.

② 대외관계 홍보 로비스트

워싱턴에 있는 많은 홍보회사가 로비계에서 일을 한다. 대외관계를 전문으로 하고, 친목을 도모하고, 사람들에게 영향력을 행사하는 법을 특히 잘 알기 때문에, 홍보전문 로비스트가 평균수준의 변호사/로비스트보다 더 나은 로비스트로서 일할 수 있다. 법에 대한 지식도 중요하나, 주어진 현안을 포장하고, 마케팅하고 설득시키는 것이 더욱 중요하다. 현안에 대한 호의적인 환경을 조성하고 풀뿌리 민중지지도를 형성하고 여론에 영향을 미치는 것이 필수적인 자질이다. 홍보 전문가는 설득이라는 기술의 전문가이다.

의회계에서 대외관계 홍보력을 활용하는 것은 매우 중요하며, 홍보전문가는 다소 단조로운 현안을 의회, 유권자와 일반대중들도 호응하게 할 수 있다. 로비과정에는 설득과 마케팅이 포함되기 때문에, 홍보전문가가 종종 최고의 로비스트가 된다.

비록 홍보회사들이 워싱턴 로비현장을 장악하고 있지는 않으나, 몇몇 홍보회사들이 로비계에서 상당한 영향력을 행사하고 있으며, 로비업무를 지원하기 위한 광범위한 대외홍보 서비스도 함께 제공하고 있다. 대규모 홍보회사들은 풀서비스 로비능력을 갖추기 쉽고, 작가, 언론 전문인, 법률자문과 전문 로비스트들을 모두 제공하고 있다. 작은 회사들은 당연 풀서비스 로비대행을 제공할 수 없으나, 풀뿌리 민중 지원동원이나 전국적인 논설위원들의 호평을 얻어내는 등 특정부문에 매우 효과적인 로비 서비스를 제공하고 있다.

추구했던 법안이 효과적으로 위원회에 제출되기 위해서는 '완화된' 프로그램으로 수정되어야 하는 경우도 있을 것이다. 프로그램이 대규모 혹은 소규모 풀뿌리 민중지원 프로그램과 연계되어 지역 상공회의소, 시 및 구의회와 특정 공동체, 산업부문 및 특정류의 인구층에게 호의적인 반응을 얻을 수 있을 것이다. 이는 경험이 있는 홍보회사들이 전문 로비스트와 협력하여 종합적인 계획안을 바탕으로 이룰 수 있는 일이다.

그러므로 로비지원을 목적으로 홍보회사를 찾을 때 주의해야 할 것은, 홍보능력 뿐만이 아니라 뛰어난 입법 및 정치적 능력이 있는 회사를 찾아야 한다. 홍보 전문직은 로비계에서 그렇게 두각을 나타내지는 못해왔다. 전문 로비스트가 대외관계 및 홍보라는 업무를 수행해왔지만, 홍보전문회사들은 최근에 와서야 전문 로비기관으로 인정되고 있는 추세이다.

그러므로 회사가 홍보전문가 겸 로비스트에게 로비프로그램을 맡길 필요가 있을 수 있으나, 특정 입법안에 중점을 두고자 한다면, 의회에서 법안을 통과시키기 위해 필요한 냉혹한 입법 및 정치 업무를 할 수 있는지를 확인해야 한다. 풀뿌리 민중지지 동원은 로비의 일부에 불과하며, 홍보회사들은 법안의 성공적인 결실을 이루는 능력이 있을 수도 없을 수도 있다.

③ 전직의원

워싱턴 로비스트를 채용할 때, 퇴직이나 선거패배 후 워싱턴의 로비계에 남고자 워싱턴DC에 남는 전직 의원들을 고려해볼 만하다. 전직 의원들 중 로비스트로 남아 기업을 대변하는 사람들이 수도에 많으리라 짐작될 수 있으나, 선거구역의 일원일 경우에는 그렇지 않다. 미 의회에서 수년간 종사한 후 대개 귀향하거나 로비직에서 조용히 일을 한다. 전직의원들은 전 동료에게 로비를 한다는 것을 곤란하게 생각하며, 로비에 대한 조언과 자문을 제공하기도 하나 의회동을 순회하는 모습을 찾기란 어렵다.

모든 전직의원이 성공적인 로비스트가 될 수 있는 것은 아니다. 현직의원일 때 정치 인맥을 다 소모했거나 전 동료 및 보좌관들이 반기지 않기도 한다. 미 상원의원 한 분이 워싱턴 로비스트로 일하려고 했지만 한 때 그가 무관심했던 보좌관들에게 로비를 하려고 돌아와 실패한 경우도 있다. 의원들에게 불공평한 대접을 받은 보좌관들은 의원직을 떠난 후 그 의원들을 반기지 않는다. 또한, 수년간 로비를 받아온 의원들은 로비하는 방법보다는 로비를 받는 것에 익숙하기 때문에 의회에서 남에게 무리한 부탁을 하는 것을 꺼려한다.

의회의 규모가 방대하기 때문에 모든 입법 위원회에 인맥을 가진 전직 의원은 드물지만, 일단 로비팀에 전직 의원이 있으면 자산이 되며, 전문 로비스트가 때마다 전직의원을 활용할 수 있다. 전직의원은 조용히 일을 하며, 조용히 하는 것을 앞장서서 나서는 방법보다는 선호한다. 특정 의원이나 보좌관들을 대면할 때 필요할 때마다 전직의원을 활용하는 것이 현명하다.

전직의원들의 역력을 여느 로비스트를 선임할 때만큼 꼼꼼히 살펴봐야한다. 의원의 로비에 대한 지식을 당연시 하면 안 된다. 워싱턴 로비계 동호회 회원이 아니면, 캐피톨 힐과 특히 위원회 단계에 대해, 그리고 전직의원의 평판과 능력에 대해 철저히 알아보고 질문을 해야 한다. 전직의원이 로비를 위해 회사로부터 도움을 받는 것과 스스로 접근력을 확장시키고 로비계획도 함께 이끄는 것은 상당히 다른 문제다. 전직의원들이 퇴직한 후 10-20년을 로비직에 몸담아 배우지 않기 때문에, 지난 수년간 뛰어난 로비스트 대부분은 전직의원들이 아니다.

로비 주지사항: 의원들의 평판을 가볍게 여기지 마라. 의원마다 각각 다른 평판을 가지고 입법현장을 떠난다. 보좌관들이 의원들이 떠날 때 박수를 보내는 일도 있고, 눈물을 흘리는 경우도 있다. 어떤 전직의원들은 문제의 해결사의 역할로 적시에 채용하는 것이 계속적으로 채용하는 것보다 현명하다. 전직의원을 채용하기 전에 경륜 있는 로비스트의 의견을 구하라. 전직의원을 채용한다면, 공을 멀리 칠 수 있는 능력을 가진 타자를 찾아라!

④ 입법부 보좌관
535명의 국회의원을 2천 명 이상의 입법부 보좌관들이 보좌한다.

의원들의 행정보좌관들은 참모장의 역할을 하는데, 입법안에서부터 풀뿌리 민중동원에 이르기까지 모든 입법관련 업무에 관여한다. 의원들이 행정보좌관들에게 상당한 자율성을 부여하기 때문에 입법현장에서 상당한 영향력을 가진다. 그러나 어떤 의원들은 행정보좌관들이 자신을 대신한 발언을 하지 않기를 원하며, 소수는 행정 보좌관직을 없애기도 했다. 행정보좌관은 대개 방문객을 대면하고, 로비스트들과 의논하고, 의원과 만나게 할 사람들을 결정한다.

의원들이 매우 바쁘기 때문에, 행정보좌관이 가장 중요한 현안들만을 위해 의원의 스케줄을 조정하고, 기업체 유권자들과 로비스트들과 만나고, 연맹을 구축하여 어떤 로비스트나 기업체가 의원이 제안하는 법안을 지지할 것인가를 가늠한다. 행정보좌관들은 정부, 특히 의원에게 특별한 관심의 대상이 되는 정부기관과 부서에 실무적인 지식을 보유하고, 타 위원회 의원들 및 전문보좌관들과의 대인관계를 형성한다. 유권자, 기업체, 입법 위원회, 정부기관 및 부처, 워싱턴 로비스트들과의 폭넓은 실무관계로 이들은 로비직의 뛰어난 후보가 된다. 변호사나 전직의원도 그렇듯, 행정보좌관이라 하여 모두가 로비스트가 될 수 있는 것은 아니므로, 기업들은 융통성 있고, 적극적이고 단정한 사람들 중 정치 및 입법계에 평판이 좋은 자를 찾아야 할 것이다. 전직의원의 추천에만 의존하지 말고, 캐피톨 힐의 여러 사람과 얘기를 나누어 회사 로비스트로서의 객관적인 평가를 받아야 한다.

LA(legislative assistant)라 불리는 입법 보좌관도 수년간 일을 한 경우 좋은 로비스트가 될 수 있다. 입법 보좌관들이 대개 변호사 출신은 아니며 의원 사무실 내의 다른 직책에서 진급되어 입법 보좌관이 된다. 몇 년 일한 경험이 있는 입법 보좌관들은 입법관련 경험이 어느 정도 있는 사람을 찾는 로비업계에 매우 귀중할 수 있다. 비록 하원의 입법 보좌관들은 변호사들이 아니고 상원 입법 보좌관들은 변호사 출신들이지만, 하원 입법보좌관들의 복잡한 입법안을 이해하고 다루는 솜씨를 과소평가하지 말아야 한다. 처음부터 최고급 로비업무를 할 능력이 있는 경우는 매우 드물며, 어떤 보좌관들은 로비직에 견습원으로서 전환기를 거쳐서 업을 배운다.

⑤ 위원회 전문위원

(입법 위원회에서 일하는) 전문 직원들은 소개에서부터 시행까지 법안을 움직이는 방법을 알고 있고, 특히 본과 및 분과 위원회 자문원이 로비계로 성공적으로 전환할 수 있는 위치에 있다.

위원회 자문원이 소속 위원회가 관할했던 산업부문으로 옮기는 것은 흔한 일이다. 위원회 자문원은 입법과정을 잘 알고, 위원회의 운영에 대한 심도 있는 지식을 가지며, 위원회 의원들과 그들의 보좌관들과 긴밀한 실무관계를 형성한다. 위원회 자문원은 법안이 종종 회의안으로 상정되어 하원과 상원 자문원들이 함께 일하기 때문에 자신의 하원과 상원소속 관련자들을 잘 안다. 위원회 자문원은 또한 로비스트, 기업 대표 및 변호사들과 실무적인 관계를 지니며, 연방통신위원회(the Federal Communications Commission)나 주간통상위원회(the Interstate Commerce Commission)와 같은 규제기관 대면업무 경험도 있다. 입법과정을 상세하게 이해하고, 특정 산업부문을 관할하며, 정부관료도 잘 아는 워싱턴 로비스트를 찾는 단체라면 전문 자문원 중 찾는 것도 좋을 것이다.

⑥ 군사업무 출신

비록 워싱턴DC 지역에 직업군인으로 퇴직한 사람들이 수천 명에 달하지만, 군인으로 일하면서 로비계로 자연스럽게 이어지는 직책은 드물기 때문에 소수만이 워싱턴 로비스트가 된다. 이 일을 맡은 상관들은 개별 군사부문과 의원 간의 중개관(전직 군인)을 선정하는데, 국방 예산수권과 세출에 있어 중요한 임무를 맡는다. 중개관들은 전문 로비스트가 아니지만, 로비지원을 한다. 캐피톨 힐에 위치한 사무실에서 근무하면서 외국출장을 가는 의원대표단을 동행하고, 군사 교통수단과 숙박시설을 마련하고, 여행일정을 관리하고, 의원들의 배우자들을 위한 쇼핑기획도 준비한다. 의원단의 출장은 중개관들이 의원들과 관계를 형성할 좋은 기회를 제공하는데, 이는 군인에서 민간인 로비직으로 전환하는 중개관에게 분명히 큰 자산이 될 수 있다. 캐피톨 힐의 중개관들은 상원 군사위원회 상원 및 하원 국방 세입세출 분과위원회에서 국방 자금에 대한 예산 수권 및 세출을 담당하기 때문에 해당 위원회의 의원들을 모두 대면한다. 적극성, 창조성과 야망에 따라 중개관들은 개인 및 전문 보좌관들과도 인맥을 형성할 수 있다. 어떤 장교출신들은 일반적인 군인직과는 다른 재미있는 변화이자 새로운 직업의 기회로 생각하여 중개관직을 하려고 한다.

군 부문별 입법업무 사무소가 펜타곤 내에 있어, 군관에게 또 다른 입법 관련 훈련을 제공한다. 예를 들어, 해군 입법업무부, 국방부를 지휘하는 해군대장은 미 해군과 해병대의 모든 입법 관련 업무를 관할한다. 이 중 가장 중요한 것이 해병대와 해군 프로그램 재정지원을 하는 예산수권 및 세출 법안이다. 이 부서의 장교들 대부분이 변호사들이다. 이들은 법안로비는 할 수 없으나, 정보를 전달하고, 입장설명 서신을 작성하고 상원 군사위원회와 일한다. 증인이 필요할 때 지원하고, 청문회 내용정리문, 군사위원회 및 군사 세출 분과위원회 의장 앞에 서서 증언하기 전에 증인들에게 사전설명을 해준다. 이러한 경험으로 전문 로비스트로서의 자격이 전적으로 부여되지는 않으나 하원과 상원의 군사위원회의 운영방식에 대한 특별한 통찰력을 가지게 해주고 위원회의 절차들을 배울 수 있는 기회가 된다. 소개에서부터 시행까지 전 과정에 걸쳐 법안들에 대한 의회에서의 로비책임은 거의 없으며, 그들의 일은 주로 위원회 청문회 절차에 한정되었다. 국방부 입법업무부 장교들은 연중 계속해서 다양한 법안을 다루지 않기 때문에 의회 내 직원과 의원들과의 대면은 한정되었다. 예산과정이 끝나고 개개인의 군 부문 부서들이 예산안을 제출한 후, 설명하고 증언을 한 후 입법업무 장교들은 그저 관망하는 것 외에 할 수 있는 일이 거의 없다. 그러나 입법 사무소의 대장과 장군들은 어느 정도의 로비활동은 조심스럽게 한다.

국방 계약에 관심 있는 회사들은 비록 의회에서 군 복무를 하는 장교들보다 의회 내 인맥이 적음에도 국방 세출위원회의 군사위원회와 함께 일한 경험이 있는 퇴직 장교들을 채용한다. 군 경험이 있으면서 국방 하청업체를 대표할 로비스트를 찾는다면 하원-상원 연락사무소나 국방부의 입법관련 사무소에서 자격을 갖춘 사람을 찾을 수 있을 것이다. 많은 전직 장교들이 입법과정에 대한 깊은 이해나 전문 로비스트로서의 능력보다는 국방부 내의 인맥 때문에 채용된다. 많은 군 장교들이 전문 로비스트의 지시 하에 뛰어난 로비스트로가 되고 입법부 수완 능력을 키워간다.

⑦ 입법 중개자(Liaison) 로비스트

로비스트를 찾기에 또 다른 비옥토가 있다면 미 정부 내의 각종부서와 정부기관들의 입법관계 사무소이다. 이 사무실 직원들은 한정된 위원회들에 집중하며, 도로교통부와 상공부와 같이 여러가지 입법현안과 여러 위원회에 관여된 몇몇 정부부처를 제외하면 백악관의 입법 관계직원들처럼 의회 전 구역을 점령하지 않는다. 예를 들어, 도로교통부의 입법 관계관은 교통분과위원회, 하원 공공시설 및 교통 위원회, 상원 상업, 과학 및 교통 위원회에 특별한 관심을 가지고 있는데, 해당 위원회 의원과 직원들과 대면하여 인맥을 쌓아간다. 같은 정치적 성향을 지닌 위원회 의원들과 더 가까울 수 있으나 다수 및 소수당 의원들과 직원들 모두와 효과적인 관계를 성립한다. 한 정부부처가 해당 산업부문에 관한 관할권과 관련한 특수이익 문제가 있고, 이 부서가 회사와 대면하는 주요 정부기관 및 부서일 경우, 해당 부서 및 기관에서 일한 경험이 있는 입법 중개자 로비스트를 채용하면 장점이 있다. 정부 내 입법관계직으로 인해 채용되는 로비스트들은 대개 의회경험이 있고 전직이었던 위원회의 업무를 담당하도록 선출된다. 이 훈련과정이 훌륭한 로비스트를 만드는데, 위원회를 관할하는 정부기관에서 실무교육을 받은 경우 더욱 그렇다. 교통부에 특별한 관심이 있다면, 예를 들어 하원 공공시설 및 교통 위원회의 전직경력이 있으며 도로교통부의 입법관계사무소로 옮긴 사람을 찾아라.

로비 주지사항: 정부의 모든 부서 및 기관마다 입법관계 사무소가 있는데, 미 의회 부서 및 기관의 입장을 대변하는 직원들로 구성되어 있다. 로비스트들은 부처의 입법안에 대한 입장과 목적에 대한 중요정보를 제공하고, 그 목적이 정부기관이나 부처와 부합할 때 로비 상의 지원도 가능한 입법 관계직원들과 연락을 할 수 있어야 한다.

⑧ 기타 전직 정부 공무원

다른 정부직원들은 특정직을 이수한 후 로비직으로 진입하는데, 주로 미 의회와의 대면은 적으나 전문분야에 대한 수요로 미 의회에서 요청되는 직책의 사람들이 그렇다. 예를 들어, 미 의회 내의 많은 위원회가 전문정보를 정부부처 및 기관에 요청한다. 청문회 전에 법안검토를 위원회에서 요청하는 경우가 이에 해당한다. 어떤 정부공무원들은 비슷한 법안들을 미 의회 소집기간마다 검토하며, 공무원들의 상사에게 보고서를 제출하고 법안이 관련 법률과 현재 운영방식에 미칠 영향에 대한 상세보고를 의회 위원회에 전달한다. 많은 사람이 로비활동을 할 때에 매우 귀중할 수 있는 분야의 전문가가 되며, 정부 및 의회에 제공했던 같은 전문분야 지식을 민간부문에 제공한다. 이러한 사람들은 출신 기관 및 부처에 많은 인맥이 있으나 의회에는 인맥이 한정되어 있고 입법과정에 대한 지식은 부족하다. 미 의회에 '전문가'를 동반할 필요가 있을 때 전직 정부공무원이 적절한 사람이 될 것이다.

⑨ 백악관 출신

백악관 입법관계 사무소 출신들은 로비를 위해 고용될 때, 가장 후한 로비 대행료를 요구하는 전직 정부 공무원들이며, 이들이 일했던 백악관이 각 행정부 로비의 중추신경계라 할 수 있다. 백악관 직원들은 전문분야별로 선출되고, 미 의회 출신들이 대개 많으며, 민간부문 출신들은 드물다. 백악관 전문 로비스트들은 미 의회에서 중요시되며 입법부 사무실에 즉각적으로 출입이 가능하다. 백악관을 떠나 민간 로비스트가 되고자 하는 사람들은 의뢰처를 정해 놓고 민간부문으로 진입하며, 소수가 한 기업만을 대변하는 직책을 선택한다. 전직 백악관출신 로비스트를 채용하는 기업들은 그 로비스트들이 특정 행정부와 연계되었다는 인식이 있어 다른 당이 집권을 하게 되면 효율적이지 못할 수도 있다고 생각할 수 있으나, 대부분 백악관 로비스트들은 매우 유능한 로비스트들로서 공화당과 민주당 모두와의 인맥을 형성하고 정치정당 양당 모두와 친분을 쌓아온 사람들이다. 의원들이 백악관 공무원이 특정 행정부직을 떠난 후 특정 정당연계성으로 인해 그를 따돌리는 일은 드물다.

백악관 로비스트가 민간부문으로 옮긴 후 백악관에서 로비할 당시 의원의 분노나 원한을 산 경우 냉대를 당할 수는 있다. 때로 무능력한 백악관 로비스트가 채용된 경우가 있는 데, 이 로비스트들은 대개 백악관에서 단기적으로 근무하고 민간부문에서도 로비스트로서 성공을 하지 못한다.

전직 백악관 로비스트에게 더 많은 로비대행료를 지급하지만, 다른 어떤 로비스트보다 더 전문성을 가진 사람으로, 더 많은 의회 접근능력을 갖췄고, 백악관에서 기업으로 이전할 때에 즉각 일을 시작할 수 있는 능력이 있다.

요약하자면, 몇몇 민간부문 로비스트들이 의회와 정부에서 능력을 수양하고 있으며, 소수의 정부직이 민간부문에서 로비활동을 하기에 적합한 훈련을 제공한다. 전문로비스트의 범위가 매우 넓으므로 제대로 선정하기가 어려울 수 있다. 미 수도 내에 워싱턴 로비스트 선정 및 배정을 전문으로 하는 기관은 찾아볼 수 없지만, 기업을 위해 워싱턴에서 로비대행을 할 수 있는 사람을 기꺼이 찾아주고자 하는 헤드헌터기관들은 있다. 또한, 직접채용의 방법으로, 워싱턴 포스트지에 광고를 내면 경험이 있는 수많은 지원자들이 몰려든다. 그러나 어려운 점은 많은 지원자 중 기업을 대변할 수 있는 적합한 한 사람을 선정하는 일이다. 이에, 위에 언급했던 사항을 바탕으로 어떤 사람이 로비대행을 할 사람으로 적합할 것인가를 가름할 수 있을 것이다.

자신을 로비스트라고 지칭하는 사람들 중에는 배경, 경험 및 능력 면에서 두각을 나타내는 사람들이 있다. 그러나 섣불리 판단하지 말고, 시간을 할애하여 충분히 알아보고, 후보자들에 대해 조언자들과 얘기를 나눠야 한다. 개개인의 자격요건, 입법과정에 대한 지식 및 의원들과의 경험과 접근능력을 면밀히 검토한 후 전문인을 찾아야 할 것이다.

한 위원회에서 다른 위원회를 잘 왕래할 수 있고, 여러 위원회들에 인맥이 있으며 풀뿌리에서 공공법까지 전체 로비과정을 조정할 수 있는 전임 로비스트를 채용하면, 로비능력이 곧 입법과정의 성공을 의미하기 때문에, 대행료는 고가일 것이다. 그러나 정보 수집이 목적일 경우는 더 저렴한 비용으로 정보 전문가를 채용할 수 있다.

7. 로비스트와 현안

(1) 크고 작은 현안들

물론 지방이나 주 정부도 주요한 공공정책들에 대한 결정을 한다. 이 영역은 더 이상 중앙정부의 관할만이 아니다. 이에 따라 지방의회나 주 의회도 더욱 중요한 역할을 하게 되었다. 세금 배분, 세율, 각 주간 은 행거래, 교육개혁, 교육기관 자금조달, 고속도로와 대중교통, 형벌선고 와 교도소, 경제개발과 노동자 재해보상 등 이 모든 것이 주가 맡은 의 제들이다. 일례로 미국의 주 의회 의제 상 더욱 중요성이 더해지고 있는 환경문제에 대해 살펴보자. 1989~90년도 사이 소집 기간에 35개의 주 의회에서 재활용 관련 입법안들 1,126개를 검토하였고, 40개 주에서 살충제 사용 규제 관련 입법안을 274개 검토하였으며, 35개 주에서 유 해폐기물 유통규제 관련 입법안을 226개 다루었고, 36개 주에서 지하 수 관련 법률안 238개를 다루었다. 환경문제는 굉장히 다양하기 때문 에 이 분야는 공기, 수질, 폐기물 등으로 나뉘었다.

일반적으로 의회에서 다뤄지는 입법안의 약 1/3 혹은 1/2이 사적이거나 특수이익에 관련된 현안들이지만 공공정책인 양 논의가 된다. 의회가 크고 작은 이익단체에 미치는 영향은 막대하다. 기업과 협회들도 많은 입법안의 영향을 받는다. 특히, 가스 및 전력과 같은 공익사업체는 정부가 하는 거의 모든 일에 영향을 받는다. 이렇듯 대부분의 현안은 상호 유기적으로 연결되어 있다. 따라서 어떠한 단체도 한 가지 현안에 집중할 수는 없다.

(2) 최근의 현안 동향 연구

대부분의 현안은 매년 다시 제기된다. 즉 이권이 개입되어 있는 특수 현안에 대해 포기하는 단체가 드물다는 것이다. 앞서 소개한 리버티 노스웨스트 보험회사의 로비스트 브라이언 보우(Brian Boe) 씨는 "현안들은 사라지지 않고 영원히 주위에 머문다."라고 했다. 현안들은 시간이 지남에 따라 다시 정의될 수 있고, 단체들의 투쟁 세계에서 진정한 해결이란 없다. 이는 곧 로비스트가 존재하는 이유이기도 하다. 현안이나 문제들은 한 주에 머무르지 않고 다른 주에서도 안건으로 논의되기가 쉽다. 고체 폐기물, 유해 폐기물, 플라스틱 재활용 모두가 한두 개의 주 의회에서만 논의되고 있는 문제들이 아니다.

(3) 현안 모니터링 방법

도입되는 입법안의 수와 입법 활동의 속도로 볼 때, 로비스트와 주 정부 관계 담당자들은 진전 상황을 모니터하기는 결코 쉽지 않다. 그럼에도, 입법안의 진전을 감시하는 것도 로비스트가 하는 일 중의 하나이다. 로비스트는 대변하는 단체나 의뢰인에게 영향을 미칠 모든 법안을 주시해야 한다. 로비스트들의 현안 모니터링 방법은 여러 주를 통합한 컴퓨터 정보서비스에 가입하고, 동료 간의 인맥을 이용하며, 다른 기관이나 협회들과 정기적으로 연락한다. 특정 주에 계약직 로비스트를 채용한 경우 그들로부터 신속한 정보를 얻기도 한다. 한편, 법률안의 수가 엄청나기 때문에 컴퓨터를 이용해 추적하기도 한다. 주요 추적 서비스로는 상공결제소와 공공정책정보이다. 이 서비스는 의뢰인들이 키워드와 문구들을 제공하면 이 주제와 관련된 법률안들을 확인 및 감시하도록 해준다.

예를 들어 프락터앤갬플사는 공공정책정보를 이용한다. 연간 대략 1,000개 정도의 입법안을 수신 및 검토하여 200 ~ 300개에 대해서는 로비를, 나머지 600 ~ 700개는 모니터링만 한다. 또한, 다른 정보원 즉 협회 회원들, 다른 협회, 의원들의 제휴 자들 혹은 일을 찾는 로비스트들이 보조역할을 하기도 한다.

어떤 협회들은 자체적인 컴퓨터 시스템을 개발하기도 하였는데 미국의 플로리다 제휴 산업 단이 가장 진보적인 모니터링 시스템을 보유하고 있는 예이다. 수수료를 낸 가입자들은 키워드와 문구로 주제 관련 입법안들을 검색할 수 있고, 제휴 산업 단이 모든 법률안을 일일이 추적하지는 않지만, 80%는 정기적으로 감시되고 있다.

한편, 로비스트들은 법률안이 도입된 후에도 모니터링을 계속한다. 비록 이를 돕는 컴퓨터 시스템이 있을 수 있으나, 의회에 있는 대부분의 로비스트가 직접적인 모니터링 체제를 가지고 있다. 오랫동안 상원의장으로 복직하다 퇴직 후 로비스트로 활동했던 제이슨 보우(Jason D. Boe) 씨는 다음과 같은 절차를 알려주었다.

① 사전검토
- 소집기간 전 일정표와 학술지에 나온 제목 검토
- 다양한 입법 정보원들 검토
- 협회, 의원, 입법부 직원과 다른 로비스트들의 경고사항 주시
- 위원회 직원과 연락

② 재검토
- 출판 입법안들의 제목과 요약문 읽기
- 해당 주제에 대한 입법안 전문 읽기
- 의뢰인과 재검토 및 회의

로비스트들은 의뢰인들에게 입법안들이 어떤 영향을 미치는지 알아내야 하고 우선순위도 결정해야 한다. 한 입법안이 얼마나 지대한 영향을 끼칠 것인가? 그것이 시행될 가능성은 얼마나 되는가? 의뢰인은 어떤 입장을 취해야 하는가? 로비스트는 우선 의뢰인단에 영향을 미칠 여러 현안이 무엇인지를 알아내야 하고, 그런 다음 각 현안에 대해 어떻게 대

처할 것인지를 결정해야 하는 것이다.

 참고 7. 팸플릿 그림에 대한 설명

기업이 사업을 영위하는 데 정부의 간섭이 계속 증가하기 때문에, 정부 측과의 긴밀한 관계가 더욱 중요하다는 취지이며, 미국에서 이는 비단 연방 정부뿐만 아니라 각 주 정부 내지는 지방 정부 기관과의 협조도 중요하므로 그런 취지에서 기업의 특수이익을 지키고 관철하기 위해 로비가 필요하다는 내용이다. Jason Boe 씨는 오리건 주 상원 역사상 처음으로 8의 회기 동안 연속해서 의장으로 봉직했으며, 특히 카터 대통령 때는 전 미국 지방자치단체의회 의장 및 국내 정치담당 고문역을 맡았었음으로 연방 정부나 지방 정부 차원의 로비에 적임자라는 것이다. 그동안 여러 차례 무역사절단의 단장으로서 일본, 한국은 물론 세계 각국을 방문한 적이 있고 국제 무역에도 관심이 많아 미국 시장진출(무역이나 투자)을 원하는 기업에 도움을 줄 수 있다는 내용도 강조하고 있다.

Consultants:
Governmental Relations
International Trade

JASON BOE & ASSOCIATES
INC.

Uniquely Qualified
To Meet Your Needs

Helping
Business
Meet the
Challenge
of the
2000's

1220 Court St. NE
P.O. Box 13644
Salem, Oregon 97309
(503)581-8236
TELEX: 364412 • JAYBOECO

The *NEW* states' rights

During the last decade, corporate management has been confronted with increasing governmental interference. Federal regulation of private affairs continued its unbridled growth, forcing management to spend increasing increments of its time and energy dealing with Washington, D.C.

Through the last half of the 1970's, however, things began to change. The fifty state legislatures signaled the end of a long period of subservience to federal domination and began to push for a stronger voice in the regulation of private sector activities. The NEW states' rights took two principal forms: direct regulation through state laws and administrative rules, and state discretionary administration of federal programs and policy.

The 1980 elections brought significant changes in the working relationship between state and federal governments and between states and private enterprise. The administration has promised a reduced level of federal activity in favor of stronger participation by state and local governments in the decision making process. While carrying with it the promise of more responsiveness by a government that is closer to the people, the new responsibilities of state government are bringing demands for innovative approaches and solutions and, state and local governments are seeking new resources of revenue to fund the programs they undertake.

Individual state responsibility means that the private sector must develop new techniques that relate to a state legislature or multiple state legislatures and executive agencies. Business can no longer afford to focus on Washington, with only an occasional glance over the shoulder at the fifty state governments.

Jason Boe & Associates, Inc., is prepared to help you manage your governmental relations efforts in this era of dynamic change. We are uniquely qualified to deal with state issues, state / federal relations and multi-state or regional concerns.

Legislative and administrative monitoring

State legislatures and administrative bodies now act very swiftly. We can monitor their activities and alert you to proposals which could affect your company. When appropriate, we will provide political and legal analyses of pending legislation or administrative rules and work with you to develop plans to protect your interests. Our intimate knowledge of the processes of state government is invaluable to our clients.

Political action

We believe that our clients best interests are served when their employees are well informed and made aware of the impact that legislative actions can have on them, their families, and their jobs. We offer seminars on issues of importance to your company and your employees. We will help you establish a governmental relations program within your company or trade association and assist you in the formation of a political action committee.

Lobbying

We will examine your requirements in a state and recommend highly competent legislative counsel appropriate for an issue. Working with them, we will coordinate and manage lobbying activities for a state, a region or the entire United States. We will also provide coordination between state and federal concerns. In appropriate situations, we will undertake lobbying activities with our own personnel.

International trade

We can help locate and develop new marketplaces for your products. We can assist you in solving governmental problems and in locating prime sites for industrial facilities with cost effective transportation that suits your needs. Jason Boe & Associates, Inc., directly and through our correspondents in key international markets, can help you turn your ideas into a profitable return in the shortest possible time.

Jason Boe, president, recently completed 20 years of service as an elected official. He served 4 years as a city councilman, 6 years as a State Representative and 10 years as a State Senator. His 8 consecutive years as Senate President made political history in Oregon. In 1979, Jason Boe served as president of the National Conference of State Legislatures, the body which represents the legislatures of all 50 states before Congress and the Executive Branch. He was appointed by the President of the United Senate to serve as a member of the Advisory Commission on Intergovernmental Relations in Washington, D.C.

Jason Boe has served as a consultant to businesses in the United States, Asia and Africa. He is a graduate of Pacific Lutheran Univ. and completed his doctoral degree at Pacific Univ. His lectures and writings on the subject of government have been well received throughout the United States and abroad.

David Dierdorff, principal associate, has a broad background in both the private sector and government. After graduating from Stanford Univ. School of Law, he was engaged in the practice of law for 10 years, including 2 years as Jefferson County District Attorney. In 1975, he was named executive assistant to the Oregon Senate President and served in that capacity until 1981. During the years Mr. Dierdorff served as chief legal advisor to the Senate President he gained wide recognition for his ability to accurately analyze legislation, draft bills and amendments and identify constitutional questions. He has critically examined the legislative process itself in order to make it more efficient and responsive to the needs of society.

Mr. Dierdorff brings years of legal and legislative experience to Jason Boe & Associates, Inc. Our clients rely on his knowledge of the interrelationships between legislative, administrative and private sector decision making.

Issue identification and development

We believe that the key to your success in dealing with governmental activities is to be prepared well in advance of governmental actions. This requires early identification of the issues affecting your company or trade association. Through early issue identification and comprehensive analysis, your governmental relations program can concentrate on preventive medicine rather than rely on risky emergency surgery.

Jason Boe & Associates, Inc., will provide your policy makers with concise, timely and complete information on issues. We will recommend strategic legislative alternatives and, if desired, implement your strategy for you.

로비스트 – 제이슨 보우(Jason Boe) Jason Boe & Associates Inc. 의 회사 팸플릿.

TO WHOM IT MAY CONCERN:

This is to attest that Mr. Kim, Jin Won of Seoul, Korea, has been officially elected as a member of the Board of Directors of JASON BOE and ASSOCIATES, INC. He is authorized by the JASON BOE and ASSOCIATES, INC. Board of Directors to represent our company in matters of business.

Mr. Kim has our full confidence as a business man of great integrity, knowledge, and competence. Our firm holds him in highest esteem and we recommend his services to you without reservation.

If further information is required or desired, kindly telex and we will be pleased to respond to your request.

Our best wishes to you for continued health and prosperity.

Sincerely,

Jason Boe
President
JASON BOE and ASSOCIATES, INC.

JB:jk   State of Oregon }
          County of Douglas}

BE IT REMEMBERED, that on this 18th day of August, 1981, appeared Jason Boe, who is known to me and who signed the above in my presence.
IN WITNESS WHEREOF, I have set my hand and notarial seal

Gaylord R. Vaughn
NOTARY PUBLIC
My Commission expires 2/2/84

1220 COURT STREET NE • P.O. BOX 13644 • SALEM, OREGON 97309
(503) 581-8236   TELEX: 364412 INTR • JAYBOECO

Jason Boe & Associates 회사 임명장

"당사는 대한민국 서울에 거주하는 김진원 씨가 이사회 일원으로 선출되었음을 공식적으로 확인합니다. 우리는 그의 전문적 지식과 통찰력 그리고 탁월한 능력에 확신을 가지고 있습니다. 귀하의 건강과 번영을 기원합니다."

1980년대 초 저자가 Jason Boe & Associates 사의 이사로,
부산 소재 신발제조업체 태광실업(대표 박연차)에 오리건주에 있는 NIKE 사를 소개할 때

(4) 입법안 원칙

흔히 의원들에게는 '전시용' 입법안과 '통과될' 입법안 그리고 '무산용' 입법안이 있다고들 한다. 전시용 입법안이란 제출은 되지만 통과를 목적으로 한 법안이 아니다. 통과될 입법안이란 로비스트들이 법으로 집행되게 하고자 하는 것이고 무산용 입법안은 로비스트들이 무산시키고자 하는 입법안을 말한다. 이중 무산용 입법안이 가장 많고, 특히 기업체들의 경우가 그렇다.

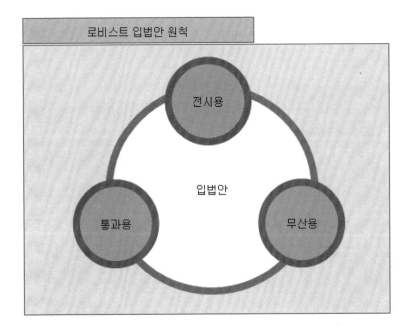

(5) 공격과 방어

대부분의 기업을 대변하는 로비스트는 방어적일 수밖에 없는데, 대표적인 예로 주류산업 및 담배산업을 들 수 있다. 주류 산업은 현재 미국에 확산되어 있는 건강과 금주에 대한 의식 때문에 난관에 서 있다. 또 담배 산업 역시 공공장소에서 흡연이 금지되고 증가되는 소비세로 인하여 심한 타격을 입어왔다. 주류 산업과 담배 산업 로비스트들은 거의 전적으로 방어 태세를 취하고 있다. 그리고 여기서 로비스트들의 방어태세라 함은 주로 반대하는 법안들에 대한 문제 제기를 계속해서 회기가 끝날 때까지 통과되지 않도록 하는 것을 말한다.

방어를 하는 데에 있어 로비스트들은 여러 경로를 선택할 수 있다.

첫째, 그들은 반대하는 법안이 철회되거나 그것을 제쳐놓게 할 수 있다. 지원자에게 법안을 지원하지 말라고 요청하거나, 적어도 활발한 지원을 삼가달라고 요청한다.

둘째, 무조건 반대를 하는 것보다는 대체 법안을 상정하는 쪽이 훨씬 수월할 수 있다. 문제가 발생하면 의원들은 해결책을 모색한다. 따라서 로비스트는 반대를 하는 입장에서 어떤 대안을 가지고 있다는 것이 얼마나 중요한지 알아야만 한다.

셋째, 로비스트들은 법안이 사라질 정도로 수정하여 그것을 너무 많은 비용이 들게 하거나 또는 너무 광범위하거나 하여 논쟁을 불러일으킬 소지가 발생하게 할 수 있다.

넷째, 법안이 지체되거나 만족스러운 타협안을 찾을 수 없을 경우 로비스트들은 전면적인 투쟁을 소집장에서 펼쳐야 하고, 가능하면 주지사 사무실에서도 전면 투쟁하여야 한다.

로비에 있어 방어가 중요하긴 하지만, 공격 역시 로비활동의 한 부분이다. 사회목적을 대변하고 주 정부 지원을 얻고자 하는 사람들은 적극적인 입장을 취한다. 예를 들어 환경주의자들은 공격적인 태세로 일한다. 또한, 기업체들도 정부 조치를 방지하거나 규제를 변경시키거나 지방 조치에 선수를 치는 등 승리를 하기 위해서 적극적인 태세를 취한다.

(6) 유리한 고지 점령

직접적이거나 적극적인 저항세력이 없더라도 의뢰인들은 경쟁자들보다 유리하거나 최소한 동등한 위치에 놓이고자 항상 경쟁을 하고, 특히 의원들과는 예산을 두고 경쟁한다. 즉, 세입원이 한정되어 있는 상황에서 단체들은 주 정부 예산을 더 많이 할당받고자 다른 단체들과 경쟁을 하는 것이다. 입법부는 경쟁적인 사리사욕, 경쟁자 간의 은폐된 결정 사항들에 대해 가능한 한 공정하게 분별하여 공익성을 고려하여 달라고 요구한다. 그러나 이것은 단체의 이익이 달린 가장 결정적인 현안이기 때문에 유리한 위치에 놓이고자 노력하고 경쟁하는 것은 어쩔 수 없다.

8. 로비스트와 정치

(1) 선거운동

의원들과 유대를 형성하는 것 외에, 로비스트들도 정치활동을 하여 입법 사회에서 위상을 높이고자 한다. 그중 한 가지 방법이 바로 선거운동이다.

로비스트와 그들이 대변하는 단체들은 정당의 선거운동자금을 대며 의원석을 두고 싸우는 현직의원과 후보자들에게 아주 후한 지원을 한다. 이렇게 하여 당선이 되면 로비스트와 그들이 대변하는 단체들은 한결 수월하게 법안을 처리할 수 있기 때문이다.

선거비용의 대부분은 주로 손이 큰 특수 이익단체들이 부담한다. 이 단체들은 그들이 지원하는 후보자들로부터 '불만을 해소'하고자 하는 기업체나 노동, 전문 단체들이다.

(2) 정치후원금

의회 지도자들, 정당 간부회의, 입법부 직원들은 정치자금 모금을 위해 로비스트와 의뢰인을 설득한다. 대부분 모금 운동은 의원들의 위원회 회의를 위한 소집기간 이전에 가장 빈번하게 개최된다. 로비스트가 자신의 의뢰인을 대신해 기부하기도 하고 절친한 의원들을 위해 모금 운동에서 활동하기도 한다. 한편, 의원들은 개별적으로 기부자들이 신고하도록 되어 있는 정부기관시스템에서 제공하는 기부명단자료를 보면서 누가 기부하고 있는가를 눈여겨본다. 특히 정치계에서 주요 인물이 되면 의뢰인들이 자신에게 기부를 할 것이라는 기대를 한다. 그래서 로비스트들은 일단 기부를 하는 것이 더 안정적이라고 생각한다.

그러나 무엇보다 바람직한 방법은 회사, 기관과 가정 등에서 후원하는 후보들에게 기부하는 적은 돈을 모금하여 효과적인 선거운동을 위해 후보자에게 전달하는 것이다.

(3) 의안제출권

로비스트들은 일을 반드시 입법부에만 제한시키지 않는데, 헌법 및 법에 대한 의안제출권이 있는 주에서는 로비스트들과 의뢰인들이 유권자들에게 직접 의안을 가지고 가서 제안할 수 있게 되어 있기 때문이다. 헌법 및 법에 대한 의안제출권이 있는 주에서는 로비스트들과 의뢰인들이 유권자들에게 직접 의안을 가지고 가서 제안할 수 있다. 미국의 경우, 현재 제출된 의안제출권의 수가 1950년대 수준의 거의 2배에 달한다. 1980년대에는 책임면제보험, 총기규제, 보험가격규제, 변호사비, 병보증금, 담뱃세, 수자원, 유해물질, 비흡연 및 영어의 공식 언어 채용 등에 관한 의안제출권이 행사되었다. 의안제출권은 단체의 현안을 대중에게 알리기 좋은 방법이며, 단체의 세력을 더욱 확장시킬 수 있는 좋은 기회이다. 특히, 기업체 단체들의 이권은 의안제출권으로 타격을 입어왔는데 주로 자동차보험과 환경문제에 관한 것들이었다. 이처럼 로비스트의 의안제출권 행사는 의뢰인의 전략상 바람직한 방향의 여부를 결정하는 데 도움이 된다. 모든 로비스트가, 특히 공공목적 로비스트들이 주로 의안제출권 캠페인을 할 것인가 아니면 입법 과정에서 용감히 싸울 것인가를 결정한다.

Chapter. 4

로비 사례

1. 로비 사례

(1) '코리아게이트'

제5공화국 시절 재미교포 박 동선이 미국 의회에 거액의 로비자금을 제공한 사실이 밝혀짐으로써 시작된 한미간의 외교사건이다. 76년 당시 미국 정부가 주한 미군 철수 정책을 고수하자, 이를 막고자 한국은 박동선 씨 등을 동원, 미 의회와 행정부를 상대로 로비를 벌이게 된다. 이 사건이 이른바 '코리아 게이트' 사건이다. 당시 미국 워싱턴 포스트는 "한국의 재미실업가 박동선과 정보기관 요원들이 박정희 정권에 대한 미국의 지지를 이끌어 내기 위해 미 의원들을 매수했다."라고 보도했다. 워터게이트에 분노했던 미국인들은 의회마저 부패했다는 보도에 경악했고 순식간에 한국은 '추한 나라'로 각인되었다. 박씨는 이 사건으로 한국으로 출국하게 됐고, 미국은 그의 인도와 증언을 한국 정부에 강력하게 요구했다. 악화 일로를 걷던 한미 양국은 박씨가 미국에서 증언하는 대신 미국이 기소를 취하하는 것으로 타협, 사건이 일단락됐었다. 70년대 한·미 관계를 격랑으로 몰아넣은 '코리아게이트'는 123명의 미 정치인과 관료들이 소환돼 조사를 받았으나 현직의원 1명만 유죄판결을 받는 등 '용두사미'로 끝났다.

(2) 5·6공 시대의 정치 실세 로비스트들

'금융황제'로 불리었던 이 원조 씨는 '권력형 로비스트'의 전형이다. 신
군부의 등장과 함께 시중은행 부장급에서 은행감독원장에 출세, 97년
4월 노태우 비자금 60억 원을 직접 모아 전달한 혐의로 2년 6월의 징역
형으로 구속됐다가 2000년 8.15특사로 사면되었다. 이씨가 '금융계 황
제'로 군림하던 전두환-노태우 정권 12년간 "이원조 추천 없이는 시중
은행장이 될 수 없다."라는 이야기가 나돌 정도로 그는 금융계에서 무
소불위의 절대 권력을 휘둘렀다고 한다. 2007년 3월 별세하였다. 금진
호 전 상공부 장관은 노태우 전 대통령을 위해 정치권과 기업을 오가며
로비역할을 한 것으로 알려졌다. 노 씨의 비자금을 한보와 대우그룹에
실명 전환하도록 주선하기도 했다. 또한, 6공 시절 대통령 경호실 장을
지낸 이현우 씨는 율곡 사업과 상무대 이전 사업 등 관여하며 각종 리
베이트를 챙겨 정치자금을 마련했다는 의혹을 사고 있다.

(3) 율곡사업 관련 로비스트

'환태평양협회 회장' 이영우 씨는 20년 넘게 한미를 오가며 로비했다.
한국군 무기의 현대화를 위한 율곡사업의 궁극적인 목표는 우리 손으

로 핵무기를 만들겠다는 꿈을 숨겨놓고 먼저 70년대 말까지 M-16 소총 국산화와 한국형 미사일 생산 발사, 탱크생산, 경 조종 훈련비행기 생산에 있었다. 그리고 이들 계획은 성공적으로 추진되었다. 이 시기 이 영우 씨는 전투기회사인 노드롭 사의 F-20 도입을 위해 5공 실세들을 연결해주는 중간역할을 담당, 도입이 거의 확정적이었으나 시험용 외에 개발이 되지도 않은 상태였고, 85년 모 공군기지 에어쇼에서 F-20기 한 대가 폭발하는 사고가 발생하면서 결국 차세대 전투기는 다른 로비 및 로비스트들에 의해 G.D. 사의 F-16으로 변경되었다.

(4) 바다이야기

2006년 8월, 경품용 상품권제도 도입의 정책결정에 상품권 발행업체 선정 및 사행성 게임단속과정에서 최대 15조 원의 사회적 자원낭비를 초래한 사건이라 할 수 있다. 컴퓨터게임 관련 특정이익단체가 국회 정부를 대상으로 했던 전방위적 로비가 의혹을 일으켰다. 밝혀진 바로는 지역구의 게임산업 관련 행사지원, 의원 및 보좌관의 해외산업박람회 참석 지원, 입법보좌관 초청 워크숍 개최, 정치후원금 제공 등의 로비활동을 한 것으로 알려졌다. 문화관광부장관이 상품권 허용 로비주체인 오락 관련 협회 고문직을 맡았다가 바다이야기 사태가 확산되자 사퇴한 사건으로도 유명한 사례이다.

(5) 미국의 '론스타' 외환은행 매각 로비

외환은행 로비의혹으로 유명해진 미국의 '론스타'는 '2005년 상반기와 하반기에 각각 한국 정부와의 투자자 세금 관계 및 제안된 한미 FTA 아래서의 투자자 보호'를 위해 하원, 상원, 무역대표부(USTR), 상무부, 재무부 등을 상대로 로비를 벌였다. 론스타의 로비는 '로펌'과 '컨설팅 전문가'를 통해 이루어졌다. 2005년 상반기에 론스타의 로비를 대행한 컨설팅전문가 시어도어 캐싱거는 '한국정부와의 투자자 세금 문제 및 진행 중인 한미 FTA에서의 투자자 보호'라는 목적 아래 로비를 대행했다. 캐싱거는 로비 최종보고서에서 "4만 달러의 수익을 올렸다."라고 밝혔다.

캐싱거에 이어 2005년 하반기 론스타의 로비활동 의뢰를 받은 로펌 '밀러&체밸리어'사는 상원에 신고한 '로비보고서'에서 론스타의 로비를 위해 4명의 로비스트가 2005년 7월 1일부터 12월 31일까지 상원·하원·상무부·재무부·무역대표부에 대해 각각 로비활동을 벌였다고 밝혔다. 그중 3명의 로비스트는 모두 미 상원에서 금융·국제교역 자문을 공식직함으로 갖고 있고, 나머지 한 명은 미 무역대표부에서 자문을 공식직함으로 갖고 있는 것으로 신고서에 기재돼 있었다.

(6) 린다 김(김귀옥) 로비사건

1996년 문민정부 때 무기 로비스트 린다 김이 백두사업 응찰업체의 로비스트로 활동하면서 입찰 과정에 의혹이 제기된 사건.백두사업은 약

2,200억 원이 소요되는 국방사업으로, 1996년 린다 김을 고용한 미국의 E-시스템사가 응찰업체 가운데 가장 비싼 가격을 제시했는데도, 2개월 뒤 프랑스와 이스라엘의 경쟁업체를 물리치고 최종 사업자로 선정되었다. 이 과정에서 당시 이양호 국방장관은 "사랑하는 린다에게"라는 연서를 주고받기도 한 부적절한 관계에 있었다는, 세인들의 비난을 받기도 했다.

(7) 박연차 게이트

검찰에서 2005년 박연차 태광실업 회장과 당시 홍기옥 세종캐피탈 사장 사이의 세종증권 매각 사건을 조사하던 중 박 회장이 세무조사를 피하기 위해 노무현 전 대통령 일가를 비롯한 수많은 정치인에게 뇌물을 제공해온 것이 밝혀진 비리 사건이다. 박 회장은 검찰 조사에서 노무현이 직접 전화를 걸어 자녀들의 집 장만을 위한 100만 달러를 요구했다고 일관되게 진술하였고, 당시 정상문 청와대 총무비서관을 통해 요청을 받고 차명계좌에서 노무현의 아들 노건호와 조카사위 연철호가 동업하는 기업에 500만 달러를 송금한 사실도 밝혀졌다. 이 사건은 결국 노무현 대통령 자살의 직접적 원인이 되었다고 보고 있다(실제로 태광실업은 저자가 오리건 주에 있는 NIKE 사를 1980년대 초에 소개해준 인연이 있어 개인적으로 느끼는 바가 크다).

(8) 롯데 홈쇼핑 로비

2015년 8월 롯데 홈쇼핑이 방송채널 사용 사업권을 재승인 과정에서 담당 부처인 미래창조과학부 공무원들에게 금품로비를 한 사건. 앞서 롯데 홈쇼핑 임직원들은 2014년 3~6월 홈쇼핑채널 개국, 황금 시간대 광고 편성 등 명목으로 납품업체로부터 리베이트를 받거나 회삿돈을 빼돌린 혐의로 검찰 수사를 받았다. 당시 검찰 관계자는 "최근 롯데그룹에 대한 자금 추적과 압수물 분석 과정에서 일부 자금을 조성해 로비한 흔적을 발견했다."라며 "일부 관련 직원으로부터 '홈쇼핑 인허가 과정에 로비 목적으로 자금을 조성했다'는 취지의 진술을 확보했다."고 밝혔다. 그러나 미래부는 공식 해명자료를 통해 "롯데 홈쇼핑 인허가 담당 공무원은 롯데 홈쇼핑 측으로부터 '뒷돈'이나 기타 금품수수 및 어떠한 로비도 받은 사실이 없다."라면서 "소속 공무원과 관련한 금품수수 또는 로비 의혹 중 어떠한 사항도 사실이 아니다."라고 밝혔다.

2. 여성 로비스트들

1990년대 즈음하여 그 유형을 불문하고 여성 로비스트의 활약이 두드러졌다. 일반적으로 여성 로비스트들은 남성 로비스트에 비해 로비 대상에 접근하기가 쉽고, 로비 대상과 친밀하고 사교적인 관계에 도달하기 쉽기 때문에 로비스트의 조건으로서 더욱 적합할 수 있었다. 사실 이것은 여성 로비스트만의 강점인 동시에 치명적인 약점이기도 하다. 다른 로비스트와 동등한 위치에서 경쟁하더라도 의심을 받기 쉽고, 뿌리 깊은 고정관념의 결과로 특별한 이유도 없이 오해받기 쉽기 때문이다. 그렇다면, 세계적으로 활약한 여성 로비스트는 누가 있을까? 먼저 우리나라를 비롯하여 세계 각국의 여성 로비스트들의 활약상을 좀 더 자세하게 살펴보자.

(1) 우리나라의 여성 로비스트

우리나라의 여성 로비스트는 극소수이지만, 이들은 주로 세계를 무대로 활약하고 있다.

린다 김은 1996년 YS 정부 시절 국방부 통신감청용 정찰기 도입 사업인 백두사업 무기관련 로비스트였으며, '세계 무기중개업계 3대 여걸 중의 하나', '빅딜을 성사시키는 마당발'이란 말은 린다 김에게 늘 붙어 다니던 수식어였다. 그러나 백두사업(통신감청용 정찰기 도입 사업) 로비의혹과 관련해서 사건의 본질보다는 애정 어린 편지가 공개되면서 고위층과의 '부적절한 관계'로 사회적 논란에 휩싸였다.

1975년 동아건설의 르노사 트럭 수주 계약 건을 성사시켜 로비스트로서의 실력을 인정받았던 강귀희 씨는 단군 이래 최대의 국책사업이라 불리던 경부고속철도 사업에 관여한 인물이다. 프랑스 알스톰사로부터 한국의 고속철도 건설에 떼제베(TGV)가 낙찰받을 수 있도록 힘써달라는 의뢰를 받아 뛰어들었다. 당시 전두환 대통령 내외의 프랑스 방문 때 이순자 여사에게 다이아몬드와 루비 등을 선물하며 안면을 익히고 프랑스와 국내 인맥을 총동원하여 노태우 차기대통령과 크레송 여성총리의 면담을 주선하는 등 활발한 로비활동을 펼쳐, 결국 고속철도 로비전의 승리자가 되었다.

가수 조용필 씨의 부인이었던 고(故) 안진현 씨는 그녀의 동생 제니퍼 안 씨와 함께 워싱턴에서 알아주는 로비스트였다. 고 안 진현 씨는 미국 워싱턴에서 웨덜리 로비회사를 경영했으며, 제니퍼 안씨는 한인방송국에서 아나운서로 활동하다 언니 안진현 씨의 회사로 들어갔고, 이후 1992년 이미지 미디어서비스라는 PR 회사를 설립하여 조사 분석가로도 이름을 떨쳤다. 각계각층의 유명인사들이 고 안진현 씨의 빈소를 찾았던 것도 바로 그녀의 활동 결과라 할 수 있겠다.

한편, 한국계 미국인인 카렌 한 씨는 그녀가 설립한 장학재단을 중국과 북한에 연계하여 남한 기업들의 중국과 동구권으로 진출하는 데에 큰 발판을 마련하였다. 그리고 유명한 로비회사인 더코그룹의 부사장인 로슬린 로위 씨는 재미교포 4세이다. 정치학을 전공한 그녀는 주로 에너지 및 환경 분야의 로비활동에 주력하였으며, 아시아의 권익 옹호를 위한 활동을 주로 하였다.

(2) 외국 여성 로비스트

물론 세계적으로 활약한 여성 로비스트의 사례는 외국에도 많다. 우선 효과적인 로비활동을 펼치기로 유명한 나라 대만은 앞에서도 이미 언급한 바 있으며, 대만에는 송미령이라는 세계적인 여성 로비스트가 있었다. 송미령은 대만의 총통이었던 장개석의 부인으로 재색과 미모를 겸비한 재원이었다. 남편 장개석의 통역(미국 웨슬리 대 출신)으로 활약하며 대미 관계 조정에 있어 최고의 역량을 발휘했으며 미국 상원 및 하원에서의 연설을 통해 미국의 타이완에 대한 지지를 이끌었다. 특히, 1996년에는 우리나라의 독립을 지원한 공로로 건국훈장 대한민국장을 받기도 하였다.

다음으로, 프랑스의 유명한 여류작가인 프랑수아즈 사강은 프랑스의 미테랑 전 대통령과의 스캔들로 유명하다. 93년 가을, 미테랑 당시 프랑스 대통령에게 편지 한 통이 전해졌다. 발신자는 1954년에 발표된'슬픔이여 안녕'으로 유명한 프랑스 여류작가 프랑수아즈 사강. 편지에는 미테랑에 대한 그리움과 아울러 그동안 로비스트로서 미테랑에게 해왔던 청탁 등에 대한 이해와 용서를 바라는 내용이 들어 있었다. 2003년 초 한 잡지사와의 인터뷰에서 사강은 자신이 92년부터 미테랑 전 대통령과의 친분을 이용해 프랑스가 우즈베키스탄 유전 개발에 투자하도록 로비활동을 펼쳤다고 밝혔다. 당시 미테랑은 사강이 스스로 마타하리(1차 세계대전 당시 독일과 프랑스 사이를 오가며 스파이로 활동한 여자. 마타하리는 말레이어로 '새벽의 눈동자'라는 뜻으로, 매혹적인 여성 스파이의 대명사로 불린다)를 자처하는 로비스트였음을 알고 있었지만, 사강에게 상당한 호감을 갖고 있었기에 대부분의 청탁을 들어주었다고 한다. 사강은 이러한 로비활동을 시인했지만 지난 93년 총선 때 야당인 우파가 승리하면서 우즈베키스탄 사업을 중단하는 바람에 커미션을 받지 못했다고 주장했다. 그러나 우즈베키스탄 정보기관이 고용한 프랑스인 로비스트는 사강에게 거액의 돈을 전달했다고 밝혀 의문을 낳기도 했다.

크리스틴 드비에 종쿠르 또한 프랑스의 로비스트로 1991년 당시 외무장관이었던 롤랑 뒤마와의 스캔들로 유명하다. 그녀가 개입했던 사안은 일명 '엘프 사건'으로 엘프 아키텐사가 프랑스제 프리깃함을 대만에 팔기 위해 그녀를 고용한 것에서 그 이름이 유래하였다. 엘프 아키텐사는 종쿠르를 통해 프랑스 내 주요 유력 인사들을 상대로 로비활동을 벌였다. 그녀의 자서전 "공화국의 창녀"에 따르면, 엘프 아키텐사는 당시 프리깃함 6대를 팔기 위해 6천 6백만 프랑(약 178억 원)의 수고비와 평생 연금을 계약조건으로 제시했다고 한다.

한편, 미국에는 안나 찬 셔노트라는 여성로비스트가 있었다. 그녀는 기자출신으로 사교계에 진출, 정·재계를 넘나들며 활발한 로비활동을 펼쳤다고 한다. 그리고 폴라 파킨스라는 로비스트는 1981년 보험회사에 고용되어 인디애나 주 출신 공화당 하원이었던 댄 퀘일에게 접근, 해당 보험회사를 위한 로비 활동을 펼쳤으며, 그녀 역시 댄 퀘일과 스캔들을 일으켜 한동안 미국 전역을 떠들썩하게 했다. 댄 퀘일은 이 사건으로 결국 대권 도전을 접어야 했고, 심지어 파킨스는 "플레이보이"지에 댄 퀘일의 누드사진을 공개하여 거액의 돈을 챙겼다고 한다. 결국, 이 스캔들은 이후로도 퀘일의 정치적 성공의 방해요인으로 작용했다.

이렇든 여성 로비스트의 활약상은 스캔들과 연관이 되어 있는 경우가 많지만, 시대가 변화됨에 따라 여성 로비스트들을 바라보는 우리의 인식도 바뀌어야 한다. 여성 로비스트들의 수는 앞으로 계속해서 늘어날 전망이고, 이제는 그녀들도 실력으로 남성 로비스트들과 경쟁해야 한다. 더불어 여성 로비스트 자신도 여성의 입장에서 가질 수 있는 장점을 살리는 한편, 고질적인 선입견에서 벗어나 스스로 능력을 갖추기 위해 끊임없이 노력해야 할 것이다.

3. 그 외 로비스트들

현 미국 버라이존 커뮤니케이션스 부사장 및 연방정부관계담당 로비스트인 마크 킴은 외국에서 활동하는 한국인 로비스트이며, '2007 미국 국회가 선정한 기업 로비스트 26인'으로 뽑힌 실력 있는 로비스트이다. 그는 현재 미국의회 및 행정부에 정식 등록절차를 한국인은 약 20명 정도이며 '92년 LA 흑인 폭동 당시 피해를 당한 한국계 슈퍼마켓 사장들이 충분한 보상을 받지 못한 이유는 한국인과 같은 소수 민족을 대변해줄 로비스트가 많지 않았기 때문'이라고 진단, 전문적인 한국계 로비스트 양성 필요성을 강조한다.

한국 기업과 관련된 외국인 로비스트도 있다. 대북 전문 무역회사인 신일본산업을 경영하는 요시다 다케시가 바로 그다. 그는 현대그룹의 대북 금강산 사업을 성사시킨 배후 인물로 꼽히는 전문 로비스트이다. 일본 정부도 요시다 다케시의 대북 영향력을 빌어 1990년에 북한과 국교정상화 교섭을 시도한 적이 있으며 북한에 나포, 억류됐던 일본 후지산마로호 선장을 귀환시키는데 그의 도움을 빌었다. 또한, 북한의 송호경 아태 평화 위원회 부위원장을 현대그룹에 연결해 준 장본인이기도 하다.

　미국 전 법무장관이 워싱턴 로비스트가 된 사례도 있다. 존 애슈크로 포트는 부시 정권의 장관 출신 중 첫 로비스트이자, 전직 법무장관 중에 서 첫 로비스트이다. 소프트웨어 회사 '오라클'이 애슈크로포트를 고용 한 지 한 달 만에 법무부의 승인을 받아 경쟁업체인 '시벨 시스템'을 58 억 달러에 인수하기도 했다. 이에 반해 전직 로비스트가 미국 공화당 대 선후보에 출마예정인 사례도 있다. 프레드 톰슨 전 상원의원은 영화배 우 출신으로 전직 로비스트였다. 주로 대형 기업들의 이익을 대변, 상당 한 논란을 일으킬만한 법안에도 관여하였으며, 수십억 달러 규모의 석 면피해 소송에 휘말린 영국 재보험사인 에퀴터스를 위해 로비를 벌여 75만 달러를 벌어들이기도 했다. 지금까지 로비활동으로 100만 달러(한 화 약 9억 3,000만 원) 이상을 번 것으로 확인되었으며, 딕 체니 부통 령 등 공화당 실력자들과의 관계유지를 목적으로 기소된 전 부통령 비 서실장의 재판 비용을 마련하기 위한 기금모금운동을 펼치기도 했다.

Chapter. 5

미국의 로비

1. 미국의 로비산업

(1) 미국의 로비문화

1997년도 AP통신이 집계한 바에 의하면 워싱턴DC에 14,484개의 로비스트가 등록되어 있는 것으로 알려졌다. 또한, 1998년 1월 미국회계감사원(GAO)이 공개한 자료에 의하면 워싱턴 정가에 등록된 로비스트 단체는 총 14,912개라고 했다. 1998년도 6월을 기준하여 워싱턴 DC에서 등록된 로비스트는 약 20,500명이라고 한다. 이토록 워싱턴 로비스트는 해마다 늘고 있다. 아울러 GAO의 자료에 의하면 1995년의 로비공개법(1996년 발효) 제정 후 10,612개 로비스트 단체가 새로 등록을 마친 것으로 알려져 있다. 이는 그동안 어정쩡하게 피해오던 로비스트들이 새 법의 저촉을 받게 되어 등록한 것으로 나타났다. 이러한 워싱턴DC의 로비스트 외에도 주 정부와 주 의회 및 기타 지방정부와 지방의회를 상대로 하는 로비스트가 무려 45,000명에 이른다고 한다.

미국 로비스트들은 로비업(lobbying business)이라는 말보다는 공공정책 비즈니스(public policy business)라는 말을 선호한다. 로비스트가 고객을 대표하여 연방 및 지방정부의 공공정책에 일정한 영향을 끼치기 위한 노력을 경주하는 업체 또는 개인이라고 한다면 매우 정확한 명칭이라 하겠다. 미국에서는 로비스트로 활동하기 위해서는 상원 사무처나 하원 행정처에 반드시 등록을 하도록 규정되어 있다(Lobbying Disclosure Act of 1995). 등록된 로비스트들은 고객이 누구인지, 수수료를 얼마나 받았는지, 고객을 대표해 의회나 정부의 누구를 접촉했는지를 정기적으로 공개해야 한다. 이들의 대표적인 역할은 의회나 정부의 설득을 통한 정책 반영이라고 할 수 있겠지만, 이에 국한되는 것은 아니다. 특정 법규의 영향 분석 및 연구, 의회 동향 모니터링을 통한 컨설팅 등 다양한 영역이 이들의 업무 범위다. 가장 포괄적으로 말한다면 로비스트들은 정책 입안자 및 당국자들과 업계나 이익단체의 제반 커뮤니케이션을 담당한다 하겠다. 로비 산업 규모법에 의해 규정된 순수한 의미의 로비활동 시장규모는 연간 20억 달러에 이르는 것으로 추산된다. 로비 전문지인 인플루언스(Influence)에 따르면 2003년 미 연방의회를 대상으로 영업하는 상위 100대 로비기업이 약 7억 달러의 매출 실적을 올린 것으로 조사되고 있다. 그러나 이외에도 텔레마케팅, 컨설팅 등 공개하지 않아도 되는 여타 활동을 포함할 경우 로비 업계는 연간 60억 달러가량을 벌어들이는 것으로 추산된다. 보다 실질적인 예를 General Motors 의 경우 2010년에 로비비용으로 약 330만 불을 쓰고 연방정부로부터 약 13억 불을 지원받았다. 물론 이 정부 지원금은 공정한 것이며, 그 로비과정은 모두 투명하게 공개되었다. 사실, 입법기관을 접촉하는 것이 주요 업무다 보니 로비스트 업체의 상당수는 법무법인이다. 그러나 법무법인 이외에도 전직 상·하의원 및 의원 보좌관 출신으로 구성된 非직능업체나 단체들도 상당수 활동 중이다.

미국 로비문화의 특징은 세계 어느 나라보다 투명하고 공개적으로 이루어지고 있고, 로비가 떳떳한 권리주장 행위로 인식된다는 것이다. 오늘날 세계 최대의 정치도시인 미국 워싱턴 D.C.에서 가장 역동적으로 성장하는 분야가 바로 로비산업이다. 수백 개의 법률회사와 이익단체 사무소가 운집해 흔히 미국 로비의 총본산으로 불리는 워싱턴의 K가는 겉보기에는 지극히 평범한 사무실들의 집합체로 보이지만, 이들이 뿜어내는 영향력은 뉴욕 월가의 경제금융파워를 단연 압도한다는 설이 있을 정도다.

미국의 로비시장은 친기업 성향으로 대대적인 세금 규제 완화 정책을 쓰는 부시(George W. Bush) 행정부로 인해 호황을 누렸다. '로비스트 거리'로 불리는 워싱턴 DC의 K가(街)는 '골드 러시(Gold Rush: 19세기 미국에서 금광이 발견된 지역으로 사람들이 몰려든 현상)'를 만났고, '발 넓은 로비스트'의 연봉은 30만 달러에 육박한다. 물론 영향력 있는 전직의원이나 고위관리 출신은 연봉 200만 달러를 호가한다. 참고로, 오리건 주의 포트랜드 시에서 일급 로비스트로 활동 중인 존 A. 딜로렌조(John A. Dilolenzo) 씨는 로비 위임료의 다양한 형태에 따라 다음과 같이 말한다. "프로젝트에 따라 다르지만, 자신의 경우 시간당 보통 415달러를 받으며 다른 형태로는 2년간의 계약에 월 20,000달러를 받는 경우 등 여러 행태가 있을 수 있다. 이는 프로젝트의 성패와는 관계가 없는 것이므로 시간당 계산하는 것이 오히려 유리할 경우도 많다. 즉 계약을 할 경우, 성패가 진작에 결정된 사안이라 하더라도 계약 기간에

는 일정액을 계속 지급해야 하기 때문이다." 그는 이 같은 로비시장의
호황은 급증하는 연방정부 예산 때문이라고 분석했다. 연방정부 지출은
2000년에서 2004년까지 30% 이상 증가한 연간 2조 2,900억 달러에
달해 이를 노리는 기업들의 먹잇감이 되고 있다.

존 A. 딜로렌조 씨와 포틀랜드 사교클럽에서(2005년 8월)

미국 로비문화의 특징

규제에서 투명성 보장으로의 전환

미국 로비는 법의 테두리 안에서 로비활동의 자유를 100% 보장하지만, 그 과정을 투명화함으로써 로비에 따른 부패 발생 가능성을 원천 봉쇄한다. 그 예로 1946년 연방로비 규제법이 1996년 로비활동 공개법으로 전환한 것을 들 수 있다. 로비활동을 인위적으로 단속하기보다는 공개대상과 범위를 가급적 확대하면서 로비과정을 최대한 투명하게 하려는 의지가 확고했음을 보여주는 결과다.

정직과 진실

1979년 창립된 미국 내 최대의 로비스트 단체인 미국 로비스트 연맹 (American League of Lobbyists)이 새로 만들어 시행 중인 윤리강령 제1조 1항은 고객에 대한 정직과 성실을 강조하는 내용이다. 또한, 1947년 출범, 현재 미국 전역에 3,240만 명의 회원을 갖고 있는 로비단체 [미국은퇴자협회(AAPP)]는 6개월마다 발행하는 소식지와 보고서, 재정회계 보고서 등을 통해 회비운용 내역을 회원은 물론 일반 시민에게 보이게 하고 있다. 하지만, 이처럼 합법화된 구조를 갖춘 미국 로비가 양지에서 활동한다 하여도 여전히 로비의 편법은 존재한다.

1) 정치인과 밀착관계

선거 유세기간 전후 특히, 로비스트들은 상당한 금액을 정치인 후원회의 일종인 정치활동위원회(PAC: Political Action Committee)에 기부하거나 유력재산가와 실력자들에게 특정 정치인 앞으로 기부하도록 권유해 정치인들과 해당 기업, 또는 이익단체의 연결고리 역할을 한다. 또한, 의원은 물론 의원가족, 보좌관들을 상대로 화려한 만찬이나 골프 접대, 고급 리조트 숙박권을 제공하는 등 각종 편의를 제공함으로써 환심을 사기도 한다.

2) 특정 정치인에게 집중적 지원

로비스트들은 연중 수시로 열리는 상·하원 의원들의 모금행사를 직접 주관하거나 참석함으로써 염두엔 두고 있는 정치인들을 집중적으로 지원한다.

3) 혈연을 이용한 편법

유력의원들의 친인척들을 로비스트로 고용하는 방식을 사용하여 혈연관계에 있는 의원들에게 접근하는 방법이다. 하지만, 미국 로비문화의 현재를 보면 다른 나라와 비교해 볼 때 불법로비와 관련된 유혹이 손길이 상대적으로 덜한 편이다. 또한, 때로는 유력의원들이 로비스트들에게 도움의 손을 뻗기도 한다. 미국 로비가 경쟁력을 갖는 힘의 원천은 로비스트들의 식견과 안목 및 빈틈없는 논리로 상대방을 설득하는 힘이다. 이와 함께 로비스트들의 정치자금 모금에 탁월함 및 관련 이슈에 대한 제공이나 연설문, 법안 작성능력도 힘의 원천이라 할 수 있다. 로비스트들은 이익단체나 대변하는 회사 및 단체의 정보, 여론조사결과 등 관련 정보에 대해 끊임없는 공부를 하며, 유권자들의 엄정한 감시와 냉철한 판단 속에서 활동을 한다.

오리건 주지사 Ted Kulongoski 씨와 주지사 집무실에서, 2010년 8월

(2) 로비제도

로비의 천국이라 불리는 미국의 로비법과 제도에 대해서 좀 더 자세히 알아보고, 미국 내에서 다른 나라들은 어떻게 로비를 펼치고 있는지 살펴보도록 하겠다.

1) 외국대리인 등록법

외국대리인 등록법은 1938년에 제정되어 7차에 걸쳐 수정하여 현재에 이르렀다.

이 등록법의 주요 목적은 "미국의 국방과 국내안보 및 외국과의 관계를 보호하기 위하여, 미국 내에서 외국정부, 외국정당 및 기타 외국을 위하거나 대리하여 선전활동이나 그 외의 활동에 종사하는 사람들을 공개시켜, 미국의 정부나 국민이 그와 같은 사람들의 신분을 알 수 있게 하고 이들과 접촉, 활동을 하는 데 있어 언행을 적절히 조절할 수 있도록 함에 있다."라고 규정하고 있다.

주요 규제 조항으로는

첫째, 미 의회의 입법에 영향력을 행사하려는 사람은 누구나 법무성에 등록하고 상·하원에 다시 로비스트로 신고하여야 한다. 다만, 미 국무성에 의하여 인정된 외교관원, 비정치적인 상업 활동, 종교 및 학술연구, 보도, 예술, 자선 활동 등에 종사하는 경우는 제외된다고 규정한다.

둘째, 로비스트는 외국과 계약을 맺은 지 10일 이내에 신고하여야 하며 매 6개월마다 대리인의 성명을 대리인이 대표하고 있는 모든 외국정부, 단체, 기업의 이름과 주소, 대리인의 활동내용에 관한 포괄적인 보고서를 제출해야 한다.

셋째, 외국 대리인은 매 60일마다 그가 받은 보수의 형태와 금액 및 가금의 용도 그리고, 고객을 대신하여 어떤 활동을 하였는가 등에 관하여 보고하여야 한다. 만일 이 보고서에 어떤 중요한 사실을 의도적으로

빠뜨리거나 거짓보고를 한 경우는 1만 달러 이하의 벌금과 5년 이하의 징역 또는 양자를 병과한 처벌을 받으며, 또한 불충분한 보고를 정정하지 않은 행위 등에는 5천 달러 이하와 6개월 이하의 징역에 처할 수 있다고 규정한다. 이렇듯 이 법의 주요 목적은 로비활동을 금지하는 것이 아니라, 로비활동의 공개를 통하여 사회적 비판을 줄이는 데 있다고 할 수 있다.

① **외국 대리인 등록법(The Foreign Agent Registration Act)**

　1938년 외국 대리인 등록법 및 이에 관한 수정안

　법안의 정책과 목적

　이에 본 법안의 정책과 목적은 미국의 국방, 국보 및 외교관계를 수호함에 있으며, 외국 정부, 외국 정치단체 및 기타 외국 채용자를 위한 선전성 및 기타 활동을 하는 자는 해당 내용을 공개해야 한다. 미국과 그의 정부가 해당되는 연계성과 활동상을 기반으로 활동자의 신분을 밝히고, 그의 발언과 행동을 평가할 수 있다.

　외국의 이권을 대변하는 로비스트 활동상이 증가하고 있는데, 이는 미국이 세계 경제의 일부이기 때문이다. 미국의 수도에서 일어나는 일과, 집행기관과 미 의회에서 발생하는 상황들이 종종 세계 시장에 영향을 미친다. 그러므로 외국 국가들도 미국 법안과 규정들을 주시하고, 외국 기업과 외국 국가들에 영향을 미치는 결정들을 내리는 정부와 의회 관련자들을 대상으로 로비한다. 특히, 무역은 외국 로비활동의 전초기지이다. 이에 대한 로비활동을 외국인들이 하는 것이 아니라, 외국에서 채용하는 미국인 로비스트들이 한다. 외국 정부가 미 의회와 정부에 영향력을 행사하는 것을 금지하지는 않으나, 외국의 이권을 신고등록하고 이권현안을 공개하도록 하고 있다.

미 의회는, 외국 의뢰처를 대신하여 로비활동을 하는 사람들이 밝혀져야 한다는 취지하에, 1983년 외국 대리인 등록법을 통과시켰고, 1966년에 수정하여 본 법의 초점을 미국 정부의 결정절차의 견실성과 대중이 외국 정치 선전활동의 근원지를 파악할 수 있는 권리를 보호하는 차원에 주안점을 전환시켰다.

1966년 수정안의 주요 조항으로 (1) 등록된 외국 대리인은 외국 의뢰처를 대신하여 착시한 정치활동에 관한 상세보고서를 제출하도록 하고, (2) 정부관료와 의원들을 대면할 때 외국 대리인의 신분을 밝히도록 하고, 의회 위원회에서 발표를 할 때 대리인이 최근 등록한 진술서도 함께 제출하도록 하였고, (3) 외국 의뢰처가 대리인의 보수를 정치활동의 성공 여부에 의해 결정하는 조건부 보수제 계약방식을 금지하였고, (4) 외국 의뢰처를 대신한 선거후원금을 금지하고, (5) 장황하고 부담스러운 범죄에 대한 법적 조치 없이 본 법의 내용과 취지에 보다 잘 부응할 수 있도록 하는 즉각 조치권한을 법무장관에게 위임하였다.

본 법안하에 로비스트로 등록하면, 등록 시 로비활동에는 아무런 제재를 받지 않으나, 추후 초래될 수 있는 난관으로 인해 많은 로비스트가 등록을 망설였다. 어떤 사람들에게는 '외국 대리인'이라는 용어가 불길

한 어감이 있으며, 비록 로비스트들이 대개 외국을 대변하는 것이 유망하고 재정적으로 후하기 때문에 외국 의뢰처를 모색하지만, 외국 대리인으로서 등록된 로비스트들은 애국심이 없고 미국의 이권에 거스르는 일을 하고 있다는 의미를 내포할 수 있다.

외국 의뢰처 대리인으로 등록하는 로비스트들은 등록하여 대중에 공개됨을 두려워 말아야 할 것이다. 외국 의뢰처를 위한 로비활동은 성장산업 부문이며, 외국 대리인 등록법을 관할하는 미법무부에서 외국 의뢰처의 대리자로 등록된 회사의 거대한 명록부를 정기 발행한다. 본 명록부에 오르는 것이 때로 회사 간에는 위신을 과시하는 수단이 되기도 한다.

② 외국 의뢰처 대리권

대부분의 외국 정부가 미국 내에 대사관이 있으며, 대외정책과 외국에 대한 자본 흐름에 관련 관할권이 있는 미 국방부, 국무부 및 의회 내 인사들과 관계를 구축하려는 관료가 대사관에 근무하고 있다. 또한, 대사관에서 미국의 경제 및 안보지원 확보를 위한 노력을 지원하는 대외관계 임무도 수행한다. 외국 정부들이 종종 자신들의 이권을 도모하기 위해 미국인 로비스트들을 채용하는데, 이는 미국정부와 의회에서 로비활동을 하는 일에는 로비능력이 부족한 직업외교관보다는 경험이 있는 로비스트들이 필요하다는 점을 인식하기 때문이다. 외국의 이권들은 접근능력이 게임의 법칙임을 알며, 워싱턴에 대변자가 없는 미국 내 기업들과 동등한 위치에서 미 정부와 의회에 영향력과 접근력을 필요로 하고 있다.

그러므로 외국 의뢰처들은 이권을 대변하기 위한 접근력과 영향력을 보유한 미국인 로비스트들을 모색해야 하며, 미국 내의 기업과 같이, 외국 의뢰처들도 심사숙고하여 적절한 로비스트를 선임해야 할 것이다. 외국 의뢰처들은 법률, 홍보 및 로비전문 회사 중 높은 평판의 회사를 채용하는 경향이 있다. 또한, 화려한 개인사업을 찾아 나선 전직 정부 고위자를 모색하기도 하며, 대통령의 펜 몇 글자로 문제를 해결할 수 있다는 믿음으로 특정 행정부나 대통령과 긴밀한 관계를 가진 로비스트나 컨설턴트를 채용하기도 한다.

　대통령의 권력이 막중하며, 대외정책에 중요한 역할을 하지만, 외국 의뢰처들은 입법계에 견문이 밝고, 무역 현안 및 대외관계 위원회를 잘 로비할 수 있는 로비스트를 채용하는 것이 가장 바람직하다. 명함, 직위 및 직책, 회사의 유세와 크기가 성공을 보장하지 못한다. 그렇다고 대기업과 유명인들이라고 해서 효과적으로 로비를 하지 못한다는 뜻은 아니다. 단지, 외국 의뢰처들이 제대로 된 마(馬)에 돈을 걸어야 한다는 점을 지적하는 것이다.

　외국 의뢰처가 '자신들의 입장을 호소'할 수 있는 홍보회사를 채용할 수는 있으나, 미 의회 내에서도 홍보회사에 운명을 맡기는 것이 현명하지 않을 수 있을 것이다.

　대리자를 선정할 때는 회사의 강점을 잘 주시한 후 선택해야 현명하다. 대외홍보 업무도 대단히 우수하면서 의회 로비도 훌륭히 해내는 홍보회사들이 있으나, 그리 흔하지 않다. 특정 목적이나 필요부문이 있는 외국 의뢰처는 미국 정부, 정책 형성과정, 입법과정 그리고 법안을 움직이는 의원들에 대한 심도의 지식을 가진 회사나 개인을 채용해야 한다. 정치 입법과정은 매우 복합적이며, 참가자들도 항상 바뀐다. 외국 의뢰처는 유권자가 아니므로, 최고실력의 대변인이 필요하다. 워싱턴은 인사이더(내부자)들의 세계이기 때문에, 참가자들과 시스템을 잘 파악하고 있는 전문인들을 채용해야 한다.

③ 외국 대리인 등록법의 주요부문

본 법령의 주요부문을 다음과 같이 정리해보았다. 법령의 제1조에 '외국 의뢰처의 대리인'이라는 용어는 대리인의 신분으로 행동하는 자뿐만 아니라 다음의 네 가지 활동 중 하나에 관여하는 자를 지칭한다.

- 미국 내에서 외국 의뢰처를 대변하여 정치활동에 관여하는 자
- 외국 의뢰처를 대신하여 미국 내에서 대외홍보 자문원, 대외관계 대리인, 정보서비스 직원 및 정치 자문원으로서 일하는 자
- 미국 내에서 외국 의뢰처를 대신하여 기부금, 융자, 자금 등과 같은 가치 물품을 수집, 배포 및 청구하는 자
- 미국 정부의 기관이나 대표자 앞에서 외국 의뢰처의 대리권을 행사하는 자.

제2조항에 의하면 미법무부 장관에게 진실 되고 총체적인 등록진술서와 보충서류들을 제출하고, 그 후 10일 이내에 법무부장관이 지정하는 양식에 따른 선서를 하지 않으면 외국 의뢰처의 대리인으로서 활동이

금지되어 있다.

대리인 신분이 종료된 후에도 외국 의뢰처의 대리인으로 활동한 기간에 대한 등록 진술서를 제출해야 하는 의무를 면할 수 없다. 진술서에는 다음 내용이 포함되어야 한다.:

I. 등록인의 신분

II. 등록인 사업(체)에 대한 성격과 종합적인 설명

III. 등록인 피고용인들의 총목록과 업무성격에 관한 진술

IV. 등록인이 대리하고 있는 모든 외국 의뢰처명 및 주소

V. 모든 외국 의뢰처의 사업 및 기타활동에 관한 등록증/증명서

VI. 외국 의뢰처가 외국 정부, 정당 및 기타외국 단체에 의해 전 체 및 부분적으로 지도, 지시, 소유권, 통제, 자금 및 지원의 정도

VII. 모든 서면계약서 사본과 모든 구두계약의 조건과 기한

VIII. 모든 계약의 성격과 수행방식에 대한 종합적인 진술

IX. 기존 및 신 제안 활동 및 등록인 과거, 현재, 미래 개입 활동

X. 위 활동 중 정치활동에 대한 상세진술서

XI. 모든 외국 의뢰처로부터 이전 60일 내에 수령한 기부금, 수입, 자금 및 가치품의 성격과 액수

XII. 등록인이 수행할 모든 활동에 대한 상세설명

XIII. 이전 60일간 등록위이 수령한 자금 및 가치품을 사용 및

처분한 사항에 대한 자세한 진술서. 등록 진술서의 사본 2매가 등록

부, 국내 안보과, 범죄부처, 미법무부, 워싱턴 DC 20530에 제출되어야 한다. 공증인이나 다른 유자격인 앞에 서약도 이행되어야 한다. 동일한 주소로 진술서들도 발송하면 된다.

주지사항: 법무부에서 가장 심각히 여기는 문제는 활동 내용에 관하여 적정수준의 상세설명을 하지 않는 경우이다. 예를 들어, 등록인들이 하원이나 상원 법안문제로 국회의사당을 방문했다고 하면, 누구를 접촉했고, 어떤 목적으로 어떤 논의를 했는가에 대한 내용이 없는 경우가 문제시될 것이다.

법무부는 등록인이 외국 의뢰처를 내신하여 어떤 일을 했는지 일자, 상세사항 등 대중이 알 수 있을 정도의 상세한 정보를 요구한다.

제2항에 기타 등록 요구 사항이 포함되어 있으며, 등록 진술서가 특정 기관, 기업, 협력체 및 개인 조합의 명의로 등록할 때, 외국 의뢰처의 이권을 대변하여 직간접적으로 개입하는 협력자, 대표, 간부, 동료, 및 직원들도 함께 신고를 해야 한다.

본 법령의 제4항은 신고의 의무가 있는 자에 의한 정치적 선전활동의 신고 및 표지에 관한 내용이다. 외국 의뢰처의 이익을 대변하여 미국 우편이나 각 주간 및 외국 상업의 수단을 통해 전송된 정치 선전물에만 적용된다. 법령에 준한 등록이 외국 의뢰처의 존재 및 합법성에 대하여 미 정부가 그를 인정하거나 그가 배포하는 선전물에 대한 승인을 의미하지는 않는다. 또한, 제4조항은 의원, 의회 위원회 및 정부관료를 외국 의뢰처를 대리하여 연락하는 등록된 대리자는 자신의 외국 의뢰처 대리인 신분을 밝히고 외국 의뢰처를 밝혀야 한다. 법령에 따라 외국 의뢰처의 대리인 등록의무가 있는 자가 미국정부 기관 및 관료(의원 및 하원 및 국회의 위원회를 포함)로부터 미국의 국내 및 대외정책에 관한 '어떠한 정보나 조언'을 구해서는 안 된다. 단, 해당 정보를 요청하는 자가 외국 의뢰처 대리인으로 등록되었음을 미 정부기관이나 관료에게 분명히 밝힐 경우에만 정보를 구할 수 있다.

로비 주지사항: 외국 의뢰처를 대변하는 등록된 로비스트들은 해당 절차를 잘 주지해야 하며, 정책에 관한 정보요청을 할 경우 '서면으로' 해야 할 것이다. 정보는 공공부문에서 민간부문으로 다소 자유롭게 소통되며, 특히 로비계 친분이나 동맹관계가 형성되면 더욱 그렇다. 로비스트는 미 정부 이권에 해가 되는 정보를 경솔히 받거나 정부 측에서 로비스트가 외국 의뢰처를 대리한다는 사항을 주지했을 경우에 누설되지 않을 정보를 받아서는 안 된다. 항상 정부 및 의회 친분인들에게 본인이 외국이권을 대변하며 정보를 구한다고 밝혀야 할 것이다.

등록된 대리인이 외국 의뢰처 이권을 대변하여 의회위원회 앞에 설 경우, 최신 등록진술서 사본도 발표문과 함께 제출해야 한다.

로비 주지사항: 외국 대리자로서 등록된 경우 등록진술서 사본을 함께 제출해야 할 뿐 아니라, 발표문상에 등록 진술서가 동봉되었음을 공식기록으로 표기해야 한다.

본 법령의 제4조항은 등록된 대리자들이 관리해야 하는 장부와 기타

기록에 관한 내용이며, 법무부장관이 지정하는 자의 검문 시 제출되어야 한다. 이에 본 법령에 따라 제작된 등록진술서와 정치선전물 배포에 관한 모든 진술이 포함되어야 한다.

법령의 제7조항은 외국 의뢰처의 대리권을 행사하는 기관 대표자, 간부진 및 그에 상응하는 권리를 행사하는 자는 모두 본 법령에 따를 의무가 있으며, 고의 위법의 경우 최고 10,000불의 벌금 및 5년의 징역을 선고받을 수 있다. 법에 준하여 등록진술서 및 보충서류를 제출하지 않는 경우 출소기한법에도 불구하고 지속적인 위법행위로 간주된다. 1966년 외국 대리자 등록법의 수정안이 통과된 이래 법무부에서 신고불이행으로 인한 신고 및 금지명령을 내린 경우는 아직 없었으나, 외국 대리자로 활동하는 로비스트들은 본 법령을 잘 주지하고 외국 의뢰처를 대변하여 로비할 때 반드시 등록해야 한다. 위의 외국 대리인 등록법과 그 수정안의 내용은 본래의 법령을 간략히 설명한 것이므로 참고하기 바란다.

④ 대리인을 통한 정치후원금

미국법전에 의하면 외국 국적인이 정치직에 대한 선거나 정치직 후보자 선정을 위한 예비선거, 집회 및 정당대회와 관련한 후원금을 직접적으로나 제3자를 통하여 자금 및 가치 물품이나 후원금에 대한 직간접적인 약속을 하는 것 그리고 외국국적자로부터 위와 같은 후원을 구원, 승낙 및 수락하는 것은 모두 위법행위에 해당된다.

외국 정부가 자신의 특수이익 대변을 위하여 미국인 로비스트 채용에 대한 필요성이 증가하고 있으며, 해당 로비스트들은 법령의 목적과 취지에 준하여 활동해야 한다. 다시 말해, 외국 의뢰처 대리인으로서의 정치 후원 제공과 동 후원을 수락하는 것은 불법행위이며, 외국 대리인 등록을 한 자는 대리자 개인의 신분으로서 이행한 기부를 포함한 모든 기부 사항을 신고해야 한다.

외국 의뢰처 대리인으로 등록된 로비스트들은 정치행동 위원회들을 위해 외국 의뢰처로부터 자금을 요청하거나 의회직 후보 및 의원들에게 자금을 제공하는 것은 금지되었다.

로비 주지사항: 외국 대리인 등록의무와 더불어, 외국이권을 대변하여 로비활동에 관여하는 자는 로비에 관한 연방 규제법령(Federal Regulation of Lobbying Act)에 따른 신고의무가 있다. 본 법령은 '미국 국회의 법령통과 및 비통과에 대한 영향력을 보수나 기타 명분으로 행사하는 모든 자'는 미 하원 행정부와 미 상원 비서실에 신고해야 한다(미국 법전 2호 267항 2.U.S.C 267).

외국이권을 대표하는 로비스트들은 동일 부류의 로비스트의 수가 증가함에 따라 언론에서 더욱 세밀한 관심을 기울이고 있다. 또한, 미 법무부에서는 외국대리자 등록법 집행을 감시·감독하고 외국이권을 대변한 대리자들의 합법적인 등록시행 여부를 관할할 인력이 부족하다고 한다. 법령에 따른 등록절차는 복잡하지 않으며 등록을 하려면 법에 관한 지식이나 훈련이 필요하지 않다. 미 법무부에서 조언도 해주고, 등록방법에 관한 안내도 잘해준다고 한다.

2) 연방로비 규제법

로비에 대해 제정된 최초의 법안인 연방로비 규제법은 최소한의 로비 활동만을 인정하는, 즉 로비를 규제의 대상으로 여기는 법이다. 1946년 로비규제법에서는 로비활동을 하려면, 상원사무국과 하원사무국에 등록하게 되어 있다. 이름과 주소, 고용주의 이름과 주소, 누구의 이익을 대표하는가, 고용기간, 소득액, 보수의 지불자, 경비로 인정되는 비용과 액수를 제출한다. 3개월에 한 번씩 의무적으로 사무국에 보고해야 할 사항은 수령한 금액, 사용한 비용과 용도, 누구에게 어떠한 지급을 어떠한 목적으로 하였는지, 활동내용, 업무싱 이해관계에 관한 기사, 논문, 저서 및 이것을 발표한 신문, 잡지, 출판사의 이름 마지막으로 어떠한 법률에 찬성 또는 반대하였는지에 대해 보고해야 한다. 외국대리인으로서 대 의회 로비활동을 할 경우, 우선 법무부에 외국 대리인 등록법에 의한 등록을 하고, 상·하 양원 사무국에 연방로비 규제법에 의한 등록을 해야 한다.

3) 정부 윤리법

1978년에는 정부 윤리법을 제정하고 연방정부 윤리국, 독립검사와 연방 상·하원 윤리를 규정했다. 연방 상원 윤리규정(Senate Ethics Code)은 의원은 퇴직 후에 연방로비 활동 규제법(The Federal Regulation of Lobbying Act of 1946) 및 그 계승 법(Successor Statute)의 규정에 의하여 등록 로비스트가 되거나 입법에 영향력을 행사하기 위해 등록 로비스트로 채용 또는 고용되는 경우에는 퇴직 후 1년간은 상원의 의원 또는 직원을 상대로 로비활동을 못한다고 규정하고 있다. 현행 공무원 윤리법은 공무원은 퇴직 후 1년 이내 자신이 근무하던 관청을 상대로 로비활동을 할 수 없고, 1년이 지난 다음에도 재직 시 관여했던 문제에 대해서도 로비활동을 할 수 없다고 규정한다.

이 같이 로비제도 규정의 목적은 로비활동의 규제보다는 공개에 있다. 즉, 로비스트들의 활동을 공개하여 입법과정을 깨끗하게 하려는 목적에 있다.

실질적으로 로비의 규제가 어려운 것은 헌법에 보장된 언론 출판의 집회 및 청원에 관한 국민의 기본 권리를 침해하지 않고는 규제가 힘들며, 규제가 심해지면 더욱 불법적인 로비가 만연될 우려가 있기 때문이다. 이는 1976년과 78년에 강화된 '로비규제법'을 입법화하려고 시도했으나 결국은 실패했던 이유이기도 하다.

2. 미국내 외국의 로비활동

전 세계적으로 영향력이 가장 큰 나라인 만큼 미국을 상대로 한 외국의 로비도 활발하다. 1998년 상반기 조사결과 549개의 로비회사에 2,742명의 로비스트가 외국을 위해 로비활동을 하고 있다고 보고되었다.

(1) 이스라엘

이스라엘은 미국을 상대로 가장 활발한 로비를 하는 나라로 꼽힌다. 대표적인 로비기관으로는 '에이 팍(The American Israel Public Affairs Committee)'이라 불리는 미국 이스라엘 홍보위원회로 6만 5천 명의 회원에 연간 예산만 1천5백억 달러를 넘는다. 에이팍의 주력사업으로는 이스라엘과 관련 있는 정부 관리와 의원, 보좌관들을 이스라엘 현지로 초청하는 것으로 미국 내 2백여 개 대학과 자매결연 관계를 맺고 청년층과도 끈끈한 유대 관계를 맺고 있다. 이 단체는 매년 2천 건이 넘는 상·하원 의원들과의 미팅, 2천 시간이 넘는 청문회를 일일이 모니터링하는 등 활발한 활동을 전개하고 있다. 대통령 선거가 있는 해에는 유세 기간 중에 최소 6백 명 이상의 입후보자들을 직접 만나 이스라엘에 대한 우호적 태도를 갖게 하는 데 주력한다. 또 50개 주 곳곳에서 해당 주와 지역구 연방의회 의원들과 1시간 이내에 접촉이 가능할 정도로 핵심접촉 네트워크를 형성해 놓고 있다. 이런 노력을 바탕으로 이들이 거둬들이는 성과는 실로 놀랍다. 매년 그들이 원하는 법안을 130건 이상 통과시키고, 해마다 이스라엘에 30억 달러의 대외 원조를 이끌어 내고 있다. 또한, 이 단체는 '풀뿌리 로비'란 모토 아래 효과적인 로비를 벌이는 것으로도 정평이 나있다. 참고로 2007년 11월 16일 EBS 다큐 방송에서는 미국 행정부와 의회를 상대로 펼쳐지는 이스라엘의 로비를 조명하는 '집중조명, 이스라엘 로비의 실태'를 다루었다.

(2) 대만

대만 역시 이스라엘 못지않게 활발한 로비를 펴는 나라이다. 특히 1995년 미행정부와 중국의 반대에도 불구 리덩후이 총통의 미국 방문을 성사시킨 것은 이미 워싱턴 정가에서 유명한 얘기이다. 대만은 의원이나 보좌관들을 자국으로 초청해 최고급 접대를 하는 '타이완 나들이'로 유명하다. 1996년 한 해에만 20명 이상의 상·하원 의원과 124명의 보좌관이 대만에 다녀온 것으로 집계됐다. 이들의 체제경비는 사실상 대만 정부에서 부담한 것으로 알려지며, 그 규모가 최소한 연간 100만 달러 이상이 되는 것으로 추산된다. 대만의 이러한 노력이 중국의 강력한 반대에도 불구하고 2005년 천수이볜 대만 총통이 미 의회 인권회의가 제정한 인권상을 수상하는 등의 결과를 가져왔다.

(3) 일본

일본의 대미 로비는 미국인 선교사들이 시작했지만 1990년대 이후 정치권이 독자적인 로비 활동을 시작하고 민간 기업 역시 현지 근로자들을 통한 로비 활동을 벌이면서 꽃을 피우기 시작했다. 일본은 대미 관계에 있어 정보수집과 홍보활동 및 각종 로비활동에 세계적으로 가장 많은 돈을 쓰는 나라로 알려져 있다. 2000년 외국 대리인 등록 활동에 따르면 총 65명의 일본 등록 대리인이 공식적으로 활동하고 있는 것으로 조사되었다. 우리나라 대리인이 16명이었던 것에 비해 상당한 규모라고 볼 수 있다. 일본은 정치자문, 저작권, 통상마찰 연락사무, 어업정책, 회의조직, 환경입법문제 및 핵에너지 정책, 철강수출정보 등에 이르기까지 활동의 목적이 다양하게 세분화되어 있어 보다 효과적인 로비 활동을 전개하고 있다. 그리고 그 목적에 맞는 활동비를 각각 나누어 지원함으로써 투자의 손실과 낭비를 예방한다. 일본은 또한 자국의 이권에 관련된 사안에 대해서 철저한 감시 활동한다. 70여 개의 로비단체를 이용하여 미 정계와 경제계 깊숙이 영향력을 행사한다. 일본 철강협회, 소니, NTT 데이터, 총리실, 목재생산정보 및 조사센터, 일본 어업조합, 일본과학기술협회 등 대리인 등록을 맡긴 기관 또한 매우 다양하다. 특히, 일본관광협회는 지역 방송별로 각각 30분간 홍보방송을 하는 계획을 체계적인 일정표로 작성하여 법무부에 제출하기도 하였다. 등록 대리인의 절반 이상을 미국의 로비스트 회사 및 법률회사에 위임하고 있는 일본은 구체적이고 전문화된 체계와 질서에 따라 활동을 전개한다. 그 결과 일본은 대미 외교 관계에 있어 우호적인 입장에 설 수 있게 되었으며, 로비활동에 의해 톡톡한 효과를 보고 있다. 최고의 로비스트를 고용하여 고위급 상층 로비 전략과 풀뿌리 로비(현지 근로자 활용과 지방 공략)라는 양면 대응으로 성공을 거둔 도시바 그룹의 사례, 범정부적 차원에서 WTO의 규정을 역이용해 미국의 협상력을 낮추며 성공을 거둔 자동차 협상, 일본 정치인과 관료들이 직접 나선 골든위크 외교 등의 성공사례가 그 예이다.

(4) 중국

1990년대 초반 시작된 중국의 대미 로비 주체는 미-중 국교 수립을 전후해 중국에 진출했거나 진출 의사를 밝힌 미국의 기업들과 고위 정치인들이었다. 이들이 주축이 되어 중국의 대미 로비를 하는 단체로 미-중 무역위원회, 미-중 관계 전국위원회, 100인회 등 대여섯곳의 친중 단체들이 맹활약하고 있다. 중국 정부가 주도하는 본격적인 대미 로비는 2005년 이후부터인데 미국 현지의 로비 전문 회사를 고용하여 미 상원 외교위원회와 군사위원회를 공략하고, 개별 정부부처와 주시 차원에서도 개별 로비회사를 고용하여 이익집단과 보좌관 및 로비스트들과 우호적 관계를 형성하는데 주력했다. 여기에 중국 기업들 역시 정부의 지원을 받아 적극적인 대미 로비에 나서고 있으며, 최고지도자들 간의 인적 교류에도 힘쓰고 있다.

3. 미국내 한국의 로비활동

(1) 현황

200여 년에 걸쳐 온갖 로비경험을 축적해 온 미국에 비해 한국에서 로비문화는 걸음마 수준이며 사실상 방치 상태이다.

한국에선 미국의 로비공개법과 같은 법률이 존재하지 않는다. 또한, 현재 국내법에는 로비를 직접 취급하는 법이 없어 로비를 단속하는 기준이 모호한 상태이다. 앞서 이야기했듯이 2000년 미국 내 외국대리인 등록 활동에 따르면 일본은 65개 단체가 등록되어 있는 것에 반에 한국은 겨우 16개 단체가 등록이 되어 있다. 또한, 주목할 만한 활동을 벌이는 기관도 뚜렷하게 나타나지 않는 실정이다. 한국은 2000년 한국대

사관이 한국에 대한 이미지 조사와 미국 대선 동향 등에 대한 자료 수집을 미국 대리인에게 의뢰해 10만 달러가량을 지출했으나 정보 면에서 별 가치가 없는 것이 대부분이었다. 의회활동은 없다시피 하다. 대외경제정책연구소가 2000년 100만 달러를 지출했으나 전직 의회 직원 한두 명을 두고 한국 관련 입법 자료 수집을 하는 것이 전부였다. 통상마찰, 시장개방 움직임이 어떻게 돌아가는지는 대사관직원 몇 명이 주먹구구식으로 취합한 것을 본국에 보고하는 게 고작이었다. 한 보고서에 따르면, 우리나라의 2002년 미국 내 로비활동관련 지출금액은 5천5백45만 달러로 집계되었다. 산업구조가 단순한 남미 국가들과는 달리, 우리나라 대미 로비활동의 주체는 한국정부 및 대사관, 정부투자기관, 협회 등 민간단체, 사기업 등으로 다변화 되어 있는 것으로 나타나고 있다.

외국대리인등록법(The Foreign Agents Registration Act of 1938, "FARA")에 나타난 우리나라의 2002년 미국 내 로비단체 및 활동내역 중 큰 비중을 차지하는 '삼성전자'와 '한국관광공사'는 미국 내 광고비 지출과 방송 및 프로그램 판매가 실질적인 주요 활동내역으로, 로비활동과는 거리가 있다. 삼성전자의 연간 활동 지출내역인 3천2백만 달러는 미국 내 광고비 지출이 대부분으로, 정책에 대한 로비활동과는 관계가 없다. 삼성전자, 포스코 등 주요 한국기업은 워싱턴에 통상사무소를 두어 통상현안 모니터링 등의 활동을 하고 있는 것으로 알려졌으나 구체적인 활동내역과 지출금액은 알려지지 않고 있다.

로펌 등 전문 로비스트를 고용하여 미국의 통상정책 분석활동을 전개한 단체는 '주미한국대사관'과 '한국무역협회'뿐이다. 주미 한국대사관은 2005년 말부터 '스크라이브 스트래티지 & 어드바이스'라는 로비회사를 고용해 대의회 업무에 활용하고 있다. 국무부의 비자 면제 프로그램 적용 검토나 의회의 각종 지지 서한 발표에 이들의 역할이 작지 않았다고 알려지고 있다. 또한, 한 미 자유무역협정(FTA)협상 지원을 위해서는 '샌들러 트레비스 & 로젠버그'라는 로비스트 그룹과 계약했다. 그 밖에도 FTA 법률검토와 미국 주류 언론에 한국홍보를 위해서 전문 로펌 또는 홍보회사와 별도의 계약을 체결한 것으로 알려져 있다.

하지만, 아직도 우리나라의 대미로비는 입법부나 행정부 등의 정책과정에서 강력한 영향을 행사하려는 로비로서는 힘이 부족하며, 이는 로비에 대해 아직 체계화되고 양성화되고 전문화되지 않은 우리나라의 정서와 관련이 있다 하겠다.

(2) 미국의 시각

1970년대 박동선 사건 이른바 코리아게이트 이후로 효과적인 로비를 벌이지 못하는 것으로 평가하고 있다. 뒷장에서 자세히 살피겠지만 박동선 사건은 1976년 10월 24일 '워싱턴 포스트'의 폭로기사로 표면화되었다. 당시 '한국 정부, 미국 관리들에게 수백만 달러 뇌물 제공'이라는 타이틀의 기사가 났고 이에 따라 법무부가 수사에 나섰던 사건이다. 워싱턴 정가에서는 한국을 가장 로비 못하는 나라 중의 하나로 평가하고 있다. 대미로비, 정보수집, 홍보활동 등으로 세계 3위의 투자비를 지출하고 있지만, 투자가 막연하고 통상마찰 등에 효율적으로 대응하지 못하는 내용의 후진성을 면치 못하고 있다고 한다. 세계 각국의 대미 로비전문화, 세분화 추세와 달리 한국은 인건비, 사무실비 등 고정 비용에 투자 대부분을 사용했으며 특히 의회전문 정보수집 및 로비활동은 사실상 전무하다. 또한 미국은, 한국이 미국에 대해 공격적이고, 무역 협상 등에서 너무 완강한 자세만 취한다고 인식하고 있다. 한국을 대변하거나 지원할 수 있는 능력을 갖춘 인사를 로비스트로 고용하지 못하고 있기 때문이다.

(3) 대외 로비와 로비스트 필요성

국가 간 통상협상에서도 로비는 한 국가의 성공과 실패를 좌우하는 요인으로 꼽힌다. 2005년 들어 우리 정부도 미국의 수도 워싱턴에서 본격적인 로비활동을 시작했다. 하지만, 전문적인 로비스트를 양성화하지 않아 아직도 대외로비에 전문성, 구체성이 없다는 것이 안타까운 현실이다. 북미자유무역협정(NAFTA)이 체결될 당시 멕시코가 미국을 상대로 펼친 로비 활동은 성공 사례로 평가된다. 1990년대 초 미국과의 경제통합만이 멕시코가 세계시장에서 고립되지 않기 위한 방법이라는 사실을 깨달은 멕시코 정부는 미국의 전직 의원, 국무부 재무부 등의 통상 관련 부서에 근무한 바 있는 전직 관료들을 대거 로비스트로 채용했다. 이들은 멕시코의 법률 회사나 PR 회사 등에 소속돼 환경오염, 마약, 인권탄압 등의 이미지로 굳어진 멕시코의 이미지를 바꾸기 위한 총력 로비 활동을 벌였고 이는 NAFTA의 성공으로 이어졌다. 재경부의 한 관계자는 "IMF 사태 직후 뉴욕에서 외채 만기 연장 협상을 할 때 정부의 자문 역할을 해준 마크 워커 변호사가 없었더라면 우리는 이자 조건 등에서 엄청난 손실을 보았을 것"이라고 회고한 적이 있다. 당시 워커는 협상이 아직 시작되기도 전에 각 채권은행을 돌면서 그들의 주장을 모두 듣고 이를 토대로 한국의 협상안을 마련했던 것으로 전해진다. 워커 변호사는 한국 정부를 위해 일한 일종의 최고급 로비스트였던 셈이다. 즉 외국과의 통상 협상에서, 상대국의 산업 동향과 생산자나 수입업자들의 이해를 정확히 꿰뚫고 있는 통상 로비스트 필요성의 인식은 두말할 나위가 없다.

(4) 대미 로비 및 로비스트를 위한 발상의 전환

첫째, 우리는 로비에 대한 시각과 발상을 전환해야 한다. 미국에서 로비는 국가와 기업의 이익을 극대화하기 위한 합법적이고 정당한, 그리고 필요한 공식 절차로 인식되고 있다. 따라서 로비활동을 죄악시하거나 시간과 돈의 낭비라고 생각해서는 곤란하며, 이를 적극적으로 활용하려는 사고방식이 절실하다. 둘째, 효율적인 대미로비를 위해서는 미국 의회를 정 조준해야 한다. 미국은 의회 중심 국가이므로 한국 편을 많이 확보하는 것이 중요하다. 셋째, 워싱턴 D.C. 밖으로 눈을 돌려 지방을 공략(풀뿌리 로비)하는 것도 중요하다. 미국의 의원들이 지역구의 목소리에 민감할 수밖에 없다는 점을 역 이용해 '지방공략'을 본격화해야 한다. 전략적으로 중요한 해당의원들의 지역구에 있는 지방언론들을 대상으로 우리의 입장을 적극 전파하는 한편, 필요한 지역에는 우리 기업인들과 정부 관계자 등을 파견해 공동 협력사업을 논의할 수 있다. 넷째, 한국계 연방의원과 보좌관, 교민사회를 적극적으로 활용하고 장기적 시각으로 체계적인 접근과 인맥을 형성해야 한다. 기업이나 정부 모두 평상시 로비 활동을 특수한 비용 낭비로 볼 것이 아니라 필수적인 활동으로 판단해 지지 세력과 평소 정보를 교환하고 신뢰를 쌓아두는 것이 중요하다. 마지막으로, 허명무실 되지 않게 거물 로비스트에 연연하지 말고 실사구시 형 로비스트를 고용하는 것이 바람직하다.

(5) 바람직한 한국 로비

앞서 언급한 바와 같이, 대미 로비활동 측면에서 봤을 때 한국의 이미지를 개선하기 위해서는 미국의 실무 관리자들과 돈독한 인적 유대 관계를 형성하는 것이 필요하다. 또한, 분산된 미국 내의 지지기반을 통합하고, 미국 사회의 '바닥' 홍보활동을 위한, 훌륭한 자산을 이용하는 것이 효과적일 것이다. 다음은 우리나라의 성공적인 로비활동으로 알려진 예이다.

1) 미국 비자 면제 프로그램 미 양원 통과

미국 비자 면제 프로그램이 2007년 7월 26일 미 양원을 통과한 사례를 들 수 있다. 이 법안의 통과를 위해 주미 한국대사관은 2005년 합법적인 로비스트를 기용해 국토안보, 외교, 법사 등 비자 면제에 영향력이 큰 상·하원 3개 위원회를 중심으로 설득 작업을 해왔으며, 주미 대사관이 로비스트를 고용한 것은 1970년대 이후 처음이었다. 2006년 초부터는 주미대사가 직접 의원 150여 명을 접촉, 비자 면제 홍보에 나섰고, 1년간 3개 위원회 소속 의원들의 보좌관 27명을 한국에 세 차례나 여행시키며, 한국의 철저한 출입국 관리 시스템을 직접 확인시켜, 비자를 면제해도 걱정 없겠다는 평을 얻어냈다. 또한, 미국의 대기업과 경제단체 100여 개를 끌어들여 '비자 면제 지지 한·미 연합'을 출범시킨 것도 큰 도움이 되었다. 한인 단체들도 이런 노력에 동참, 지난해 4월 홈페이지 (welcome-korea.org)를 개설, 비자 면제 지지서명을 받아 미 의회에 제출하였다. 이런 다각적 노력으로 인해 비자 면제는 2009년 초에 가능할 것이라고 한다.

2) 재미한국교민들의 '풀뿌리 로비'

종군위안부 강제동원 규탄 결의안의 미국 하원 통과를 위해 미국, 뉴욕-뉴저지 유권자 센터의 김동석 소장과 워싱턴 정신대문제 대책위원회의 서옥자 회장 등이 워싱턴 지역에서만 2007년 4월 초까지 9,000명의 서명을 받아냈다. 이들은 한인 유권자 단체들과 함께 미국 연방 의원 개개인을 찾아다니며 결의안 지지 서명을 받았는데, 민주당 66명 공화당 14명 등 모두 80여 명에 이르는 성과를 올렸다. 이들은 결의안 관철을 위해 미국 주요 일간지에 전면 광고를 실을 정도로 적극적으로 활동을 하였다. 이들의 풀뿌리 로비가 최근 미 의회에서 '위안부 강제동원 규탄결의안'으로 통과되었는데 이는 우리나라의 대미 로비사에 새로운 이정표가 되었다.

Chapter. 6

우리나라 로비

1. 우리나라의 로비

(1) 로비 인식도

인맥, 혈연, 지연, 학연 등을 중시하는 사회로서 아직도 문화적으로 미성숙하며, 이러한 문화적 전통은 계약사회인 서양보다 불법적 로비가 더 많이 조장될 수 있다. 기업인이나 이익단체들에 도덕성만을 강조하는 것은 현실적이지 못하다. 로비의 현실을 인정하고 그것을 할 수 있는 공정한 규칙을 만들어 그 규칙에 따라 로비를 하게 함으로서 부정의 소지를 없애는 것이 정부의 정책 결정의 투명성을 높이는 것이다. 또한, 우리나라는 로비에 대한 부정적 인식으로 인해 로비를 정경유착의 매개과정, 부정부패와 동일시하는 부정적 인식이 강하다. 이런 인식 때문에라도 로비의 목적과 로비행위의 과정에 대해 공개화하기를 꺼린다. 2006년 9월 모 신문에 게재된 한 여론조사에 따르면, 국민 가운데 76.8%는 로비활동이란 '정치권과 결탁하여 부정부패와 비리를 낳는 범죄행위'라고 인식하는 반면 17.1%는 로비가 '기업이나 단체의 이익을 정책에 반영하는 긍정적 활동'이라 인식한다고 조사됐다. 로비스트법 제정에 관련해서도 63.9% 가 반대, 30.6% 만이 찬성했다. 그러나 2013년 '김영란법'

제안 당시 국민 권익 위원회에서 서울대에 의뢰해 조사했더니 대다수의 국민이 공정하고 투명성이 전제되는 로비스트 양성화는 필요하다고 응답했다.

로비활동은 특정한 이익을 정부 정책이나 입법에 반영시키는 정치과정에 있어 필수적인 요소이다. 우리는 로비활동이 갖는 긍정적 측면을 고려하여 이를 극대화하는 방안을 모색하는 인식의 전환이 필요하다. 예를 들어, 국회의원이나 행정 관료가 모든 입법사항에 관하여 소상히 알 수가 없다. 보다 나은 입법 활동을 하고, 행정 관료가 좋은 판단을 하기 위해서는 많은 이해당사자로부터 광범위하고 정리된 정보를 받을 필요가 있는 것이다. 입법과 정책입안을 담당하는 의원과 행정 관료들의 전문성이나 정보가 부족하면, 혈연이나 지연, 학연에 우선적으로 좌우될 가능성이 보다 커지게 된다.

우리나라에서 제기되는 로비의혹의 패턴은 관련 정책이 결정되는 과정에서는 문제가 없는 것으로 넘어간다. 그 결정에 의해 정책이 집행된 후 뒤늦게 어떤 계기로 로비의혹 제기되고 사회문제로 이슈화되면서 결국 검찰수사 등으로 이어진다. 현실적으로 로비는 다양한 형태로 행해지고 있으나 로비행위가 전혀 공개되지 않기 때문에 이런 과정이 되풀이되는 것이다.

한 예로 2006년 내내 나라를 시끄럽게 했던 '외환은행 헐값 매각 로비의혹'의 경우, 론스타가 외환은행 주식지분을 인수한 것은 2003년이었지만, 3년이 지난 2006년에야 로비의혹이 제기되었다. 다른 예로 최근 파문을 일었던 삼성의 전 법무팀장 김용철 변호사의 '삼성 로비의혹' 폭로이다. 삼성은 이윤을 추구하는 기업이다. 기업의 이익은 정부의 정책결정에 따라 크게 좌우된다. 그러므로 기업은 정부 정책이 기업에 도움이 되도록, 손해는 입히지 못하도록 하려고 노력한다. 그래서 만든 단체들이 전경련·대한상의·중소기업협동조합중앙회 같은 이익단체들이다. 말이 '이익단체'이지, 정확하게 말하면 '로비단체'들이다. 삼성을 비롯한 기업들은 자신에 유리한 법적·제도적 환경을 만들기 위해, 반기업 성향이 농후한 정치인·언론인에게 자신들의 입장을 설명하고 이해시키려고 '로비'를 해왔다. 김용철 변호사의 폭로사건으로 철퇴를 맞더라도, 기업들의 로비는 계속될 수밖에 없다.

우리나라에는 로비를 구체적으로 규정하거나 직접 규제하는 법률이 없다. 그렇다고 로비가 허용되는 것도 아니다. 특히 제3자에 의한 청원권 행사는 '변호사법', '특정범죄 가중처벌 등에 관한 법률(특가법)', '특정경제범죄가중처벌 등에 관한 법률(특경가법)', '형법', '정치자금법' 등에 의해 엄격히 금지되어 있다. 이에 반해 회사나 단체의 구성원이 직접하는 로비를 금지하는 특별한 규정은 없다. 따라서 뇌물 수수 등의 불법행위가 없는 한 직접로비 자체는 합법일 뿐 아니라 공개의무가 없다. 즉, 국민의 청원권 제약이 능력 있는 집단이나 개인에 의한 음성로비 독과점화 현상으로 나타날 수 있는 것이다.

우리 헌법은 제26조에서 "모든 국민은 법률이 정하는 바에 의하여 국가기관에 문서로 청원할 권리를 가지며, 국가는 청원에 대해 심사할 의무를 진다."라고 명시한다. 미국수정헌법 제1조의 내용, 즉 "의회는 (……중략……) 불만의 시정을 위해 정부에 청원할 권리를 제한하는 어떤 법률도 제정할 수 없다."라는 조항과 비교하면 상당히 제한적이다.

우리나라의 로비 현실은 더 이상 간과해야 할 문제가 아니다. 로비에 대한 사회의 부정적인 시각 때문에 합법적인 로비도 비공개적으로 이루어지고 있는 실정이다. 로비의 법제화 및 로비스트 등록법 마련을 통하여 음지에서 양지로 끌어내야 한다. 또한, 부정적인 고정관념을 타파하고, 로비스트를 하나의 전문인으로 인정하는 분위기가 형성돼야 한다. 실제로 입법부나 행정부에서 법안을 제정 또는 개정할 때, 정책 결정자들이 모든 사례를 다 헤아릴 수 없으므로, 건전한 로비는 이들의 객관적이고 종합적인 판단에도 유용할 것이다. 외국 정부나 기업체의 대한(對韓) 로비를 어떻게 통제할 것인가 하는 점도 과제이다. 한국의 지정학적 위치상 군수무기 구매나 통상 문제를 둘러싼 외국의 대형 로비가 앞으로 한층 강화될 것에 대비해야 하기 때문이다.

미국의 사례에서 보듯 로비는 경제력과 밀접한 관련이 있다. 따라서 로비제도 양성화로 강자의 이익이나 목소리 분출을 허용하되, 이들의 탈법 또는 범법행위는 강하게 처벌해야 한다. 또 경제적 빈곤층이나 사회적 약자들도 자신의 요구를 분명하게 밝힐 수 있도록 제도적 보완책을 마련해야 할 것이다.

(2) 로비스트의 실정

미국의 경우 로비스트의 활동을 법적으로 인정하는 대신 철저히 규제하고 로비스트나 로비스트 단체는 반드시 의회에 등록해야 활동을 할 수 있다. 미국에서의 로비활동은 1990년대 급속히 성장, 전문직 종으로 자리매김하였다. 그에 반에 우리나라의 경우는 아직도 로비에 대한 부정적 인식이 팽배하며, 양성화에 대해 여전히 방관하는 시선이다. 백두사업 로비로 세상을 떠들썩하게 했던 린다 김은 2007년 한 여성지와의 인터뷰에서 "로비스트들이 공개된 활동을 하는 외국과는 달리 한국에서의 로비는 남들 몰래 호텔방 등에서 몰래 하는 비즈니스여서 더욱 스트레스를 받고 힘들 수밖에 없다."라고 했다. 또한 "로비스트로서 지금까지 경쟁에서 단 한 번도 진 적이 없다. 브라질, 터키, 어디서고 이겼다."라며 "난 외국에서 상당히 인정을 받는데 우리나라만 오면 섹스 스캔들의 산 증인인 양 떠든다."라고 말했다. 로비스트 조안 리는 이승희 민주당 의원이 주최한 로비스트 법제화 토론회에 참석해 "우리나라는 아직 로비가 무엇인지 개념조차도 이해되어 있지 않은 상태에서 부정적인 분위기만 팽배해 있다. 로비 법제화가 필요함에도 불구하고, 사회적 합의를 이끌어내는 데는 큰 어려움이 있을 것"이라는 우려의 말을 남겼다. 또한, 이승희 의원은 "로비스트의 개념이 들어오기도 전에 부정적인 '브로커' 개념과 (로비스트가) 동일시됐다."라며 "그동안 로비스트에 대한 논의가 풍부하게 이뤄지지 못해 '로비'하면 무조건 부정적으로 생각하는 경향이 있다."라고 지적했다.

결국, 별다른 논의 없이 로비스트에 대한 부정적인 인식이 계속 되고 있는 상황에서 우리나라는 여전히 '검은 뒷거래' 로비가 횡행하고 그 과정에서의 불법·탈법 등을 규제할 아무런 법적 장치가 없는 실정이다. 로비활동이 법적으로 제도화 되어 있지 않기 때문에 정확한 로비스트의 숫자는 집계되지 않으나, 음성적인 로비활동은 계속되고 있다. 최근, 제대로 자격을 갖춘 로비스트를 양성화하자는 의견이 활성화되고 있으며, 또 이들을 감시할 법적, 제도적 장치가 시급하다는 지적이 나오고 있지만, 그에 관련된 법들은 아직 국회에 계류 중이다.

2. 로비활동의 합법화

한국에서는 로비가 존재하지만, 실상이 드러나지 않는다. 이는 정부의 정책결정 과정에 대한 국민의 알권리를 제한하는 것일 뿐 아니라 음성적 거래의 가능성을 높인다. 이는 정부에 대한 불신으로 이어지게 마련이다. 부정적 인식을 배제하고 근본적인 입장에서 본다면 로비제도는 정책 결정자들에게 전문적이고 충분한 정보를 제공하고 국민 여론을 정확히 국회와 행정부에 전달하는 역할을 한다. 정치시장에서 국가의 독점적 지위가 약화되고, 시장의 자유화가 증대되는 계기가 될 수 있으며, 또한 청원권 행사를 보다 적극적이고 균등하게 보장, 국민의 알 권리를 신장하는 데 기여할 수 있다. 즉, 국가의 정책결정 과정에 대한 국민의 권리가 증진되며, 보다 투명하고 신뢰성 있는 정책결정구조를 만들 수 있는 것이다.

로비활동 제도화에 대한 필요성의 인식은 사회 제반의 여건에 따라 다르다. 한 국가의 정치문화와 사회경제적 환성으로부터 정부구조, 로비활동의 효율성과 공개성, 영향력에 대한 긍정, 부정적 평가가 중요한 요인으로 작용한다. 로비제도가 정착되면 깨끗한 정치구현은 물론 국회

를 포함한 정치권에 대한 국민의 신뢰 저하·불신팽배에서 회복하고, 부
정부패 사건 발생 시 일부 정치권 인사가 연루되는 일도 감소할 것이며,
투명하고 깨끗한 입법이나 예산활동을 위해서도 로비제도 법제화가 대
안 중 하나가 될 것이다. 즉, 국회와 행정부, 기업과 노동조합, 이익단체
와 국민(시민단체) 사이에 정보에 대한 비대칭성으로 인한 입법과 정책
심의 결정에 판단 착오 가능성의 감소를 기대할 수 있다. 또한, 법적으
로 허가된 로비스트 혹은 컨설턴트는 전문적 지식과 소양을 갖춘 중개
인으로서 공권력과 시민 사이의 매개적 역할을 하여 심사의 공정성을
확보할 것이다.

로비가 합법화된다면 로비스트 또한 규범의 제도화가 필요하다. 지금
까지 뒷거래, 검은 로비를 하는 사람 등 부정적으로만 인식됐던 로비스
트는 지하에서 지상으로, 불법에서 합법 활동으로 이끌어질 것이며, 사
건이 발생한 후에 여기저기서 로비의혹 등의 설이 나돌고, 결국 사회적
으로 엄청난 파장을 일으켰던 사후통제 구조에서 사전감시체제로 바뀌
어야 할 것이다. 또한, 혈연, 지연, 학연 등의 연고관계에서 계약관계 즉
자유시장경제 원칙에 합치한 공정한 계약으로 활동이 이루어져야 한다.
로비스트를 아마추어에서 전문가로 육성하는 일도 필요하다. 뇌물 등
을 사용하는 브로커에서 경험과 교육을 받은 전문가의 영역으로 이끌
어 내는 것이 필요하다. 그러한 교육을 받은 로비스트들은 외국의 음성
적, 부정한 압력을 차단 혹은 노출하는 전문인으로서 국익을 보호하는
역할을 할 것이다. 2006년 9월 모 신문 정치면에 실린 모 당 소속 보좌
진 106명을 상대로 한 국회로비 실태 설문조사 결과에 따르면, 20% 정

도 영향을 받았다(48%), 40% 정도 영향을 받았다(33%), 60% 정도 영향을 받았다(8%), 전부 반영(1%), 영향을 받지 않았다(9%)로 조사됐다. 대 국회 로비스트의 직업으로는 전체의 96%가 소속기관, 단체의 대표 또는 직원이었으며, 의견전달방식은 직접 의원실을 방문하거나 전화·메일을 통한 의원실 접촉이 많았다. 또한, 응답자의 44%가 국회를 대상으로 정책결정과정이나 입법과정에 영향을 주기 위한 활동을 한 사람들(로비스트)로부터 사례·접대 ·향응을 제공받은 적이 있다고 답했다. 로비유형으로는 감사인사와 후원금 등 합법적인 사례가 전체의 85%였지만, 술 접대 등 향응제공(33%)이나 청탁 및 지인이나 고위층을 통한 외부압력(26%), 금품제공(29%) 등 음지에서 이뤄지는 일도 상당수 조사됐다. 이에 따라 당 보좌진 85%는 로비스트를 등록하게 하고 그 로비스트의 활동을 보고, 공개하는 것을 골자로 하는 '로비스트 공개법'이 필요하다거나 필요하되 시간이 필요하다고 응답했다. 하지만, 로비스트 제고가 법제화된다 하더라도 로비활동의 투명성이 보장될 것이라는 응답은 53%에 불과해 대국회 및 대정부 로비활동에 대한 국민의 인식전환이 시급한 것으로 나타났다. 로비스트에 대한 법 제도화 이후 로비스트가 새로운 직업이 된다면 어느 직업 출신이 가장 많이 전업할 것인가는 질문에 대해서는 법조인, 공무원, 국회의원보좌관, 정치인, 전문인, 언론인, 시민단체, 이익단체 순으로 응답했다.

3. 로비활동의 제도화 논쟁

로비로 인한 여러 가지 문제들이 제기되는 현 시점에서 로비활동 공개 및 제도화에 대한 의견으로 찬성의 입장과 반대의 입장이 대립한다. 먼저, 찬성의 입장은 로비활동의 공개와 책임은 입법적인 방식으로 행해져야 하는 것을 바탕으로 특히, 로비스트의 정의와 활동범주, 등록절차와 과정의 공개화에 대한 기준을 법적으로 명시함으로써 불법적인 로비활동을 근절시키자는 입장에서 제기한다. 이들이 주장하는 로비활동 공개 및 제도화에 의한 긍정적인 측면은 첫째, 의회와 행정부는 국가정책 결정과정에서 다양한 이해관계집단의 의견을 들을 수 있어 다양한 정보를 수집할 수 있고 또 집단의 입장에서는 자신의 이해나 의사를 합법적인 방법으로 입법이나 정책결정과정에 반영시킬 수 있는 통로를 확보하는 것이므로 서로에게 이롭다는 것이다.

둘째, 로비수요가 현실세계에서 끊이지 않고 존재하고 실제로 횡행한다면 이를 양성화하는 해결책이 필요하다는 것이다. 로비가 양성화되지 못한 상황에서는 특정 집단이 정책결정과정에 배타적 영향력을 행사할 위험성이 있으며, 이러한 이익편중 현상으로 인하여 정부정책에 대한 불신을 초래할 수 있기 때문이다. 따라서 로비를 양성화하는 대신 음성적 거래를 철저히 규제하는 법률을 제정함으로써 국민의 국가정책에 대한 신뢰를 회복할 수 있는 계기가 될 수 있다.

셋째, 로비스트등록제의 시행은 불법로비를 합법화시키는 수단이 아니라 국가정책결정과정을 공개화하고 투명화하는 수단이 될 수 있다고 주장한다.

이에 반해 부정적인 측면을 우려하는 반대 입장은 로비활동 관련 법제화는 불법적 로비행위를 합법적으로 보장하는 결과를 낳을 뿐이며, 현행법상 형법, 특정범죄가중처벌 등에 관한 법률, 변호사법 등이 불법로비를 금지 및 처벌하기 때문에 로비 관련 입법은 중복적 성격을 갖는다고 주장한다. 그들의 주장은

첫째, 정책결정과정을 무차별적인 로비의 대상으로,. 국가의 주요 정책결정이 로비의 희생물이 되게 할 수 있다.

둘째, 사회의 강력한 이익 집단들이 자신의 이익을 관철시키기 위하여 음성적인 거래라는 불법적인 수단을 여전히 사용할 수 있고, 독식할 가능성도 크다.

셋째, 다원적 사회구조에서 한 집단 또는 몇 개의 집단이 압도적이고 지배적인 지위를 이용하여 독점직인 이익을 관철하게 될 가능성이 있다. 결국, 로비스트를 인정해주면 현재의 불법로비를 합법화시켜 주는 효과밖에는 없다는 논리이다.

넷째, 미국은 의회의 권한이 커서 로비스트 등록제가 필요하지만, 한국은 의회보다 행정부의 권한이 더 커서 미국과 같이 의회에 등록기관을 둘 필요가 없고 미국식의 법제화도 필요 없다고 주장한다.

2006년 10월 한 경제신문의 로비관련 업무 종사 500명 설문조사에 따르면, 로비활동의 법제화에 대해 79.9%가 긍정적인 반응, 18.3%만이 부정적인 견해를 가지고 있었다. 로비활동 법제화의 기대효과에 대해선 68.1%가 '불법로비를 막는 데 효과적일 것', 이라고 답하지만, '효과가 없을 것'이라는 답변은 29.3%였다. 불법로비의 실태에 대해 '심각하다'는 의견이 67.9%로 '심각하지 않다'는 의견 23.7%보다 3배가량 높은 것으로 나타났다. 불법로비가 발생하는 주된 원인으로 '기업이나 이익단체의 무분별한 이윤 추구'를 꼽은 의견이 44.4%로 가장 많았다. 로비활동이 가장 활발한 기관에 대해선 예상대로 '정치권 (32.7%)', '기업체 (30.7%)'라는 응답이 가장 높았고, 주요 로비유형으로는 '금품 및 향응 제공(41.0%)', '청탁 및 외부압력(25%)', '이권 대가 지급 약속(12%)', 감사인사, 후원금 제공(12%), 기타·무응답(10%)으로 조사됐다.

불법로비 방지대책은 로비가 발생하는 지점, 즉 다양한 이익의 표현과 갈등을 사전에 조정하고 분쟁을 해소하는 절차를 사회적으로 정착하며 이익갈등을 조정하는 다양한 제도와 절차를 도입하는 것이다. 정부 각 부처 내에 산재하는 각종 중재·심의위원회들의 활성화, 효율화시켜 불법적인 로비 대신에 공정한 절차를 통해 이익을 반영시키는 과정이 정착되어야 한다. 이를 위해서는 각종의 중재, 심의위원회의 구성과 운영에 있어 전문성과 독립성을 강화하고, 공정한 참여와 개입을 보장하는 것이 급선무이며, 특히, 공청회나 청문회 등의 공개적인 의견진술과 주장개진의 절차를 제도적으로 활성화하는 방안이 필요하다. 사적인 이익을 추구하는 이익단체들의 로비활동에 대한 견제의 수단으로 공익적 시민단체의 역할을 활용하자는 의견도 제기되고 있다. 이들 공익단체가 특정계층이나 직종의 이해관계를 넘어서 공공선의 입장에서 사적 이익단체들의 활동을 비판하고 이들의 불법적인 로비활동을 감시하는 역할을 수행하는 데 기여할 수 있다는 것이다.

Chapter. 7

로비 합법화에 따른
논점사항

1. 로비활동 규제에 따른 쟁점들

로비활동에 관한 평가의 차이와 법적, 제도적 규제에 대한 찬반 논쟁이 계속되고 있으나 현재 한국사회와 같이 음성적이고 불법적인 로비로 인하여 정책결정과정이 투명하지 못하고 국민에게 신뢰를 얻지 못한 상황을 탈피하기 위하여 음성적인 로비활동을 양성화해야 한다는 견해가 주류를 이루고 있다. 그들의 주장대로 로비활동을 제도화하고 법제화할 경우 다음과 같은 사항들을 우선 고려해야 할 것이다.

(1) 로비스트의 규정

첫째, 로비스트는 독립로비스트, 소속로비스트, 로비스트 법인으로 분류할 수 있다. 독립로비스트는 어떤 단체나 조직에 고용됨이 없이 독립하여 금품 및 기타 대가를 받고 로비활동을 하는 사람이다. 소속로비스트는 어떤 단체나 조직에 소속되어 보수를 받으며 그 단체의 이익을 위해 로비 활동하는 것이고, 로비스트들이 모여 일정한 법인을 구성한 것을 로비스트 법인이라 할 것이다.

캐나다의 경우, 로비스트 등록법에서는 대가를 받고 다른 사람이나 조직을 대리하는 자가 로비활동을 하는 경우 그를 독립로비스트라 하며, 소속로비스트의 경우는 그 고용자의 영리성 여부에 따라 영리성을 띠는 경우 회사소속 로비스트, 영리성을 띠지 않는 경우는 비영리법인 소속 로비스트로 구분하고 있다. 이는 영리성을 띠지 않는 단체에 소속된 로비스트에 대하여 그 활동 범위를 넓게 인정함으로써 규제를 완화하고자 하는 취지로 보인다.

둘째, 로비스트의 등록 자격에 관련하여 우리나라는 일정한 업무에 종사하기 위해서는 일정한 자격을 갖추도록 하고, 이러한 자격을 갖추지 못한 자는 그 업무에 종사하지 못하도록 하는 것이 일반적인 법적 규제의 방식이다. 로비스트로 등록하기 위한 특별한 자격요건을 규정할 필요는 없으나 로비스트로 활동하기에 결격사유가 있는 사람을 규정하는 것이 좋다. 참고로, 미국은 누구나 될 수 있다.

셋째, 외국로비스트와 국내로비스트를 구분하여 입법화할 필요성이 있는가의 여부이다. 로비스트는 외국의 정부, 단체 또는 개인을 위한 로비활동을 하기도 한다. 외국을 위하여 활동하는 로비스트는 그 활동은 외국의 이익을 위하는 것이지만, 외국이 자기 나라 사람을 로비스트로 고용하여 자국의 이익을 위하여 활동하는 것은 금지되어야 한다는 견해 유력하다. 미국의 경우 외국대리인 등록법도 로비스트는 반드시 미국인이어야 하도록 하고 있다. 이는 외국인 로비스트들의 활동을 허용하면 국내의 입법과정과 정책결정과정을 외국의 영향권 하에 들어가는 것을 방지하기 위해서이다. 따라서 우리나라도 로비활동을 규제하는 법률에 있어서 로비스트는 반드시 우리 국적을 가진 국민이어야 한다는 내국인 전제가 필요할 것 같다. 즉 "대한민국 국민이 아닌 자는 로비스트로 등록할 수 없다."라는 제약조건을 명시하는 방식을 생각해 볼 수 있겠다.

로비의 핵심은 대상 법안의 통과 또는 저지를 위하여 법안의 내용이 국가와 사회의 발전을 위하여 필요하거나 또는 필요 없다는 사실을 입법과정에 참여하여 일정한 영향력을 행사하는 인적 주체에게 주지시키는 것이며, 로비를 통하여 달성하고자 하는 목표가 보다 보편적이고 합리적이며, 국가를 위해서나 결정과정에 참여하는 주체를 위하여 바람직하다는 것을 납득하게 하는 것이다.

(2) 로비활동의 범주

로비활동 공개를 제도화함에 있어서 로비스트가 활동할 수 있는 영역을 어디까지 인정할 것인가 하는 것은 중요한 쟁점이다. 기능적 범위에서 본다면 정책입안과정, 정책결정과정 및 정책입법과정 등에서 어디까지 허용할 것인가 하는 문제이다. 국가의 경제규모와 재정능력에 따라 어떤 정책을 언제 어떠한 방향으로 시행할 것인가 하는 것을 결정하는 정책입안과 정책결정은 로비의 대상에서 제외되어야 할 것이다. 그러나 결정된 정책을 어떻게 시행할 것인가에 이해관계를 갖는 사적 이익 집단 등의 로비를 허용할 수 있을 것이다.

조직적 범위에서 본다면 입법부, 행정부, 지방자치단체 및 공공관계 등에서 어디까지 허용할 것인가 하는 문제이기도 하다. 미국에서는 로비활동이 의회에 집중되어 있다. 우리나라에서는 로비활동이 법률을 구체화하고 집행하는 행정부에 집중될 가능성이 존재한다. 즉 행정부에 대하여 로비를 인정하게 되면, 특정 업무를 수행하는 특정인에 대하여 다수의 로비가 업무담당자에 대한 직접적 로비, 음성적 금전거래 등 다양한 방법으로 집중되는 것을 허용하는 것이 되고, 이는 중립적인 차원에서 국가정책을 수립하고 이행하는 행정부와 그 구성원이 사적 이익을 임의적으로 추구하게 하는 형태로 변경하여 국가적 정책의 객관적 추진을 사실상 포기하게 되는 결과를 가져오게 된다. 따라서 행정부에 대한 로비를 허용해서는 안 된다는 것이 로비 합법화 반대론자의 입장이다.

입법과정에서 로비활동은 이해관계 조정이 행해질 수 있는 법률안의 심의과정에서는 있을 수 있지만, 국가적 차원에서 행정부에서 기초 되는 법률안 준비과정에 대하여는 로비를 허용하여서는 안 될 것이다. 그러나 현재로선 행정부에 대한 로비를 차단할 수 있는 방법은 만약 로비법안이 그 범위를 국회의 입법과정을 중심으로 하는 로비활동에 대한 규제로 한정하는 한, 지금과 같이 형법상의 뇌물공여죄, 알선수뢰죄, 변호사법, 특정범죄가중처벌 등에 관한 법률, 특정경제가중처벌 등에 관한 법률 등에 의해 규제하는 방법밖에는 없을 것으로 보인다는 견해다.

공익 분야의 로비활동은 로비 본연의 활동일 뿐만 아니라, 어떠한 과정을 거쳐서 어떠한 내용의 법률이 성립되는가를 알 수 있게 한다는 점에서 로비활동이 음성적 금전거래로 전환되는 것을 예방하고, 입법과정에 대한 국민의 감시를 강화할 수 있는 측면을 가지며, 나아가 국민에 대한 정치교육의 장이 될 수 있으므로 주요한 로비 대상이 될 수 있다. 그러나 허용되는 공익분야에 있어서 로비활동은 엄밀하게 규정하여야 한다. 예를 들어 국회의원에게 지원 연설을 부탁하면서 거액의 사례금을 지급하거나 또는 국회의원으로 하여금 특정 법안내용의 단점을 은폐하고 장점만을 강조하도록 부탁했다고 하자. 그 사례로 돈을 지급하거나 아니면 쟁점이 되는 사항에 관하여 선거구민의 관심을 유도한다는 명목으로 자금을 동원하여 국회의원과 선거구민과의 결합을 주선하는 등 대부분의 옳지 못한 로비활동을 은폐한 채, 극히 일부분의 로비활동만을 공개한다면, 공익 부분에 음성적인 금전거래인 불법 로비를 합법화하는 양 보이고 음성적 거래에 면죄부를 부여하는 역할을 하는 셈이 된다. 따라서 공익에 관계되는 로비활동은 엄밀하게 규정되어야 할 것이다.

(3) 로비스트의 등록 및 관할 부처

로비스트의 등록을 어디에 할 것인가 하는 문제는 로비활동을 하고자 하는 자를 어디에서 규제할 것인가의 문제이다. 이는 또, 로비활동에 관한 법률을 어느 기관이 관장하여, 법률의 제정과 개정 및 운영을 책임져야 하는가 하는 문제와 연결된다. 로비활동을 규제하는 법률의 핵심은 합법적인 로비활동을 통하여 투명한 입법과정이 달성될 수 있는가 하는 것이다.

로비활동에 대한 규제를 음성적 거래의 예방이란 차원, 즉 부패방지란 차원에서 본다면, 로비스트의 등록은 국가청렴위원에서 담당해야 할 것이다. 그리고 규제법에 있어서 불법적 로비활동에 대한 조사와 처벌을 핵심으로 삼는다면, 법무부에서 담당해야 할 것이다. 또한, 로비활동에 대한 규제를 정치과정, 특히 입법과정의 투명성이란 차원에서 본다면, 국회사무처 담당해야 할 것이다.

참고로 미국의 로비활동공개법에서는 로비스트의 등록을 의회사무처에 하도록 하지만, 로비스트가 로비활동공개법을 위반한 경우에는 컬럼비아특별구 검찰총장에게 이 사실을 통지하도록 하여 불법적 로비활동의 조사와 처벌에 대한 권한은 법무부에 두고 있다.

2006년 10월 한 신문의 여론조사에 따르면, 기업체 협회 국회 정부부처 사회단체 등 대외업무 종사자 500명을 대상으로 실시한 조사에서, 로비스트 등록에 적합한 기관으로 국가청렴위원회(34.1%), 법무부(24.5%), 국회사무처(9.6%), 기타기관(21.3%) 순으로 조사됐다. 이 같은 결과는 불법로비를 근절하기 위해선 부패문제를 전담하는 국가청렴위가 보다 적극적인 역할을 해야 한다는 기대감을 나타낸 것이라 볼 수 있다.

로비스트 등록에 관하여 고려돼야 할 점은 로비스트가 변호사나 법무사와 같이 자격의 제한이 있는 것이 아니라 누구나 그 업무를 수행할 수 있으므로 등록결격사유를 규정해야 한다. 예를 들어 미국의 경우, 결격사유 외에 소위 '회전문 현상'에 대한 규제가 엄격하다. 우리나라의 경우, '회전문 현상'을 규제하기 위한 내용은 참고로, 현행 공직자 윤리법에서 각 부처의 업무에 따라 일정 직급 이상의 공무원은(예를 들면 법무부, 감사원 및 세무공무원은 7급 이상, 경찰은 경정 이상, 일반 공무원은 5급 이상) 퇴직 후 2년 이내에는 퇴직 전 3년 이내에 소속되어 있던 부서와 밀접한 관련이 있는 자본금 50억 이상이며 외형 거래액 150억 이상의 영리사기업에 취업할 수 없도록 하고 있다 (공직자 윤리법 제17조, 동 시행령 제3조 및 31조 내지 33조).

따라서 회전문 현상을 차단하기 위해서는 "국회의원, 국회의원 보조 직원, 전문 위원·수석전문위원 등은 퇴임 후 2년이 경과하지 아니하면 로비스트로 등록할 수 없다."라고 하는 조문을 두는 방법이 있겠다.

참고로, 2005년 4월 25일 자 모 신문에 게재된 전직 관료의 법무·회계법인 취업규제 비교에 따르면, 전직 고위관료와 금융감독원 출신 금융인이 법무법인이나 회계법인의 고문으로 취업하는 사례에 있어 한국은 '고문취임'이 위법은 아니나 법이나 협회 회칙 등에 신분 규정 없어 논란이 되며, 미국은 허용한다고 되어 있다. '임원취임' 부분에선 한국은 법 또는 회칙으로 금지되어 있으며 미국은 허용된다. '일거리 수임'은 한국은 법으로 금지되며, 미국은 제한이 많지 않다. 직원 신분으로는 한국은 변호사, 회계사 외에는 직위 관계없이 사무직원만 허용하며 미국은 자문역, 임원 등으로 등록 가능하다.

(4) 로비활동규제의 시행과 처벌

로비스트가 불법적 로비활동을 한 경우에는 엄격하게 처벌해야 할 것이다. 불법적 로비활동의 예는 결격사유가 있는 사람이 로비스트로 등록을 한 경우, 등록을 하지 않고 로비활동을 한 경우, 법령상 금지된 로비활동을 행한 경우, 로비활동의 비용을 신고하지 않은 경우 및 로비활동의 비용을 허위로 신고한 경우 등이 있다. 이외에도 회계장부 및 활동기록의 비치, 보존, 제출의무위반행위, 허위장부작성, 비밀누설, 관계공무원의 조사활동방해, 이중대리활동 등에 대한 처벌이 필요할 것이다.

참고로, 미국의 로비활동공개법은 로비스트가 법률의 규정을 준수하지 않은 때에는 50,000불 이하의 민사처벌에 처하고, 유죄의 판결을 받은 자는 유죄의 판결을 받은 날로부터 3년 동안 로비스트로서의 활동이 금지된다.

(5) 해외로비의 공개문제

외국의 이익을 위해 국내에서 행하는 모든 로비도 당연히 공개되어야 할 것이다. 로비 행위가 비단 국내 이익집단과 정부 사이의 관계에서만 이루어지는 것이 아니라, 자국에 유리한 정책결정을 위해 외국의 정책결정에 영향을 미치고자 하는 활동까지 포함하기 때문이다.

2. 제도화를 위한 법률

(1) 로비스트 제도화를 위한 법률

로비 공개법 제정과 관련하여, 지난해 국가청렴위원회는 전문가의 연구결과를 검토하는 한편, 지난해 5월에는 이에 관한 대안 마련을 위한 토론회를 개최했다. 법무부에서는 전문가들의 의견을 모아 대안을 검토하고 있다고 한다.

가까운 미래에 로비 공개법이 제정될 경우, 로비스트 제도화를 위해서는 첫째, 로비스트 법률의 제정에 관한 논의가 필요하다. 등록제를 통하여 국회와 국민에게 로비의 동기와 목적, 활동 내역을 공개하고, 국가청렴위원회, 감사원, 법무부 간에 로비활동 자료 통고, 로비스트의 종류(로비대리인, 로비법인 등), 비 자격(외국인 외국법인, 금치산자, 실정법 위반자, 등록 취소자 등) 요건 규정과 처벌 규정을 만들어야 한다. 참고로, 국제 반부패 NGO인 '국제두명성기구('TI)'가 지난 2007년 9월에 발표한 '2007년 부패인식지수'에서 한국은 10점 만점에 5.1점으로, 조사대상 180개국 가운데 43위를 차지했다. 사회가 전반적으로 깨끗한 정도라고 평가받을 수 있는 수준인 7점대와는 거리가 멀 뿐만 아니라, OECD 30개국의 평균인 7.18에도 한참 떨어지는 수준이다. (OECD 30개국 중 한국이 25위이다.) 우리나라는 아시아, 태평양 국가 중에 8번째에 머무르고 있다. 뉴질랜드 (9.4, 1위), 싱가포르(9.3, 4위), 호주 (8.6, 11위), 홍콩(8.3, 14위), 일본 (7.5, 17위), 마카오(5.7, 34위), 대만(5.7, 34위) 등이 우리보다 앞서고 있다. 특히 일본과는 2.4점 차이로, 조사 결과의 분석에 따르면 지난 13년간이나 그 격차를 거의 좁히지 못하고 있다. 여전히 우리 사회는 부패를 방지하고 투명사회를 나아가는 시스템이 부족한 실정이다.

둘째, 공직자 윤리법이 강화되어야 한다. 회전문 현상 방지 즉 공식자들이 퇴직 후 관련이익집단의 채용이나, 로비스트로서의 활동 금지 혹은 정지와 관련된 범위와 제한 강화가 필요하다.

셋째, 로비스트의 윤리규범이 제정되어야 한다. 윤리규범으로는 진실정보 제공의무, 법규범 준수의무, 전문성 유지와 교육, 과대선전 및 이중 계약 금지, 상대방 비방금지, 고객에 대한 성실과 노력 의무, 비밀유지의무, 국가기관에 성실한 정보제공 의무 등이 있을 것이다.

(2) 로비스트 법률 추진 방안

로비스트 법률을 추진하는 데 있어서는 점진적 접근이 필요하다. 국회, 중앙 행정부, 공기업, 지방자치단체를 단계적으로 실시하여 시행착오 최소화와 제도화 준비기간을 충분히 갖는 것이 좋다. 로비스트의 자격으로는 외국인, 외국법인의 로비스트를 제한하고, 내국인 혹은 내국법인과 합작투자의 경우의 제한 여부를 고려해야 하며 국제법(WTO 등)과 국익의 조화가 필요할 것이다. 무자격자로는 금치산자, 실정법 위반자, 등록취소자 등이 될 것이다. 로비스트 혹은 컨설턴트의 협회 조직은 자체 정화 활동과 교육훈련 등을 실시하고 국회공보 혹은 관보를 통한 정기적(연 1회 혹은 2회) 공개를 해야 할 것이다.

'로비스트' 특집 – 한국경제, 2006.10.31

3. 제도화를 위한 노력

로비제도는 다양한 사회집단이 국가의 의사결정에 영향을 미칠 수 있는 제도적 장치이며 이익집단의 정치적 발언의 제도화 또는 합법화 과정이다. 따라서 로비의 음성화와 이를 조장하는 원인을 해결하는 방법은 로비활동이 정상적, 공개적으로 이루어지고 긍정적인 측면이 최대화될 수 있는 방식으로 로비활동을 합법화 제도화하는 것이다. 로비의 제도화를 위해 극복해야 하는 점은 로비활동에 대한 국민의 부정적 인식을 전환시키고, 로비활동 공개 또는 규제의 공공성을 확보해야 한다. 로비활동이 음성적인 거래를 합법화하기 위한 도구로 사용되지 말아야 하며 지배적인 이익집단의 독점적 지위를 확보하기 위한 수단으로 전락되는 것도 방지해야 한다. 이를 위해 로비제도를 법제화함에 있어서 입법과정에 이익집단의 의견이 반영될 수 있는 방법이 다각도로 보장되면서도 법률이 사적 이익집단의 전유물이 되지 않도록 로비활동의 대상과 방식에 대하여 상세한 규율이 필요할 것이다. 덧붙여, 로비의 대상과 범위에 대한 엄밀한 연구 또한 필요하다.

미국과 정치문화가 다르고 특히 의회의 기능적 역할이 취약한 우리나라에 미국식의 로비제도를 여과 없이 도입하는 데에는 한계가 존재할 것이므로 충분히 검토한 후 우리나라 현실에 적합한 제도화 방안을 모색해야 한다. 이는 구체적이고 실효성 있는 법안을 마련하고 도입하는 전기를 마련하는 데 반드시 필요한 과정이다. 또한, 우리나라 로비의 음성화에 대한 제도적, 행태적 원인과 그로 인한 정책결정과정의 왜곡을 분석하고, 음성적 로비를 투명화하는 제도적 방안을 검토해야 한다. 외국의 로비제도 사례를 비교 연구하여 보다 실효성 있는 법안을 마련하고 부작용을 최소화할 수 있는 대책 준비도 필요할 것이다.

2006년 국회에서 열린 토론회 포스터. 필자는 토론자로 참석

7장, 8장은 2006년 8월 30일 국회에서 실시한 제3차 토론회 '로비스트에 도전하라'에서 발표된 내용("로비제도 정착 및 법제화 간담회 토론자료", 국경복(NABO 예산분석 실장), "로비활동 제도화의 쟁점 연구", 이정희(한국외국어대 정치외교학과 교수), "로비의 법제화", 조승민("로비의 제도화" 저자)을 참조했음을 밝혀둔다.

4. '김영란법'과 로비활동 양성화

원래, '김영란 법'의 태동 동기는 2010년 판사 출신 변호사가 내연의 관계에 있던 여검사에게 벤츠 승용차를 선물한 데서 기인했다. 이 사건은 결국 대법원에서 대가성이 없고 단순히 사랑해서였다고 결론이 났으나, 뻔히 아는 사실이기에 일반 대중의 공분을 샀다. 2013년 대법관 출신으로 당시 국민 권익위원장이던 김영란 변호사(현재 서강대 법률대학원 석좌교수)가 고질적인 부정 부패방지를 위해 주도한 법안이다. 우리나라의 '접대문화'는 지난 2016년 9월 28일을 기점으로 확연히 바뀌고 있다. 「부정청탁 및 금품 등 수수의 금지에 관한 법률(Act on Prohibition of Illegal Requests and Bribes: 김영란 법)」이 지향하는 바는 부정부패를 근절하고 청렴 사회 선진조국을 건설하자는 것이다. 그러나 만나서 소주 한잔 함께하며 서로의 애로사항을 얘기하고 상부상조하던 정겹던 전통은 점점 사라지고, 사회가 맑아진다고는 하나 더 건조하고 각박해지지 않을까 걱정된다. 일찍 퇴근하여 책도 읽고 가족과 오붓한 '저녁이 있는 삶'도 좋지만, 가까운 친지와 '정겨운 점심'조차 마음 편히 먹지 못하는 사회가 되지 않을까? 하기야 아침에 눈 뜨면 뇌물수수, 전관예우, 부정청탁, 게이트, 불법로비 등 하루도 불쾌한 소

식이 없는 날이 없다. 오죽해야 부패순위가 경제개발선진국(OECD) 34
개국 중 27위라니 무슨 대책이 필요하긴 하다. 싱가포르가 1965년 말
레이시아 연방에서 독립하며 맨 처음 내세운 것이 부패 척결이었으며,
그 덕에 현재 일 인당 국민소득이 거의 6만 불에 이르니, 이는 청렴성이
높은 국가는 뇌물로 인한 사회적 비용보다 투명성에 따른 경제적 효율
이 훨씬 크다는 좋은 예이다. 국민소득 2만 불을 넘어선 지 10년이 지
났지만, 아직도 3만 불 턱밑에서 헤매고 있는 우리로서는 가히 타산지석
(他山之石)이다.

그런데 이제 막 시행된 '김영란 법'을 두고 정작 중요한 사실을 간과하
고 있는 것 같아 안타깝다. 이 법은 당연히 가진 사람 즉 권력이 있거나
특수한 위치에 있는 사람들의 '갑'질과 횡포를 막는 것이어야지, 일반 서
민들의 억울한 사정을 전달하는 데 불편을 주자는 취지는 아닐 것이다.
그런데 정작 국민의 정당한 청원은 어떻게 하는 것이 억울한 사람이 없
게 하고 사회를 맑게 한다는 것에 대한 진지한 논의가 없다는 것이다.
고작, 규정과 처벌만 강조하다 보니 엉뚱하게도 '파파라치' 학원 수강 신
청자가 넘치는 기이한 현상이 일어나고 있다. 게다가 청원은 특정 집단,
즉 오직 국회의원이나 선출직 공직자와 시민 단체 등만 한다고 하니, 이
는 조금 지나치게 표현하면 손바닥으로 하늘을 가리는 격이다. 법적으
로 인준된 그들이 청원 내용에 대해 얼마나 전문적 지식이 있으며 어떤
방법으로 어떻게 전달한다는 말인가? 아니면 근래, 어떤 법률회사에서
정부 공직자들을 모아 놓고 '김영란 법' 시행을 해설하는 시간에, 아예
누구도 만나지 말고 어떤 부탁도 들어주지 말라고 조언했다니 한심한 일

이다. 이는 공직자가 어떤 사안에 대해서 전문적 지식을 충분히 갖추고 그 이후 미칠 영향에 대해서도 예측 가능해야 하는데, 우리나라 공직자들이 모두 그렇게 전지전능하다면 얼마나 좋을까?

이쯤에서 필자는 부정부패의 척결, 즉 '김영란 법'의 효율적 실행을 위해 완벽하지는 않지만, 미국 유럽 등 선진국에서 제도화하고 있는 로비제도의 양성화가 필요하다고 제안한다. 로비제도가 양성화되어 로비스트들이 공개적으로 활동하면 특수층뿐만 아니라 일반 서민들도 자기 이익을 표출할 수 있는 합법적 통로가 생기는 셈이다. 우리는 '어떻게(How)'든지 자기에게 이로운 것은 얻고, 해로운 것은 피하고자 한다. 그렇게 하기 위해 '누가(Who)' 도움이 될까를 생각한다. 여기서, 이 '어떻게'가 넓은 의미의 '로비(Lobby)'이며, 이들을 바르고 떳떳하게 도와주는 '누구'가 바로 '로비스트(Lobbist)'이다. 어차피 정책 입안자나 집행자가 모든 일에 다 통달할 수는 없다. 그러므로 그들에게 전문적 지식이나 자료를 투명하고 정당한 방법으로 제공해주면 결정은 그들의 몫이다. 물론, 우리나라 국민들 70% 이상 대다수가 부정부패는 근절해야 하지만, 로비제도의 양성화는 오히려 힘 있는 자들의 '갑'질을 정당화하는 것이라고 반대하는 형국이다. 그러나 이는 그동안 우리 언론이나 사회가 마치 부당한 거래와 로비를 동일시한 결과이다. 사실 이미 우리나라에서 세속적 의미의 로비는 행해지고 있다. 그 예로, 여의도 국회 주변에 평균 200명 이상의 대관 업무자들, 소위 로비스트들이 상주하고 있다. 웬만한 기업의 기획조종실, 미래전략 기획실, 그리고 지방자치단체들 서울 연락사무소 등의 주 업무는 예산을 한 푼이라도 더 따내고, 자기네한테 유리한 규정을 만들려고 부탁하고 청원하는 것이다. 즉, 이미 어떤 의미에서든 '음성로비'는 만연하고 있으며, 이들이 바로 부정부패의 단초가 될 수도 있다는 것이다. 이미 10여 년 전부터 국회에는 이런 음성로비의 폐해를 근절시키기 위한 로비제도 양성화 법안이 여러 차례 발의된 바 있으나, 번번이 상임위인 법제 사법위원회조차 통과하지 못했다. 그 이유 중 하나는 현재 규정에 의하면 변호사만이 의뢰인을 대신해서 청원 사항을 소위 법률자문이라는 명목으로 관계기관을 만나 부탁할 수 있다. 따라서 법조인 출신이 다수인 상임위 의원들이 '자기 밥그릇 지키기' 때문에도 찬성하지 않을 개연성이 다분하다는 것이다. 원래, 로비제도는 1956년 미국 수정헌법 제2조에 명시된 국민의 권리, 즉 청원권(The Right of Petition)을 보장하자는 취지이며, 그 시행을 위해 다른 사람의 이익을 대변하는 로비스트는 의회에 등록하고 제반 활동, 즉 의뢰인, 의뢰금액, 경비, 누구를 만나 무슨 얘기를 했는지 등을 아주 투명하고 세세하게 정기적으로 보고하게 되어 있다. 이를 어겼을 때는 상응하는 처벌을 받게 되어 있다. 물론, 선진국의 규정을 그대로 옮겨오자는 얘기는 아니다. 우리 실정에 맞게 다듬어서 억울한 사람이 없는 정의로운 사회가 돼야 애국심도 강해진다. 국민 각자가 원하는 바가 정당하고 투명하게 처리되는 청렴 사회가 되기 위해서도 로비스트의 활동은 양성화되어야 한다.

로비스트 양성화 강의(Global Learders Club) 2016. 11. 19.

2016년 9월 28일 수요일 제7205호 문화일보

時論

이용식
논설주간

김영란법보다 중한 것들

지난 9월 28일은 서울 수재 기념일이다. 우연이지만 김영란법 시행이 또하나의 의미가 보태졌다. 반(反)부패 차원에서는 금융실명제(1993년 8월 12일 시행)와 쌍벽을 이루게 됐다. 왼쪽 사회학자인 송복 교수는 한국 사회의 문제점을 탁월하게 분석한 저서 '특혜와 책임'에서 상층을 '누라이(고위지층)'와 '뉴리치(자본가층)'로 나눴다. 금융실명제가 뉴리치의 축적의 탈제 등 경제적 부정을 규율했다면, 김영란법은 뉴라이의 결탁과 갑질 등 사회적 일탈을 타깃으로 한다. 따라서 김영란법까지 안착하면 국가 첫걸음도 그걸음이 될 것이다.

문제는 두 가지다. 하나는 당장 소의 목적을 달성할 수 있을지다. 다른 하나는 새로운 가치관과 시스템 정립으로 이어질지 여부다. 이런 걱정을 하는 이유는 목적이 선(善)하다고 결과까지 자동으로 그렇게 되는 것은 아니기 때문이다. 게다가 김영란법이 추구하는 가치는 최고하지만 대한일에서는 허점이 많다. 금융실명제는 개념으로 내용까지 명쾌함에도 준비에서 시행에 10년 이상 걸렸다. 1982년 장영자·이철희 사건을 계기

로 논의되기 시작된 그해 말 실명제법 제정(실시는 유보), 1983년 실명 인적버트 및 비실명 자동 과세, 1988년 전면 실시 예고와 1990년 유보 조치를 거쳐 1993년 김영삼 대통령의 긴급 재정경제명령 형식으로 전격 시행에 들어섰다.

반부패 제도화의 역사는 20년 가깝지만 준비는 제대로 이뤄지지 못했다. 1997년 외환위기를 계기로 글로벌 스탠더드 자원에서 본격 거론되고, 김대중정부 시절이던 2001

금융실명제와 함께 反부패 양축
세월호 참사 계기로 졸속 立法
디테일 허점 많아 보완 불가피

년 공직자들을 대상으로 한 부패방지법이 제정됐으며, 2002년 부패방지위원회가 출범했다. 그러나 실효성은 없었다. 전직 검찰총장 등이 관련된 첫 해부터 흐지부지되고 말았다. 노무현정부의 국가청렴위원회, 이명박정부의 국민권익위원회로 바뀌면서 반부패 기능은 뒷걸음질 쳤다. 그러다 급기야 2014년 세월호 사건 분위기에서 '졸속 입법'이 이뤄졌다. 그런 만큼 차분하게 시행하면서 변경 오류도 시정해 나가야 한다.

그런데 벌써 건지팔월(1월월23月) 조짐이 보인다. 김영란법 규정에 대한 기계적 확대 해석으로인 껄끄럼을 피우기 위한 규제 인자가 쏟아지고 있다. 비근한 예로, 공익 재단는 앞다투어 해외 연수 프로그램까지 '부정 청탁'으로 규정하는 경우도 있다. 뒷돈 사정이 졸아나리면 혁명적 집근이 필요할지 모른다. 그러나 최종 지향이 '공정자 등'의 행위 규제 자체가 아니라 믿음과 신뢰라는 사회적 자본을 쌓는 것임을

거대한 규제 그칠 땐 見指忘月
로비와 특권 양성화 서두르고
절대 비용으로 전문가 키워야

잊어서는 안 된다. 방향성을 잃고 규제 관련만 휘두르게 되면 미국 '금구법'의 실패를 되풀이할 수 있다. 이를 따라잡아 최소한 다음의 다섯 가지를 병행·보완해야 한다.

첫째, '로비의 제도화'가 필요하다. 청탁과 실명의 경계가 모호하기 때문이다. 당사자의 직접 청탁은 허용되기 때문에 대놓고하지도 못할 모르는 예기다. 신기술을 개발한 기업인들이 관련 기관 승인을 받기 위해 얼마나 힘겨운 노력을 하는지 들어보라.

첫째, 1천 야마하지 말고 '특권의 양성화' 틀 밝아들여야 한다. 고가의 특권 구매를 허용하고, 그 비용의 해택이 모두에게 돌아가도록 해야 된다. 역자로 말로면 해외 탐출이나 편법이 판치게 된다. 셋째, '규제의 서순화'를 장려해야 한다. 한국 사회에서 상거는 연줄문화 등 부정적 측면도 없지 않았지만 역동성을 높이는 역할도 해왔다. 최근에는 토픈이나 강의 모임 등 긍정적 네트워크도 많아지고 있다. '신뢰T+(진실성C+확실성R+진밀성I)/이기주의S'라는 신뢰 방정식이 있다. 김영란법이 친밀(intimacy)의 순기능을 죽이지 않게 봐야 한다. 넷째, '신뢰의 화오의 전환'을 서둘러야 한다. 잡다에 들어 갖간 비용과 에너지를 전문가들에게 투입하게 활 시스템 전환이 시급하다.

마지막으로 가장 중요한 것이 '노블레스 오블리주'가 뿌리내리게 하는 일이다. 송 교수의 냉철한 분석처럼 불명히도 아직 그런 전통이 없다. 징문회이다 병역 회피, 탈세, 위장 전입 문제가 나온다. 말해가는 회사에서 자기 몫만 빼돌리고, 세월호 선장처럼 나쁜 기업주도 팽친다. 특권충의 '고귀한 의무'가 정착되지 못하면 김영란법을 수십게 만들어도 사상누각일 뿐이다. 부패 척결에 실패한 나라들은 제도가 없어 그렇게 된 것이 아니다. 국민 모두의 각성과 노력이 필요하다.

"김영란법보다 중한 것들" – 문화일보 이용식 논설주간, 2016. 9. 28.

Chapter. 8

총정리

옛날에, 도둑질에 그야말로 세상에서 둘째 가라면 서러운 도둑이 있었다. 어찌나 도둑질을 잘하는지 절대로 발각되거나 잡히는 법이 없었다. 그 아들이 아버지의 비상한 재주를 전수받고자 졸라도 아버지는 가르쳐 주지 않았다. 아마, 아버지 입장에서 아무리 재물을 많이 구할 수 있다 해도 아들마저 천하의 도둑으로 만들고 싶지는 않았던 모양이다. 그러나 아들의 끈질긴 요구를 뿌리치지 못하고 하루는 늦은 밤에 아들을 데리고 고관대작의 집으로 도둑질을 나갔다. 창고에 들어가 한창 금은보화를 자루에 넣던 중 갑자기 아버지가 "도둑이야!" 하고 소리를 지르고 혼자 도망갔다. 한창 도둑질에 정신이 팔려 있던 아들은 "아니, 한 수 가르쳐 준다더니 이럴 수가 있느냐?"라며 도둑질하던 자루를 팽개치고 뒤따라 줄행랑을 쳤다. 이쪽저쪽에서 사람들이 몰려나와 위기에 처하니 바로 앞에 우물이 있어 임기응변으로 두레박으로 물을 길어 올리는 척했다. 사람들이 달려와 "여기 도둑놈 지나가는 것 보지 못했느냐?"라고 해서 못 보았다고 하여 간신히 위기를 넘기고 집으로 돌아왔다. 그리고 아버지를 보고 대뜸 세상에 아버지가 그러실 수가 있느냐고 원망하니 아버지 왈 "백 마디 말보다 한 번의 경험이 더 중요하다."라고 했다고 한다.

필자가, 이 이야기를 예로 드는 것은 로비 활동이나 요사이 한창 대두되는 국가 간 협상 등도 각 현안이나 사안마다 모두 내용, 상대해야 될 인물, 시대적 상황, 장소들 즉 가변적인 요소가 너무 많아 "딱 이거다." 하고 명쾌하게 단언할 수는 없다는 것이다. 즉 많은 경험을 토대로 경우에 수에 따라 방법을 찾고 전략과 전술을 세워야 할 것이다.

그러면, 나름대로 최근의 상황과 비교해보며, 이제까지의 내용을 간략하게 정리해보고자 한다.

1. 로비 스캔들

2005년 우리나라를 발칵 뒤집어 놓은 소위 '바다이야기' 사건은 그 상황이 어쩌면 2006년 초 미국에서 발생한 '아브라 모프' 스캔들이라는 사건과 흡사하다. 내용은 잭 아브라 모프라는 로비스트가 한 인디안 부족으로부터 거액의 로비 수임료를 받고 다른 경쟁부족들의 카지노 도박장 허가를 막는 로비를 펼친 사건이다. 그는 이 돈을 부시 대통령을 비롯한 공화당 수뇌부와 정치권에 뿌렸다는 것이다. 잭 아브라모프는 한때 워싱턴 최고의 로비스트로 불렸던 인물이다. 아프리카 가봉 대통령과 조지 W 부시 미 대통령 간 정상회담, 회계부정 스캔들에 휘말린 타이코 인터내셔널 등과 관련한 전방위 로비를 벌이다 처벌받았다. 그가 의원들에게 제공한 선물은 선거 후원금, 스포츠 경기 관람권, 취직 알선에서부터 고급 레스토랑 공짜 식사, 부부골프 여행까지 다양했다. 이와 관련, 10여 명의 거물급 의원이 검찰의 수사를 받았으며, 그 여파로 로비스트들의 활동을 규제해야 한다는 여론이 높아졌다.

앞에서도 언급했듯이, 미국의 로비제도는 1789년에 채택한 수정헌법 1조에 보장하고 있는 청원권적 성격 즉, 누구나 자신의 입장과 권리를 자유롭게 표현할 수 있다는 데 기초한다. 사실 미국에서 가장 크고 영향력 있는 로비단체는 미국 총기 협회(National Rifle Association)이다. 그 예로, 미국에는 총포점이 주유소보다 많아 총기 사고가 많던 90년대 초에는 3년간 총기사고로 죽은 자가 60,000명 이상이며 이는 7년간의 베트남 전쟁 사상자 58,000명보다도 많다고 한다. 그런데도 총기 소유 금지법을 통과시키지 못하는 것은 헌법수정조항 2조에 모든 국민은 자신을 방어하기 위해 무기를 소유할 수 있다는 조항에 근거한 NRA의 로비 때문이다.

2. 로비스트

(1) 로비스트의 부정적 시각

물론, 로비스트를 부정적으로 말할 때, 연줄과 영향력을 자본으로 하는 장사꾼, 아무리 작은 틈이라도 놓치지 않으며 이기려고 모든 방법을 동원하는 수단 꾼, 그리고 절대로 승리를 축하하는 파티에는 가지 않는 기회 꾼이며 목적을 달성하기 위해 흔히 3B 즉 뇌물(Bribe), 술(Boose 독한 술) 여자(Broads 미국 속어로 매춘부) 등을 전술적으로 사용하는 모사꾼 등으로 묘사하며, 조금 좋은 시각으로 본다 해도 일종의 '정치 브로커' 쯤으로 치부한다. 또 어떤 사람들은 로비를 불륜에 비유하며 드러나면 스캔들이고 그렇지 않으면 로맨스라고 혹평하기도 한다. 또한, 최근의 한 여론조사 결과를 보면 국민 가운데 76.8%는 로비활동이란, '정치권과 결탁하여 부정부패와 비리를 낳는 범죄행위'라는 인식을 가지고 있다. 반면, 로비가 '기업이나 단체의 이익을 정책에 반영하는 긍정적 활동'이라는 인식은 17.1%에 그쳤다. 로비스트법 제정에 대해서도 63.9%가 반대했고, 찬성하는 국민은 30.6%뿐이었다.

이런 부정적 시각에도 불구하고 100년 이상 로비제도를 유지하고 있는 미국에서조차도 로비는 현재의 민주주의 체제에 꼭 필요한 순기능을 가지고 있으므로 제도의 폐지가 아니라 어떻게 하면 더 투명하게 운영하느냐 하는 것이 여전히 과제로 남아있다.

(2) 미국 로비스트의 정의

미국의 로비스트 법안에는 로비스트를 "하나 또는 그 이상의 로비접촉을 행하는 일에 대하여 금전적 혹은 그 밖의 다른 보상을 전제로 고용되거나 의뢰받은 자로서, 그의 로비활동 시간이 고객을 위한 전체 서비스 활동 시간의 20% 이하를 구성하고 있는 자는 제외한다"라고 규정하고 있다.

현재 미국에서 꽤 유명한 로비스트로 활동하고 있는 필자의 친지는 유능한 로비스트란 의원들에게 향응을 베풀거나 뇌물을 주는 자가 아니라 정직하고 정확한 정보를 제공하는 자이며, 로비 활동을 제한하는 것은 헌법에 명시된 언론의 자유(The right of speech freedom)를 제한하는 것이라고 한다. 그는 자기의 의사를 표현하는데 스스로 하거나 아니면 누군가가 대변하는 것은 본질적으로 같은 것이며 이는 변호사나 대변인 등을 활용하는 것과 본질적으로 다를 바 없다고 하였다. 또한, 그는 로비제도를 법정의 변호사제도에 비유하였다. 즉 우리가 소송을 할 때 전문적인 지식과 기술을 가진 전문가의 도움을 받는 것이 훨씬 효율적이기 때문에 변호사를 고용하는 것처럼 변호사제도도 로비제도와 일맥상통한다는 것이다.

(3) 로비스트와 브로커의 차이점

우리가 흔히 혼동하기 쉬운 로비스트와 브로커의 차이를 간단히 기술하면 브로커(Broker)는 회사나 당사자들의 재정적 이익(Financial interest)을 위해 일하며, 거래가 성사됐을 때 수수료(Commission)나 성과급을 받으나, 로비스트(Lobbyist)는 당사들의 정치적 이익 (Political Interest)을 위해 일하며 어떤 경우에도 윤리위원회에 보고되고 공개된 액수(Lobbying Fee) 외에는 받을 수 없다. 이는 즉 성공이나 실패의 경우에 관계없다는 것이다. 따라서 성공사례금 등을 받게 되면 이것이 바로 뇌물이며 불법이 되는 것이다. 앞에서도 언급했지만, 현재 일 급 로비스트로 활동 중인 필자의 친지는 의회 등에서 의뢰인의 입장을 대변해주고 받는 수임료는 시간당 415불이며 2년간을 계약할 때는 월 약 20,000불을 받는다고 한다. 이는 보통 1급 변호사들과 비슷하며, 보다 발 넓은 로비스트는 연봉으로 약 300,000불쯤 받으며 전직 고관이나 의원은 년 2백만 불 이상을 받는다. 이에 반해, 로비스트가 법률의 규정을 준수하지 않은 때에는 미국의 로비활동공개법에 의해 50,000불 이하의 민사처벌에 처하고, 유죄의 판결을 받은 자는 유죄의 판결을 받은 날로부터 3년 동안 로비스트로서 활동이 금지되도록 되어 있다.

(4) 로비스트의 등록

미국에는 2005년 6월을 기준으로 약 3만 4,750명의 로비스트가 등록되어 있는데 그 중 60%는 로비가 자신의 전업이라고 생각하지 않는다. 어떤 이들은 변호사, 협회의 간부, 다른 사업 등을 하는 사람들이다. 예를 들어 콜로라도에는 약 500명의 로비스트가 등록되어 있으나 그 중 100명 정도만 이 의회 소집 기간에 활동하고, 뉴저지 주에는 600명 중 60-70명쯤만 실질적으로 활동한다. 그리고 등록 요건도 주마다 다르다. 예를 들어, 오리건 주 같은 경우는 신고만으로 등록이 가능하고, 아이다호 주 같은 경우는 신고와 더불어 10불의 연회비를 내야 한다.

3. 로비제도

(1) 로비제도의 필요성

사실 용어상의 문제이지 지금 말하는 로비라는 형태는 인류사회가 시작되면서부터 행해져 왔다. 즉 사람은 누구나 자기에게 이득이 되는 일에는 적극적이고 해로운 일은 피하려고 한다. 이것은 살아가는데 자연스럽고 당연한 행위인데 이것이 바로 로비이며 그런 의미에서 우리는 모두 로비스트이고 로비활동을 하고 있는 것이다. 우리나라에도 일찍이 대표적인 로비형태가 있었던바 그 예로 조선(태종)시대 신문고는 관가 즉 정부를 상대로 한 대표적인 로비형태이다. 더구나, 지금처럼 하루가 다르게 변화하는 복잡다기한 시대에서 입법과 정책입안을 담당하는 의원과 행정 관료들이 모든 분야에 전문적인 지식을 갖출 수 없다. 그런 의미에서 로비스트는 기여하는 바가 크다고 할 것이다.

혹자는 돈 많은 자가 더 좋은 로비스트를 고용함으로써 오히려 가진 자들의 이익만 초래한다고 우려하는데 그것은 흡사 변호만 잘하면 판결 자체가 항상 유리하다는 어찌 보면 재판관의 판단능력과 존재를 무시 또는 경시하는 것이다. 영향을 미칠 수는 있지만 그래도 진실과 사회적 통념 등이 있는데 어떻게 그렇게만 되겠는가. 예를 들어 로비제도가 진작 법제화되었다면 그래서 어떤 로비스트가 얼마를 쓰느냐 하는 것이 미국식으로 모두 신고하게 되어 있다면 지금 나라 안을 발칵 뒤집어 놓고 있는 바다이야기의 사건이 이 지경까지는 안 되었을 것이다. 더 나아가, FTA 찬성 반대하며 각종 사회단체나 농민들이 모두 모여 시위하는 것은 엄청난 경비와 국력소모이다. 오히려 그 비용으로 아주 유능한 로비스트를 고용하여 자기네 이익을 대변시키고 목적을 이루도록 하는 것이 갈등을 조정하는데 더 경제적이고 효율적일 수 있다.

로비제도를 시장경쟁논리에 따라 공개하고 법제화할 경우 여러 긍정적인 면을 기대할 수 있지만, 반면 나타날 수 있는 문제점에 대한 부정적 시각도 존재한다. 우선 정책결정과정을 무차별적인 로비의 대상으로 전락시켜 국가의 주요 정책결정이 로비의 희생물이 되게 할 수 있고, 사회의 제 집단들이 자신의 이익을 관철시키기 위해 음성적인 거래라는 불법적인 수단을 여전히 사용할 수 있으며, 다원적 사회구조에서 한 집단 또는 몇 개의 집단이 압도적이고 지배적인 지위를 이용하여 독점적인 이익을 관철하게 될 가능성도 있다. 결국, 로비스트 등록제를 인정해 주면 현재의 불법로비를 합법화시켜 주는 결과가 될 수도 있다는 논리이다. 하지만, 지금의 시점에서 로비스트 합법화 필요성에 대해 연구 및 법제화하지 않는 것은 음성적 청탁행위를 사실상 방치하는 것이며, 더 나아가 대형사건으로 불거지는 불법로비문제를 조장하고 키우는 결과를 계속해서 초래할 것이다. 어떤 일에서나 양면이 존재하듯, 분명히 문제점이 나타날 수 있지만, 정상적 로비활동을 전면 금지하기보다는 불법로비를 규제하는 제도적 장치의 연구에 힘을 쏟는 것이 마땅하다고 본다.

혹자는 로비를 법제화하지 말고 NGO 등, 시민단체들의 통제력 즉 Civil Control을 확보 강화하는 것이 바람직하다고 하는데 이 또한 곧 행동의 집단화, 사회적 소요 내지는 국력의 낭비 등을 쉽게 초래할 수 있다.

(2) 로비제도의 법제화

구체적으로 로비제도의 법제화와 관련해서는 로비활동을 허용한다면 어떠한 활동을 적법한 로비활동으로 인정하고 또한 불법적인 활동을 간주하여 금지할 것인가, 정책결정과정에 참여하는 여러 주체 중에서 어떠한 인적 범위에 대하여 로비활동을 허용할 것인가, 또 어떤 합리적인 방법으로 로비활동을 규제할 것인가, 불법적 로비활동에 대하여 어떠한 제재를 가할 것인가 등에 대하여 세부적인 논의가 구축되어야 한다. 덧붙여, 로비활동 공개를 제도화함에 있어서 로비스트의 활동 가능범위를 어디까지 인정할 것인가 하는 것은 중요한 사안이 될 것이다. 기능적 범위에서는 정책입안, 정책결정 및 정책입법 과정 등에서 어디까지 허용할 것인가 하는 문제이며, 조직적 범위에서는 로비스트의 활동 범위를 입법부, 행정부, 지방자치단체 및 공공관계 등에서 어디까지 허용할 것인가 하는 문제이기도 하다. 앞서 밝힌 바와 같이, 여전히 부정적 시각과 더불어 논란이 되고 있는 '로비', '로비스트, 로비의 대상 및 활동범위'에 대한 정확한 개념 확립이 시급히 이루어져야 할 것이고, 이미 로비활동을 제도화하고 있는 타 국가들의 외국법령이나 제도, 사례 등을 집중적, 다각적으로 연구, 국내에서 로비스트를 합법화할 경우 관련법과 충돌될 수 있는 부분과 기존 제도의 개선 방향 등도 함께 검토되어야 할 것이다.

4. 우리 기업의 미국에서의 로비 실례

약 30여 년 동안 미국에서 로비스트로 활동하고 있는 친구에 의하면 한국 사람들은 모두 워싱턴 연방정부 즉 유명하고 높은 사람들만 찾는데 그게 그리 실리적이지 못하다는 것이다. 기업들이 미국에서 사업을 하는데 연방정부와 사이가 나쁘면 큰 손해(Damage)를 보지만 지방정부와 나쁘면 바로 모두를 잃을 수(Destroy) 도 있다는 것이다. 한 예로 1997년 미국 오리건 주 유진에 당시 현대전자가 미화 13억 불 한화로 1조 3천억에 상당하는 Dram 공장을 건설했다. 이 공장은, 당시에는 우리나라 재외 투자 역사상 가장 큰 액수였으며 지금까지도 오리건에서 재외 직접 투자로는 가장 규모가 큰 것이었다. 그런데 경쟁업체인 미국의 Micron이 2002년 11월 Hynix는 한국 업체이므로 하이닉스 제품 Dram에 Countervailing Duties(상쇄 관세)를 부과해야 하며 미국 업체로서의 특혜를 줘서는 안 된다는 청원서(Petition)를 미연방 정부에 제출했다. 만약, Micron의 청원이 받아들여지면 Hynix는 부과되는 관세만큼 제품 가격이 올라가 결과적으로 시장에서의 경쟁력을 상실하는 등 엄청난 어려움에 부닥치게 되는데, 이에 결정적 도움을 준 이들은 당시 오리건출신 고던 스미스(Gordon Smith) 상원의원을 비롯한 7명의 연방 상·하원과 존 키츠하버(John Kitzhaber) 오리건 주지사였다. 이들은 연서로 당시 상무장관이던 단 이반스(Don Evans)에게 Hynix는 현지인을 약 1,000명쯤 고용하고 있고 오리건 주 경제에 크게 기여하는 바 등을 예로 들어 Micron의 공격을 방어했다. 이는 굳이 Hynix 만을 위한 것이 아니라 오리건 주와 Hynix 모두를 위한 소위 Win-Win Lobbying인 셈이었다.

5. 효과적인 해외로비를 위한 제언

(1) 전문 로비스트의 양성

한 보고서에 따르면, 우리나라의 2002년 미국 내 로비활동 관련 지출금액은 5천5백45만 달러로 집계되었다. 산업구조가 단순한 남미 국가들과는 달리, 우리나라 대미 로비활동의 주체는 한국 정부 및 대사관, 정부투자기관, 협회 등 민간단체, 사기업 등으로 다변화되어 있는 것으로 나타났다. 빠르게 성장하고 글로벌화 되는 상호의존적 국제질서 속에서 국가, 다국적기업, 비정부기구 등 많은 정치행위자들과 접촉하게 되는 일이 빈번해지며, 우리의 국익과 기업, 이익집단의 이해를 증진시키기 위해 외국로비스트의 수요가 급증할 것이라 예상하기 때문에 국익을 위해 전면에 나서 로비활동을 해야 하는 전문로비스트가 필요할 것이고 그 양성도 시급할 것이다.

(2) 6.25 참전용사 및 주한미군 활용

이런 맥락에서 약간 각도를 달리하기는 하지만 지난 6·25 동란 때 연인원 약 400만 명의 미군이 참전했으며 그 중 현재 약 150만 명의 6.25 참전용사가 아직 살아있다고 한다. 이들과 주한미군에 근무한 적이 있는 사람들이 어쩌면 우리에게는 아주 귀중한 로비 자원이 될 수도 있다는 생각이 든다. 물론 우리가 군대 있을 때 고생한 곳을 향해서는 침도 뱉지 않는다고 하지만 세월이 흐르면 그곳이 그리운 것처럼 이들에게 한국은 자기네 조국 다음으로 의미가 있을 것이다. 사실 가끔 파티 등에서 만나는 이들은 아직도 김치, 판문점 등 몇 마디의 한국말로 반가워하며 지금의 한국 발전에 자기도 기여했다는 일종의 자부심도 가졌다.

(3) 평화봉사단 및 해리 홀트 - 홀트아동복지회

더 나아가 평화봉사단으로 근무한 적이 있는 사람들, 또 6·25 동란 직후인 1955년 오리건 주 남쪽의 작은 도시에 살던 해리 홀트 씨가 8명의 고아들을 입양하기 시작한 이래 국외 입양자 수가 전 세계적으로 약 13만 5천 명에 이른다고 하는데 이들에게 국가 원수 명의로 가끔 소식을 전해주고 평소에 잘 관리해뒀다가 우리가 미국 등에 도움이 필요할 때 그들로 하여금 자기 지역구의 의원들이나 유력인사들에게 편지나 전화 등으로 우리 편에 서서 입장을 설득시키면 이보다 더한 풀뿌리 외교 로비(Grassroots Lobby)는 없을 것이다. 그들이야말로 가장 훌륭한 민간 외교관, 믿음직스런 로비스트, 변함없는 우리 상품의 애용자가 될 것이다. 이런 접근은 6·25 당시 참전 16개국 용사와 전 세계에 퍼져 있는 재외 입양아들에게도 적용되며 정부에서 그런 노력을 하고 있는지 모르겠다.

6. 결론

결론적으로, 로비의 가장 핵심은 국가의 입법과정에 참여하여 일정한 영향력을 행사하는 인적주체에 정확하고 전문적인 지식을 전달하여, 국가와 사회의 발전을 위한 방향으로 법안이 통과 또는 저지되도록 돕는 일이며, 로비를 통하여 달성하고자 하는 목표가 보다 보편적이고 합리적이며, 국가를 위해서나 결정과정에 참여하는 주체를 위하여 바람직하다는 것을 납득하게 하는 것이다. 우리나라에 있어서 법령의 형식과 제정절차는 미국의 법령형식 및 제정절차와는 전혀 다르다. 즉 미국의 법령제정에 있어서는 의회가 주도권을 확보하고, 의회에서 제정되는 법률에 그 법률의 집행기관, 집행기관의 권한과 기능 및 그 기능의 수행에 수반되는 예산까지도 함께 규정된다. 이에 반하여, 우리나라에 있어서는 법률과 법률을 구체화하는 시행령 및 시행규칙의 제정주체가 분리되어 있고, 법령과 예산이 구분되어 있다. 이로 인하여 미국에 있어서는 로비활동이 의회에 집중되는 데 반하여 우리나라에서는 로비활동이 법률을 구체화하고 집행하는 행정부에 집중될 가능성이 존재한다.

그러므로 우리나라 로비의 현실을 인정하고 그것을 할 수 있는 공정한 규칙을 만들어 그 규칙에 따라 로비를 하게 함으로써 부정의 소지를 없애는 것이 정부 의사결정의 투명성을 높일 수 있는 지금 길이다. 로비의 법제화는 시대적 요구인바 빠르면 빠를수록 좋되 다만 자국에 걸맞은 엄격한 규제와 제도적 장치 그리고 정책결정의 투명화의 마련에 철저를 기해야 한다고 본다.

부 록

1. 효과적인 로비활동을 위한 인터뷰

"An investment in knowledge pays the best interest: 지식에 대한 투자가 가장 이윤이 높다.

– Benjamin Franklin: 벤저민 프랭크린"

로비에 관련된 여러 분야의 전문가들과 다양한 방식으로 인터뷰한 내용을 수록하고 있다. 실제 경험에 의한 생생한 내용이므로 앞으로 로비스트를 지망하고 있거나 또는 로비의 대상이 되는 공직에 있는 분들한테 많은 도움이 될 것이다.

(1) Mark O. Hatfield

The legitimate object of government is to do for a community of people whatever they need to have done, but cannot do at all in their separate and individual capacities.

– President Abraham Lincoln

Lobbying is fundamental to the legislative and political process. Because I am 3000 miles away from home when I'm in washington, D.C., I maintain offices in Oregon to make my operations accessible to my constituents, but how do they and the constituents of other legislators get us to consider their views? How do they join their views to their neighbors' in order to influence the legislative process? They can write letters and make personal calls, but it's the corporate and organizational representatives and lobbyists who act as the people's voice when they interface with Congress on behalf of individuals, business, and the public.

By supplying much of the information we need to deal with the many issues before Congress and to support proper assessments of inquiries, lobbyists also function as an extension of the research activity required for the legislative process to function effectively.

When a lobbyist sees me, I expect that he will have his case well in mind and be brief and to the point because we are under tremendous time constraints. It is aggravating to listen to someone who does not know what to ask ramble on about an issue. Part of a lobbyist's home work is to know my constituency and how an issue relates to it so that he won't ask me to support what amounts to an impossible position.

A lobbyist should be well enough acquainted with my personal staff and the committee staff to identify the people assigned to specific subject. Part of the lobbyist's responsibility is to brief my staff so that they can brief me on his issue. Then, when an appointment is made, the staff person assigned to the field gives me a memorandum on what to expect. A lobbyist enjoys a fruitful visit if I am prepared to discuss my role with relation to his issue. A lobbyist's asking me about an issue that is not under my committee's jurisdiction is all the more reason I need information; I don't want to sound as though i've never heard of the subject.

Lobbyists often synthesize an issue during a visit, then leave a memorandum to fill in the details. Whatever he leaves, whatever he says, must be absolutely true. He can present the information from his perspective, but must not distort the facts. If we catch a lobbyist playing games with the data, he has lost any influence with us he might otherwise have had. That's elementary in any political relationship, whether colleague-to-colleague, constituent-to-elected Representative, or lobbyist-to-Member.

I have had bad experiences with lobbyists. Some use a threatening approach, or feel so strongly about their subjects that they shout at my staff. Because I have a familial relationship with my staff, anyone who abuses them starts from a minus position with me. Some people who abuse staff are polite and gracious to a Member; I dislike that double standard. Staff people are human beings. Abusing my staff is like abusing my family. Neither do I appreciate lobbyists who jump out from behind the marble columns outside the Senate to give me one last pitch before I vote on an issue. They should have done their work beforehand. Lobbying groups who stand by the elevator and say, " Don't forget how to vote, " in front of everybody, constituents, staff, and Members, demean the role of lobbying. A lobbyist shouldn't push an issue at a vote, except in an emergency or when unprinted amendments are offered without notice. Lobbyists should stay out of the lobby once an issue reaches the voting stage; they are not going to exercise much influence between the elevator and the Senate floor, anyway.

Seeing Members, who are always busy, is a problem for lobbyists. Often, the best tack is to work through a constituent group from a Member's state. When we are constrained by time, we see constituents and say no to lobbyists. If a business constituent introduces me to a lobbyist and says I can depend on him, I am willing to meet him for lunch or breakfast.

Understanding the parliamentary process is fundamental

to successful lobbying. For example, a lobbyist who hasn't been successful in the committee process and wants someone sympathetic to offer an amendment on the floor to a bill coming on the Calendar might ask me to introduce it. He should know whether there is a unanimous consent agreement that limits amendments and whether an amendment is germane or subject to a point of order. Never ask a Member to do something that puts him in an embarrassing legislative situation or to offer an amendment that is absolutely impossible.

Lobbyists can play an important role in the committee markup. When markups were held in closed executive session, Members could resolve issues expeditiously because they didn't have to discuss the legislation while constituents watched and listened to them. Now that markups are open, the professional lobbyist may catch something we overlooked because his specialized perspective allows him to see implications in the phraseology or in an amendment that has an impact or effects the Member does not intend. Better to have something brought to our attention in the markup than to bring the issue to the floor without correction. During an open markup, the lobbyist may contact a Senator with a note or a call or catch him on his way to the floor to vote. Because he cannot rise during a markup and ask for recognition, the experienced lobbyist takes advantage of every opportunity to communicate diplomatically with a Member of the committee sometime during the markup in order to perfect legislation. The committee may ask advice of an expert in the audience, depending on the chairman, the mood of the committee, and its relationship with the expert.

Speaking of relationships, a lobbyist should strive to develop personal relationships. Honesty, integrity, understanding, wisdom, judgment, passion, tolerance are all part of the human relations scheme. I view politics, the political system, our free society, as an exercise in human relations, nothing more, nothing less. What in human relations creates good relationships? What creates bad relationships? Can you get along with people? Do you like working with people? Are you tolerant of their foibles and appreciative of their virtues? Are you a reconciler or an antagonist? Some people go into law to be defenders, some to be prosecutors, and they develop personalities along those lines. People expect the lobbyist to be an advocate, but his basic task is to reconciler diverse viewpoints, to develop a consensus through compromise and accommodation; that is the essence of lobbying. He is a mediator, a reconciler, and an arbiter as well as an advocate. A person making a living in politics should, therefore, be a student of the human personality, its foibles and virtues, all of the diverse characteristics that make up the human being.

The psychological skills a lobbyist requires cannot be learned in college, but courses that teach the elementary facts about personality development can help him. Your collegiate experience is a living experience; you don't learn how to live with people from a textbook. Maybe you're part of a team. How do you fit in? Are you a loner or a team player? Do people seek you out? Are you a good listener? Strong relationships often develop through listening rather than talking. Politics is a verbal profession; we politicians do too little listening. Lobbyists also must learn how to listen. Developing a relationship is not telling the other person more than they want to know about you; it's demonstrating an interest in them, often by listening. When you're genuinely interested in other people, when you are willing to be vulnerable, people will confide in you, and seek your help and advice. You don't get to that point by doing most of the talking. Communications skills are vital, but must be part of a sincere manner. People know when someone has a genuine interest in them. If they sense that you are looking out only for yourself, they will respond accordingly. Putting this into a political context, Abraham Lincoln said, "Man can be entrusted with his own liberties or freedom and the liberties of other people, so long as he lives in obedience to a higher authority than himself." That's the key to demonstrating your interest in others. Self—interest, self—promotion, ego (and this business has more than its share) doesn't make a reconciler, a mediator, an effective lobbyist. A lobbyist helps me do my job better because he's established himself as a person with a sincere interest and concern in whatever he does. I can depend on him because he's demonstrated his credibility and his interest in informing me on particular issues. When I reach out to the lobbyist, that's the ultimate in effective lobbying.

As for entertaining, merely extending invitations to Members for luncheons, dinners, and cocktail parties doesn't help the lobbyist develop an understanding of people. Those settings facilitate the basic human relationship, but are not ends in themselves. When a lobbyist realizes he cannot cover an issue in depth during a discussion with my staff, or in testimony before a committee, and the needs my full attention, maybe for an hour, without telephones or interruptions of any kind, lunch or breakfast with him may be the best setting. The lobbyist is not buying influence by inviting Members to a breakfast or luncheon.

When advising young people about the lobbying profession,

I tell them to find a field that concerns them. Some lobbyists are only hired guns who have no personal feeling for their issues. A young person can relate his high school and college interests to the lobbying process, but he can't suddenly develop an interest when someone wants help. Of course, a professional lobbyist works any issue, but lobbying in a field in which he has developed expertise is the optimum situation. I also tell young people that a lobbyist's credibility, knowledge, and advocacy must never be questioned, but that they need more than knowledge of a subject, more than interest, more than expertise.

Mark O. Hatfield
  _ 공화당 출신으로, 미 연방 상원 예산 결산 위원장과 오리건주 지사 및 오리건 주립대학교 총장 역임

정부의 합법적 목표는 사람들의 공동체를 위해, 그들이 필요로 하지만 그들 개별과 개인적인 역량으로는 전혀 할 수 없는 것을 하는 것이다.
  - Abraham Lincoln 대통령

로비는 입법과 정치 과정에 있어 기초가 된다. 내가 집에서 300마일 떨어진 워싱턴D.C.에서 일을 할 때는 나의 정치적 운영이 유권자에게 접근 가능하도록 워싱턴에 가까운 Oregon에 사무실을 운영한다. 그러나

나 또는 다른 의원들의 유권자가 어떻게 우리에게 그들의 견해를 고려하도록 할 수 있을까? 어떻게 그들은 입법 과정에 영향을 주기 위해 이웃들의 견해와 그들의 견해를 합할 수 있을까? 그들은 편지를 쓸 수 있고 개인적인 전화를 할 수도 있다. 하지만, 그런 역할을 하는 것이 회사와 조직체의 대표 및 로비스트들로서 그들은 개인, 비즈니스, 대중을 대표하여 의회와 연결되어 사람들의 목소리로서 활동한다.

또한, 의회 전에 많은 주제를 다루고, 각종 문의에 대한 적절한 평가를 지원할 수 있는 많은 정보를 공급함으로써 로비스트들은 효과적인 입법 과정에 필요한 연구 활동의 연장으로서 기능한다.

로비스트가 나를 볼 때 나는 그가 그의 담당 사안을 마음에 품고 있을 것이라고 예상하고 요점을 정확하고 간결하게 전달하기를 기대한다. 왜냐하면, 우리에게는 엄청난 시간의 압박이 있기 때문이다. 이슈에 대해 두서가 없고 무엇을 요구해야 할지 모르는 사람의 말을 듣는 것은 화가 나는 일이다. 로비스트의 업무 중 일부는 내 유권자와 선거구를 알고 이슈를 어떻게 관련시킬 것인가를 아는 것이다. 그러면 그는 불가능한 지지를 나에게 요구하는 일은 없을 것이다.

로비스트는 특정 주제를 배당받은 내 개인 직원 그리고 위원회 직원과 잘 알아야 한다. 로비스트의 책임 중 일부는 내 직원들에게 요약을 해줘서 그들이 내게 그 이슈에 대해 브리핑을 할 수 있게 하는 것이다. 그러면 약속이 정해지는 때 그 분야에 지정된 직원은 나에게 무엇이 예상되는지에 관한 메모를 준다. 만일 내가 그의 이슈와 관련된 내 역할에 대한 토의를 준비하면 로비스트는 성과 있는 방문을 즐길 수 있다. 로비스트가 내가 속한 위원회의 관할 사항이 아닌 이슈에 대해 나에게 묻는 것은 나에게 그 정보가 필요할 것이라는 이유 때문이다; 그러나 비록 내가 그 주제에 대해 한 번도 들어보지 못했을지라도 그렇게 들리기를 원치 않는다.

로비스트들은 종종 방문 중에 이슈를 요약하고 자세한 사항을 보충하기 위해 메모를 남긴다. 그가 남긴 것이 무엇이든 무엇을 말했든 그것이 절대적으로 진실이어야 한다. 그는 자기 관점에서 정보를 제공할 수 있지만, 사실을 왜곡해서는 안 된다. 만일 로비스트가 데이터로 장난하는 것을 우리가 알게 될 경우, 막상 그가 진실했을 때 우리에게 가질 수 있는 영향력을 잃게 된다. 이것은 동료 대 동료든, 유권자 대 선출된 대표이든, 로비스트 대 의원 간이든 어떠한 정치적 관계에서도 기본적인 사항이다.

나는 로비스트들과의 나쁜 경험이 있다. 몇몇은 위협적인 접근법을 사용하고 그들의 주제에 대해 매우 승산이 있다고 느끼고 내 직원에게 소리를 지른다. 내가 내 직원들과 가족적인 관계를 가지기 때문에 그들에게 함부로 대하는 사람은 나에게는 마이너스 위치에서 시작해야 한다. 직원을 함부로 대하는 몇몇 사람들은 의원에게는 정중하고 친절하다. 나는 그런 이중 기준이 싫다. 직원들도 인간이다. 내 직원에게 함부로 하는 것은 내 가족에게 함부로 하는 것과 같다. 내가 이슈에 대해 투표하기 전에 나를 마지막으로 설득하기 위해 상원 밖의 대리석 기둥 뒤에서 뛰쳐나오는 로비스트들도 역시 좋아하지 않는다. 엘리베이터 옆에 서서 모든 사람들, 유권자, 직원, 의원들 앞에서 "어떻게 투표해야 하는지 잊지 마세요."라고 말하는 로비 그룹들은 로비의 가치를 떨어뜨린다. 로비스트는 비상시 또는 인쇄되지 않은 개정안이 공고 없이 제안되었을 때를 제외하면 투표를 위해 이슈를 강요해서는 안 된다. 로비스트들은 이슈가 투표 국면에 접어들면 로비 밖에서 있어야 한다. 그들이 엘리베이터와 상원 회의장 사이에서 많은 영향력을 행사할 수는 없다.

항상 바쁜 의원들을 만나는 것은 로비스트들에게 있어 과제이다. 때로 최고의 방법은 의원의 선거주로부터 온 유권자 그룹을 통해 일하는 것이다. 우리가 시간에 쫓길 때 우리는 유권자들은 만나지만, 로비스트들에게는 시간이 없다고 말한다. 만일 비즈니스 유권자가 나를 로비스트에게 소개하고 그가 그 로비스트를 의지할 수 있다고 말한다면 나는 기꺼이 점심이나 아침에 그를 만날 것이다.

의회 과정을 이해하는 것은 성공적인 로비에 있어 기본적인 사항이다. 예를 들어 위원회 과정에서 성공적이지 않았지만, 일정에 오를 법안에 관하여 회의장에서 수정법안을 제안하는 것에 대해 누군가 공감해주기를 원하는 로비스트는 나에게 그 소개를 부탁할 수 있다. 그는 수정법안을 제한할 만장일치의 찬성 합의가 있을 것인지 그리고 수정법안이 의사 진행 문제와 밀접한 관련이 있거나 이에 따른 것인지 알아야 한다. 의원을 당황스럽게 할 입법 상황으로 밀어 넣거나 절대 불가능한 수정법안을 제안해달라고 의원에게 부탁해서는 안 된다.

로비스트들은 위원회의 법안 최종 심의에서 중요한 역할을 할 수 있다. 유권자들이 의원들에게 귀 기울이고, 주시하는 동안 그 입법안을 의논할 필요가 없었기 때문에, 최종심의가 집행부 비공개로 열릴 때 의원들은 신속히 이슈들에 대해 해결할 수 있다. 최종심의가 열리면 전문 로비스트는 우리가 간과한 어떤 것을 잡아낼 수 있다. 그의 전문적인 식견 때문에 의원이 의도하지 않은 영향이나 결과를 가지는 어구표현이나 수정법안에서의 함축적 의미를 볼 수 있기 때문이다. 수정 없이 관련 이슈를 회의장에 가져오는 것보다는 최종심의에서 주의를 끄는 것이 좋다. 공개 최종심의 중에 로비스트는 노트나 전화통화를 통해 상원의원과 접촉하거나, 투표하러 회의장에 가는 길에 그를 만날 수 있다. 최종심의 중에는 마음대로 자리를 뜰 수 없으므로, 경험이 많은 로비스트는 입법을 완벽히 하기 위해 최종심의 중간 어느 때라도 위원회의 의원과 의사소통할 수 있는 모든 기회를 이용한다. 위원회는 의장, 위원회 분위기, 해당 전문가와의 관계에 따라 청중 중에서 전문가의 조언을 요청할 수 있다.

관계에 대해 말하자면, 로비스트는 개인적 관계를 개발하기 위해 노력해야 한다. 정직, 성실, 이해, 지혜, 판단, 열정, 관용은 인간관계 틀의 모든 부분이다. 나는 그 이상도 그 이하도 아닌 인간관계의 작용으로 정치, 정치 시스템, 우리의 자유로운 사회를 본다. 인간관계에서 무엇이 좋은 관계를 만드는가? 무엇이 나쁜 관계를 만드는가? 당신은 사람들과 잘 지낼 수 있는가? 사람들과 일하는 것을 좋아하는가? 당신은 그들의 단점에 관대하고 그들의 미덕에 감사하는가? 당신은 조정자인가, 적대자인가? 어떤 사람들은 피고가 되고 또 어떤 사람들은 검사가 되며 그들은 이러한 선에 따라 성격을 개발한다. 사람들은 로비스트가 대변자가 되기를 기대하지만, 그의 기본 업무는 다양한 관점을 조정하고 협상과 화해를 통해 의견의 일치를 발전시키는 것이다. 이것이 로비의 정수다. 그는 중재자, 화해조정자이자 대변자이다. 그러므로 정치로 생활하는 사람은 인간의 성격, 그 단점과 미덕, 인류를 구성하는 다양한 모든 성격에 대한 연구자가 되어야 한다.

로비스트가 요구하는 심리학적 기술은 대학에서 배울 수 없지만, 성격 개발에 대한 기본적 사실을 가르치는 코스가 그를 도울 수 있다. 당신의 대학 경험은 살아있는 경험이다. 당신은 교과서에서 사람들과 함께 살아가는 방법을 배우지 않는다. 아마 당신은 팀의 한 부분일 것이다. 어떻게 당신을 맞출 것인가? 당신은 고독한 사람인가, 팀 플레이어인가? 사람들이 당신을 찾는가? 좋은 청취자인가? 강한 관계는 때로 말하는 것보다 듣는 것을 통해 발전한다. 정치는 입으로 하는 직업이다. 우리 정치인들은 잘 들으려 하지 않는 경향이 있다. 로비스트들 역시 어떻게 듣는가를 배워야 한다. 관계의 발전은 다른 사람들이 당신에 대해 알기 원하는 것보다 더 많이 그들에게 말하지 않는 것이다. 때로 듣기를 통해 그들에 대한 관심을 보여줄 수 있다. 당신이 진실로 다른 사람에게 관심을 가질 때, 기꺼이 상처받을 수 있을 때 사람들은 당신에 대해 신뢰하고 당신의 도움과 충고를 구한다. 듣지 않고 말만 해서는 그 지점에 도달할 수 없다. 커뮤니케이션 기술은 중요하지만, 진지한 매너의 한 부분이 되어야 한다. 누군가가 진심으로 그들을 대하면 그들은 그것을 알아차린다. 만일 당신이 당신만을 위한다는 것을 그들이 알게 된다면 그들은 그에 따라 반응할 것이다. 이것을 정치적 맥락에 두면서 Abraham Lincoln은 "사람은 자신보다 더 높은 권위에 복종하면서 사는 한, 그만의 자유와 다른 사람의 자유를 위임받을 수 있다." 이것이 다른 사람들에 대한 당신의 관심을 보여주는 열쇠이다. 이기심, 자기 증진, 자아는 조정자, 중재자, 효과적인 로비스트를 만들지 못한다. 로비스트는 나를 도와 내 일을 더 잘할 수 있게 한다. 그가 하는 일에 대한 진지한 관심을 가진 사람으로서 잘 확립된 사람이기 때문이다. 그가 신뢰성과, 특정 이슈에 대해 나에게 알려주려는 관심을 보였기 때문에 나는 그를 믿을 수 있다. 내가 그 로비스트와 접촉할 때 그것은 효과적인 로비의 궁극적인 것이 된다.

접대에 관해서는 점심, 저녁 그리고 칵테일파티에 단지 의원들을 초대하는 것으로는 그들에게 로비스트를 이해시키지 못한다. 이러한 세팅은 기본적 인간관계를 촉진시키긴 하지만 의원들 자신에게 있어 목적은 아니다. 로비스트가 내 직원과의 토의 중 또는 증언 중, 위원회 시작 전, 내가 깊이 있게 이슈를 다루지 못하고 있다는 것을 인식하여 한 시간 동안 전화나 어떠한 방해 없이 내 관심이 필요할 때 나와 점심이나 아침을 먹는 것은 최고의 세팅이다. 하지만, 로비스트가 의원들을 아침이나 점심에 초대하는 것으로서 영향력을 사지는 않는다.

젊은 사람들에게 로비 직업에 대해 조언할 때 나는 그들에게 그들의 관심을 끄는 분야를 찾으라고 한다. 몇몇 로비스트들은 맡은 사건에 개인적 흥미가 없는 단지 고용인에 불과하다. 젊은 사람은 그의 고등학교와 대학교 때의 관심을 로비 과정에 관련시킬 수 있으나, 누군가 도움을 원할 때 갑자기 관심을 증대시킬 수는 없다. 물론 직업적 로비스트는 어떠한 이슈에 대해 작업을 하지만, 전문적 지식 개발이 필요한 어떤 분야에서의 로비는 최적의 상황이 될 수 없다. 나는 또한 젊은 사람들에게 로비스트의 신뢰성, 지식, 지지가 절대 의문시되어서는 안 되며 그들은 어떤 주제에 대한 지식 이상, 관심 이상, 전문 지식기술 이상이 필요하다고 말한다.

MARK O. HATFIELD
OREGON

United States Senator

WASHINGTON, D. C. 20510-3701

February 12, 1996

Dear Mr. Kim,

Thank you for your graciousness in coordinating my travels to Korea. Your fine planning and orchestration provided for a flawless trip.

Your impeccable work was a reflection of your professionalism and gallantry. The informative and productive meetings illustrated the amount of energy you devoted to managing the details of these events. I would hope that you would receive similar accommodations and exemplary services when visiting the United States.

Again, thank you for your time and efforts. Antoinette and I would like to pass on our best wishes to you for a successful year.

Kind regards.

Sincerely,

NOT PRINTED AT GOVERNMENT EXPENSE

Hatfield 상원의원 편지

"친애하는 김진원 씨에게. 지난번 한국 방문 때 협조해준 성의에 대단히 감사합니다. 당신의 빈틈없는 준비는 이번 방문을 완벽하게 해줬습니다. 이는 바로 당신의 전문적 경험과 담대함으로 가능했습니다. 나는 당신이 미국을 방문했을 때 마찬가지로 최선을 다해 도와드리겠습니다. 우리 부부는 다시 한 번 당신의 노력과 시간에 감사하며 행운을 기원합니다."

2. 각종 문건 및 언론 매체 보도 내용

VICTOR ATIYEH
GOVERNOR
1979-1987

INTERNATIONAL
CONSULTANT & TRADE

To Whom It May Concern

I am very pleased to recommend Mr. Kim, Jin-Won who has represented my State of Oregon and has been of valued assistance to me.

The many responsibilities of Mr. Kim include appropriately speaking for Oregon, be a listening post for business opportunities, assisting the Governor and the economic development of our state and coordinating appointments for traveling Oregon business people. This requires great skill of diplomacy. To my personal knowledge he has performed these duties admirably.

Speaking in his behalf gives me satisfaction and I would be willing to furnish any further information requested.

Very truly yours,

Victor Atiyeh
Governor, State of Oregon
1979-1987

519 S.W. PARK SUITE 208 PORTLAND, OREGON 97205 • (503) 222-2244 • FAX (503) 224-3209 • TELEX 4949883 AIL UI

a. 빅터 아티에 주지사 추천장

"미국 오리건주 정부 주한 대표부 대표를 맡고있는 김진원 씨를 추천하게 되어 대단히 기쁩니다. 물론, 그는 나에게 아주 값진 도움을 많이 주었습니다. 오리건을 적절하게 대변하고 또 오리건을 위한 사업기회를 중시함으로써 주지사는 물론 주의 경제개발을 위한 여러 경제 정책에 많은 도움을 주며, 외교적으로도 한국과 오리건과의 관계에 상호 이익되도록 아주 훌륭하게 활동하고 있습니다. 나는 이런 그의 업적에 크게 만족하며, 그에 관해서라면 언제든지 환영합니다."

로비스트를 꿈꾸는 자를 위한 지침서

〈로비&로비스트Ⅱ〉

김진원(사회69) 외 1인 지음 / 생각나눔 펴냄 /
321면 / 1만6천5백원

로비 계에 입문하려는 사람들이라면 이 책에 주목하자. 현재 미국 오리건주 주한대표부 대표인 김진원 교우가 존 L. 조락 씨와 함께 로비스트에 입문하는 사람들을 위한 지침서를 펴냈다.

김 교우는 지난 2005년 《로비 & 로비스트》를 펴낸 뒤 언론, 국회 등과 접촉하며 우리사회가 로비의 본질에 대해 너무 모른다는 사실에 놀랐다고 한다. 이에 김 교우는 로비에 대한 정확한 이해를 도모하기 위해 속편인 《로비&로비스트Ⅱ》를 집필하게 됐다. '의원들과 어떻게 협력하는가? 어떻게 정치적 우위를 획득할 것인가? 피해야 하는 입법계의 함정과 규제들은 무엇인가?' 등과 같이 초보 로비스트들이 가질 수 있는 질문에 대한 답이 이 책에 실려 있다.

로비스트. 그들은 항상 무언가를 준비하는 사람들이다. 그들이 대표하는 집단의 이익이나 목표를 위해서라면 계획부터 실행까지 빈틈없이 준비한다. 한순간 실수도 절대 용서받지 못하는 냉정한 세계. 이 책은 우리가 알고 있었던 '부정부패'나 혹은 '불법 비리'가 아닌 '진짜 로비'에 대해 더 전문적으로 소개한다.

인간은 외딴섬이 될 수 없고, 로비 계에서 혼자 일하는 사람이란 없다. 로비활동은 지속적으로 변하고 확장되는 네트워크로 이루어지는 대면업무이다. 이 분야에서 오래 일할수록, 인맥은 확장된다. 정치적인 인맥을 확장하지 않고는 전문인으로 성장할 수 없으며, 로비활동을 오래할수록 연령을 불문하고 효율성이 증진된다. 실제 로비스트의 실력은 연령과 경륜이 쌓이면서 향상된다. 정복하고, 로비 및 입법 관련 규정들을 주지하고, 전문가들의 자문을 구하면, 이 책을 읽는 독자 누구라도 수년 내에 성공적인 로비스트의 생활을 할 수 있을 것이다.

高大校友會報 2009. 8. 12.

b. 로비스트 지침서 - 고대교우회보. 2009. 8. 12.

OPINION

THE KOREA HERALD, SATURDAY, JUNE 3, 2000

—In my view—

Regulated lobbying benefits public

By Kim Jin-won

Lobbying, the act of attempting to influence public policy decisions, is an aspect of human nature. As such, it is very difficult to outlaw or completely prohibit persons from engaging in this activity. It is far better to carefully regulate lobbying and to establish clear guidelines on what forms of lobbying are acceptable.

From ancient times to the present day, people have sought to influence the decisions of government. In seeking to protect and further their own interests, individuals have lobbied officials to promote their concerns. Lobbying may have been in a very different form in the royal palaces of the Silla Dynasty, but the underlying human behavior is the same today as it was then.

Elected and public officials need information to make decisions. Those likely to be affected by such decisions will attempt to present information in a way that benefits them. This is lobbying. It happens everyday whether or not there are laws on the books to prevent it.

Since this type of activity is bound to take place in a democracy, what then is the appropriate response? In my view, the most appropriate response is to acknowledge that public officials need and will seek information as they go about their work and that private interests will attempt to provide that information in a variety of forms. Therefore, there needs to be a system of laws and regulations that protect the public's interest.

How does a government go about regulating this activity? Using the United States as an example, there are a number of ways to go about this. The most common system sets rules for both the lobbyists and the officials. This helps both sides know what is acceptable and what is not. These rules are overseen by a commission, which in some states is called the Government Standards and Practices Commission.

Here is how it works:

All elected public officials are subject to the commission's rules. They must submit statements indicating where their income originates. They must be aware of all other rules governing the conduct of elected officials, such as how much they can accept in the form of gifts. (In Oregon, the limit is $125.) They must also report who gave them

what gifts, as well as the gift's estimated value. These reports then become public records subject to review by the public and by the media.

They must also report all contributions to their campaigns and how they spent their money. The commission provides forms for the politicians to fill out.

Any violations of these rules and laws can be reported to the commission. The commission's fulltime staff then investigates and makes a recommendation as to whether or not to pursue the matter. The members of the commission are citizens appointed by the governor of the state. This is done so that the work of the commission's investigators and staff do not become politically motivated or controlled by any political party.

Let's look at how these rules would apply to Linda Kim. Under the system outlined above,

Kim could be prosecuted for violating the reporting requirements or for violating the limitations on gifts. In addition, the public officials who accepted gifts in excess of the limits or who failed to report such gifts would be subject to fines and officials sanctions.

In closing, it all comes back to human nature. We must recognize that people, as well as entities such as corporations, will act in their own interest when dealing with elected or appointed officials.

Recognizing this, it is far better to define and put in place guidelines and limitations that hold all parties accountable. The alternative is to say, "Don't do it" while turning a blind eye to Kim and others like her who take chances and engage in behavior that undermines the public's trust and confidence.

The writer is director of the State of Oregon's Korea Office and an adjunct professor at Inchon City College. — Ed.

c. Regulated lobbying benefits public - Korea Herald, 2000. 6. 3.

Thoughts of The Times

World Economy

By Kim Jin-won

Today, the wide expanse of oceans, the time zone separations and the challenges of non-English languages cannot prevent the building of international relationships. Relationship between countries and between peoples is what is important in this world. While we are here in Seoul, many Koreans are visiting foreign countries. The new century will be more "borderless," the distances between countries will not seem as far and the differences between the peoples will seem not as defined. In reality, the U.S. is just a few hours away.

We can see many foreigners and foreign cars on the streets easily and the city of Seoul seems to be a "Salad Bowl" like the U.S. We see this dynamic world, where nothing remains stagnant, nothing remains unchanged for long. If we look at the world "fabric," it is not colored red or yellow, green or blue. Rather, today's world fabric is plaid. The world represents a great spectrum of different peoples, cultures, food and beliefs. All people must become more understanding of neighboring nations, not just familiar with neighboring cities and states. To that end, we must have a thoughtful study on the changing global perspective as we head into the next millennium.

More than any time in our modern history, it is critical to gain a clear grasp of world dynamics. Today, there is no isolation, no insulation, no island removed from global influence. Environmental practices thousands of miles away are the concern of all people. International thinking and having greater worldwide vision is no longer a luxury, but an absolute necessity. During my university days, studying economics was different. Today, the word "economics" really means "World Economics." There are many newspapers and television stations in Korea. Their coverage routinely and regularly informs us about global happenings, worldwide issues and international matters. The Korea Times is very similar to U.S.A. Today and the London Times in covering these world subjects. Korea is not a member of the G-7 but we watch very carefully their discussions and decisions. The problems in a certain country impact on many other countries. The statements of the chairman of the U.S. Federal Reserve effect not only the New York stock exchange but stock markets worldwide — London, Tokyo and even Seoul. Nowadays, lots of nations have problems in the world. Let's look at our neighboring country, Japan. The "bubble economy" of the late 1980s burst in the early 1990s and Japan's recession started in April 1991 and continues even today.

We Koreans have many financial and economic problems, too, like other Asian countries. Our currency, the won, has been devalued from approximately 900 won to the U.S. dollar in late 1997 to 1,800 in early 1998, before settling down at the current 1,200 level. What an extreme and drastic fluctuation of the exchange rate! But, the challenge for President Kim Dae-jung is enormous in leading Korea in the right direction financially. On the other hand, we have been trying to lend humanitarian assistance to North Korea, but the long decades of political and ideological differences make it very difficult. For example, grain has been shipped, food has been donated, cows have been sent to improve North Koreans' protein and nutrition. Fortunately, I am encouraged at some signs of improvement, and hints of better times ahead. I have close business friends and acquaintances who have lost careers, as companies closed operations and downsized. Now, they must seek new jobs and begin all over again. Of course, financial corrections are needed, but Korean fundamentals are still strong and a comeback is altogether realistic. Exchange and interest rates are being settled.

Korea is the second largest overseas trading partner of the state of Oregon, and also has been a strong supporter of the U.S. since the Korean War. During the past three decades, we have made a miraculous recovery and rebuilt ourselves to be one of the strong economies in the world. We hosted the 1988 Olympics and are ready to host the 2002 World Cup. More and more Koreans are learning English, languages, food diversity and student exchanges lead to better understanding. Last summer, I sent one of my sons to a summer school program in Portland, Oregon, where he ate a-lot of American European food. He may not fully realize or comprehend how much he learned about America at that time.

In ushering in the new millennium, let's look beyond our borders — with the understanding that everybody in the world must share, use, enjoy and appreciate this world together.

The writer who is director of Oregon State Korea Representative Office, is acting professor at International Dept., Joongbu University.

d. World Economy – Korea Times, 1999. 2. 20.

By Kim Jin-won

Thoughts of The Times

Globalization and Localization

Several years ago, the slogan "think globally, act locally" was adopted at the International Local Autonomous Entity Association Conference held in Oslo, Norway. This slogan holds great meaning for us because nationwide municipal elections are scheduled for June 27, 1995 to elect 275 heads of local governments.

Since 1980, there have been many changes all over the world; such as the collapse of communism solidification of regional economic cooperative systems such as EU, NAFTA and ASEAN and also the inauguration of the WTO. Tremendous changes are happening particularly around the Far East and, accordingly, we should have a more positive approach to these changes — quite differently from our current attitudes. In the past, "We had the tendency to be jealous of Japan, scared of China, wary of Russia and suspicious of the U.S.A." But we cannot survive world competition with that kind of negative attitude. In particular, it means we must note the borderless competition with the new worldwide regulations of the WTO system, which went into effect Jan. 1, 1995.

With these unexpected changing circumstances, we may possibly need a brand new governmental system because the centralized economic system has limited further development. So, globalization and localization are two major streams for democratic politics and international economic activity under unlimited competition all over the world. Centralized governmental control contributed to the development of Korea after the Japanese occupation and Korean War. But, now each local government should plan its own future and positively develop for a more flexible and active society.

As we are aware, the municipal system is based on local egoism but it should be reasonable, public and democratic. Therefore, real localization should be promoted for the whole country's development and, in reverse, the country's development is to be directed to local development. We must realize this common fact.

If so, how does the local government prepare for globalization and what kind of person should be elected as its head? Our local bodies have so far performed very simple administrative activities as only basic agencies. They have done almost nothing for internationalization. However, internationalization has already been happening in more advanced local governments in foreign countries.

For instance, there are many representative offices of foreign local governments in Seoul — 11 for U.S. states, including Oregon, four each from Japan, England and Germany, two for Canada and one for France, etc. They are dealing directly with foreign countries — not like us who rely on having everything go through the central government. These Seoul representative offices are like "cornerstones" where local bodies can meet overseas countries. Of course it doesn't mean anything to just open an overseas offices for internationalization. The most important thing is to have an open mind toward the world. From now on, local governments should be more independent in coming up with initiatives for ocean route development, trade promotion, economic cooperation, manpower strengthening, tourism and cultural development, etc.

In accordance with these circumstances, who is best suited to be the head of a local government? First he must have endless devotion to his province and reasonable judgement and values. He must be a strong government leader who is knowledgeable and willing to control the local body for the needs of the community. And then, he should have an interest and some experience in international and business activities in this borderless competitive world. The attitude of the elected head is much more important than any other thing. And also, we must be very careful of negative and undesirable attitudes such as: As far as it is helpful for local finance, any kind of development is O.K.; PIMFY (Please In My Front Yard); NIMBY (Not In My Back Yard); "Please in My Term of Office"; or "Not in My Term of Office."

From my point of view, a political party's intervention is undesirable in new municipal system because it should center on local daily life and politics. If the head is elected with a political party's support, he will try to reflect the party's policy which sometimes is against the local people's desires. So, it would eventually be an obstacle to developing the country.

Now, both globalization and localization are general world tendencies. It is our option to participate or not. We may have better opportunities if we act positively, otherwise we will go backwards. Our future depends entirely on our attitude in this new world order.

The writer is director of the Korea Representative Office, State of Oregon, U.S.A.

e. Globalization and Localization – Korea Times, 1995. 2. 16.

韓國經濟新聞

발행·편집 인 쇄 인　朴 武 吉
주　　　필　洪 漢 杓
편집국장　文 喜 相
서울 중구 정동길 441
〔100〕-〔701〕
교 환 대 표　360-4114
편 집 국　360-4140
F A X　312-6610
　　　　　360-4352
구독신청　080-233-5333
배달안내　360-4411
광 고 접 수　360-4477
독 자 전 화　360-4488
한겨레INTERNET
http://www.ked.co.kr
인터넷신문자유센터
webmaster@www.ked.co.kr
구독료 월8000원 1부300원

나라안에서는 밤낮없이 12월 대통령 선거를 향한 「용들의 경쟁」이 한창인데, 나라밖 미국에서는 급기야 한국의 자동차시장에 대해 통상법 슈퍼301조를 적용하겠다고 하고, 우리는 우리대로 이에 맞서 세계무역기구(WTO)에 제소하겠다고 하니, 아마 한·미간의 무역분쟁은 피할수 없는 형국인듯 싶다.

이런 안타까운 상황에서 세계 유일 초강대국이자 최대 시장인 미국을 상대하는데 다음과 같은 방법은 어떨까.

사실 미국 사람들과 교류하다 보면 과연 그들이 우리의 심상을 제대로 이해하고 있나 하는 점에서 의구심을 갖게 된다. 이즘에서는 최근 한 언론사가 마련한 대통령 출마자의 TV 토론회 석상에서 어떤 후보가 미국은 한국을 잘못 이해하고 있다고 한 말은 얼마나 많은 생각을 갖게 한다.

홍보부족 오해 불러

우리 한국 경제가 60∼70년대의 절대빈곤을 벗어나 한창 산업화될 무렵 미국 언론들은 앞다투어 「한강의 기적」이니 「제2의 일본」이니, 또는 「한국인이 몰려오고 있다」하며 입에 침이 마르도록 칭찬할때 우리는 특별한 생각없이 기뻐하기만 했다.

사실 이는 기적이 아니다. 우리 모두들 열심히 일한 노력의 결실이다. 이는 그들 미국인들이나 다른 선진국 국민들이 편안히 먹고 즐길 때, 우리는 허기를 달래가며 열심히 일했으니, 월남전 참전의 목숨과 바꾼 대가요, 중동의 뜨거운 시막에서 땀 흘린 대가요, 특히 시 앞에 종사하는 기업인들이 자기 나이

이상으로 늙어 보일 만큼 밤낮없이 일한 당연한 노력의 결과이다. 게다가 대다수 미국 농민들은 한국이 미국의 잉여농산물을 많이 수입하는 나라라는 것을 모른다. 이는 베풀고도 생색내지 않는 우리의 경양탓이 아니라 홍보 부족이 더 큰 이유다.

어쩌면 로비활동 부족인지도 모른다.

민간외교式 對美 로비활동

金 珍 元
美 오리건州정부
〈駐韓대표부 대표〉

가끔 미국의 어떤 회합이나 파티 석상에서 만나는 그들은 지금도 「김치」 「판문점」 등의 한국 말을 또렷하게 기억하며 대부분이 자기 조국 다음으로 한

시 론

있다. 물론 우리의 슬픈 역사의 소산이지만, 미국에는 아직도 약2백만명에 달하는 6·25 참전 용사들이 있다

한다.

국을 아끼는 친한파 인사들이다. 대부분이 60대 후반이니 이들은 연륜이나 경륜으로 보아 모든 분야에 지도급 위치에 있는 사람들이 많다. 그들 대부분은 전쟁의 폐허에서 오늘의 한국을 이룩하는데 우리 한국인들이 얼마나 노력했는지 잘 짐작이 가는 사람들이다. 즉 그들은 피와 땀을 흘려 목숨을 걸고 싸운 대가의 보람을 한국의 경우를 예로 들면서 자랑하고 싶어한다.

만일 우리 정부가 그들의 소재를 파악하여 전쟁의 폐허를 파 뭐내 이제 이만큼이라도 살게 됐다는 희보와 함께 국가원수의 이름으로 그들의 지난날 노고에 중심으로 감사한다는 개인적인 편지 한장씩을 보내더고 상상해보자. 아마 그들은 감격하여 눈물이라도 흘릴 것이요, 나아가 한국이 곤경에 처하여 미국의 이해나 도움이 필요할 때 매 성심껏 도와주리라 싶은 생각은 어

아직도 로비활동이라는 것이 무슨 일이 생겼을때 정부고관이나 미국 연방정부 수도인 워싱턴에 활발한 달려가 저명인사와 악수하고 사진찍는 것으로 이해되는 것이 「한국판 로비」로 인식되는 측면이 있다. 이는 미국의 정책 결정과정을 잘못 이해하고 있는 대에서 나온 것이다. 미국의 정책결정은 철저하게 권말한 유권자들의 소리에 바탕을 두고 있다. 더 구체적으로 예를 들면 유권자들이 자기 지역 국회의원들에게 편지 전보 전화 등을 통한 그 의원들이 의회에서 영향력을 행사하게 가장 강력하다.

이런 맥락에서 본다면 우리의 대미 홍보활동이나 또는 로비활동이라는 것이 어때해야 하는지는 자명할 것이다. 사실 우리는 이런 미국 사회의 「바다」 홍보활동을 위한, 세계 어느 나라도 가지고 못한 훌륭한 자산을 가지고

게 짐작이 간다.

그들에게는 대개의 경우 아직도 부모가 살아 있을 수도 있고, 부인 아들 딸 며느리 사위도 있을 것이며, 손자 손녀는 곧 유권자가 되리니, 따지고 보면 한국 편이 돼줄수 있는 유권자의 수는 엄청나게 많을수 있다는데 우리 자신들 놀랄 것이다.

그들이 만약 자기네 지역구 의원들에게 한국에 불리한 입장을 취하지 말라고 편지를 보낸다고 상상해보자. 아마 그 효과는 기히 엄청날 것이다. 비용도 우편료만 들이면 되니 가장 경제적인 로비요 홍보활동이며 고마운 옛 전우에게 어려운 때 그 고마움을 전하며 지속적인 관계를 유지하자는 것으로 충분하다. 누가 이 일을 불법이고 음성적인 로비 활동이라 하겠는가.

해외 입양아 활용

이런 맥락에서 본다면 6·25 전쟁직후인 1955년 10월 맨처음 미국 오리건주 남쪽 작은 도시에 살던 해리 홀트(Harry Holt)씨가 8명의 혼혈고아 입양부터 시작한 해외 입양아 수가 전세계에 근 13만4천여명에 달한다.

그들의 효과적인 활용방법과 아울러 6·25참전 16개국 용사들, 한국에 근무하고 떠난 봉사단으로 나름대로 한국의 발전에 기여했다고 자부하고 있는 이들을 실로 우리 고유의 인적 자산으로 귀하여 여겨 적극적으로 활용해 보지 않겠느냐고 제안한다면 지나친 논의의 비약일까. 아마 그들이 기꺼이 우리의 훌륭한 민간 외교관이요, 우리 제품의 변함없는 애용자가 되는 것을 마다 하지 않을 것이다.

f. '민간외교식 대미 로비활동' - 한국경제신문, 1997. 10. 8.

1996년 10월 18일 금요일　한 국 경 제 신 문　The Korea Economic Daily　제10491호

시 론

개발과 삶의 質

金珍元
〈美 오리건州정부
韓國대표부 대표〉

지금도 태평양 연안 오리건주와 캠
리포니아주 경계에는 1970년부터 8년
간 오리건주지사를 지낸 톰 매콜씨에
의해 세워진 안내판이 남아있다. 안
내판에 쓰인 글은「오리건에 오시것을
환영합니다. 그러나 이젠 돌아가십시
오」이다. 이는 이젠 대부분의「개발」이 자
연을 훼손하고 공해를 유발시킴으로
해서 많은 사람들이 복지
혜택 쪽에 살고 싶다는 뜻으
로 오리건주사람들이 얼마나
「삶의 질」을 중시하는가를
설명할때 흔히 이용되는
실례다.

그들은 개발이라는 명목
으로 자연환경이 훼손되는 것을 아주
싫어한다. 그 한 예로 최근에 현대전
자가 오리건주 유진시에 이후 약 13
억달러(1조원)를 투자해 반도체공장
을 건설중이다. 이는 우리나라기업들
의 해외투자 역사상 가장 큰 규모일
뿐만 아니라 오리건주에서도 외국
자본시고는 최대규모의 여수로 이를
유치하기위해 쩔자유는 오리건주정부는
지난 2년여동안 혼신의 노력을 기울
였다.

환경 단체 개발반대

오리건주정부의 입장에서는 세계적
일의 첨단 전자단지인 캘리포니아의
실리콘밸리를 뜻하는「실리콘포리스
트」를 조성하고자 세계적인 반도체기
업 유치에 적극적이었다. 그 결과 19
80년 일본의 후지쯔를 시작으로 약
600여개의 크고 작은 기업들이 몰려
게 되었다. 우리나라도 현대전자에
앞서 지난 7년여동안 삼성전자측에서
오리건주의 포트랜드시 근처에 반도
체공장건립을 적극적으로 연구 검토
했었다.

사실 현대전자가 유진시에 공장을

세워 가동하게 되면 약 1,000명의 고
용효과를 올리게 되니 주정부나 시당
국에서는 갖가지 매력적인 혜택을 제
시하며 거의「모시다시피」유치노력
을 했다. 그러나 문제는 뜻하지 않게
도 환경보호단체들의 반대에 봉착하
게 되었다. 즉 공장이 들어서면 그곳
에 널리 서식하고 있는 희귀한 동식물

이 사라지며 이 공장에서 나오는 화학용액 및
가스등이 대기 또는 하천을 오염시킬 가능성이
높다는 것이다. 그들은 거대한 반도체 제조공장
이 그 지역 생태계의 균형을 최우선으로 여겨
「자연을 지키자」는 구호를 내
걸고 항의의와 공사를
벌도저에 올라타거나 작은 공
장터를 참고는을 격렬한
반대시위를 벌이기도 했다.

필자가 지난 1월 공사현장을 방문했을때만 해도 흥기
지 소지한 경비원들이 상당수 있었다. 그러나 주
정부나 시당국은 크게 걱정하지 않
았다. 그 이유는 참여하고 있는 환경
단체들이 소수인데 마구잡이식
의사시위가 많아 대다수의 현지 주민들
조차도 못마땅해 했기 때문이다. 게
다가 현대전자는 법관례에서 습소
이제 더 이상 법적으로 문제될 사
항도 없었고 현재는 공장건설공사가

순조롭게 진행되고 있다. 그러나 공
장임지를 반대하는 이들 소수의 주민
들과 싸워 이겼다는 자부심보다는 어
떻게든 현지주민들과 선린관계를 맺
어야만 하는 현대측의 고민은 아직
남아 있다. 이 사태는 해외에 공장을
건설할때 반드시 환경문제를 고려하
여야 한다는 사실을 국내 기업들에

인식시키는 계기가 되었다.

지난 92년말 하버드대
의 케네디행정대학원 지
역개발과정을 연수한 오
리건주 경제개발자문관
인 빅 솔버그씨의 이야
기는 실제 관계당국자로
서의 환경에 대한 인식
의 중요성과 경종을 일깨워주
나 중요성을 일깨워주
는 오하이오주의 한 페
인트회사공고에 불이 났
다. 달시 소방서장은
활발한 불을 끄느냐

아니면 그냥 타게 두느냐를 긴박한
상황에서 신속한 결정을 해야만 했다.
불을 끄면「1200t량에 달하는 종합된
물들의 직장도」구할 분야나면서 약 900
만달러 상당의 손실을 어느정도 막을
수 있었다. 그러나 그 화공약에는 약
40여주민의 식수를 공급하는 지하수
원이 있어 활용 뿌리며 페인트의 독
성화학물질이 흘러들어가 지하수를
오염시킬 것이고 그렇게 되면 주민들
의 식수를 제공할 다른 길이 없었다.

소방서장은 불을 끄지 않고 끝까지
타게 내버려 두었으므로 메스컴과 주민
들은 그의 지혜로운 결정에 아낌없는
찬사를 보냈다는 것이다.

최근 이러한 지방자치단체들이 열악
한 재정을 충당하기위한 목적에서
「개발」이라는 명목아래 경쟁적으로
자연을 훼손시키는 것 같아 안타깝다.
이제 우리는 무차별 십
억개발방식에서 벗어나 자
연환경과 조화를 이루는
방식이 아니고는 더 높은
발전을 기대할 수 없다.
이는 곧「삶의 질」의 향상
문제와 직결된다 하겠으나,
지난 30～40년동안 생산의
능률성을 최우선으로하고

생활환경의 증시나 개선은 그 다음으
로 여겨온 것은 부인할 수 없는
사실이다.

자연환경과 조화를

거창하게 국제적인 조류나 경향을
처치하고라도 이제 우리 일반시민들
도 정신적 여유나 육체적 건강들을
누릴 수 있는 자연, 생활환경등의 혜
택을, 즉 삶의 질의 향상이 얼마나
요긴한가 절실하게 깨닫고요.

그렇다고 해서 개발이 무조건 나쁘
다는 것은 아니다. 다만 개발을 하되
그 지역생태계에 가장 적합한 개발방
식을 따르자는 것이다. 그렇게해서
개발과 산업화가 곧「삶의 질」의 향
상이라는 당연한 명제로 부합되어야
한다.

국민소득 1만달러를 넘어서고 이미
OECD가입이 사실상 확정된 지금
명실공히 선진국반열에 오르기 위해
서는 맑은 공기나 깨끗한 물, 질 높은
교육등「삶의 질」을 최우선으로하
는 소프트웨어나 개발에도 성원하
여 자손대대로 살기좋은 금수강산이
되기를 기원한다.

---

g. '개발과 삶의 질' – 한국경제, 1996.10.10

2006년 5월 17일 수요일 　제 4438 호 　문화일보

時 論 ◀◀◀

홍정기
논설실장

로비, 그 위선과 위악

■ 로비 - 그렇다. 로비만큼 위선과 위악이 얽히고설킨 단어도 드물 듯 싶다. 하지만 어쩌랴, 어원으로도, 법제사로도 로비는 비겁한 위선, 비습한 위악 그 두 숙명의 단어인 것을.

로비의 내력부터 더듬어본다. 라틴어 '로비움(lobium)'이 어원인가 했더니 아니란다. '로비움'조차 고대 게르만의 '라우바(lauba)'에서 유래했고 그 뜻이 '낙엽을 모아두는 곳' 이려니와, 아스라한 그 게르만어를 영어가 받아들여 '포장된 길' '넓은 복도' '찾아온 손님과의 면담이나 휴게 장소' '대기실' 등으로 진화했으리라고 한다. 특히 영국에선 귀족·거상(巨商)이 왕을 알현하여 뭔가를 도모하려 '궁정 넓은 방'을 그렇게 불렀단다.

김진원 주한 미 오리건주정부 대표는 '로비 & 로비스트'(도서출판 어드북스, 2005.9.10)에서 게르만의 '원 라우바'를 설명하면서 곁들여 조선 태종조 신문고(申聞鼓) 역시 그 엇비슷한 것 모습일 것으로 짚었다. 그러나, 고대 독일의 낙엽더미가 해협을 건너 영국 궁정의 넓은 방이 되려니 시공(時空)을 달리해 이땅의 역사를 오르내린다. 대궐 문루의 복까지 쳐다본 김 대표의 상상력이 놀랍도록 로비의 궁정이 귀족·거상의 직선 알현이였으나 신문고의 대궐 문루는 억울함을 호소하는 민초의 간

접 언로였으리라는 음질 차이까지 도짐으리라.

로비가 법의 세계로 진입한 지 60년이다. 로비의 나라 미국이 '로비활동법'을 만든 것은 1946년의 일이고, 로비가 법의 효력을 지니게 한 동력은 헌법 수정 제1조라고 한다. 전세계 어디서나 언론의 자유가 위협받는 나라마다 쳐다보는 그 수정 제1조애기다. 언론 자유를 제한하는 법률을 제정할 수 없는 헌법의 글로벌 모델에까지 또 누군가처럼 구구하게 토를 달아 걱정돼서 그랬는지, 미 연방대법원은 1980년 이렇게 말끝까지 잘랐다 - '헌법 수정 제1조는 불분명하게 말하고 있지 않다.'

1789년 9월25일 발의돼 1791년 12월15일 비준 발효한 미 헌법 수정 제1조의 청원권이 곧 로비법의 모태다. 우리나라 헌법도 제헌헌법 제21

조로 모든 국민의 청원권과 국가의 심사의무를 선언한 이래 지금에 이르고 있다(현행헌법 제26조). 하지만 우리나라 로비법은 그 잦은 태몽에도 불구하고 아직 고고성(呱呱聲)이 들리지 않는다. 답답한 마음에 허튼 계산까지 다 해본다. 미국은 1946-1791=155, 155년 걸렸다. 한국은 1948+155=2103, 2103년까지 기다려야 할까…설마.

하긴 미국에서도 법이 만들어지고 난 뒤에야 로비가 비로소 양성화한 것은 아니다. 역시 그 거꾸로다. 김 대표에 따르면 미국의 로비 기원은 제7대 앤드루 잭슨 대통령 재임시절(1829~1837)에 필라델피아 전국산업진흥회가 미 합중국은행 설립 인가를 받기 위해 벌인 활동이며, 미 의회에서 처음으로 '로비'라는 표현이 쓰이게 된 것은 그보다 한세

제쯤 앞서 1808년 제10대 의회 때부터였다고 한다.

아무렴…그럴테지. 미국의 로비법은 로비활동법이 처음 제정된 지 50년 뒤인 1996년 로비활동공개법으로 대체돼 지금 제2세대를 맞고 있다. 한국의 로비법 입법도 세대를 건너뛰어 압축성장이 가능하지 않을까. 무소속 정몽준 의원이 우선 외국인 로비스트에 주목해 국회에 '외국대리인 로비활동 공개법안'을 제출한 것이 2001년 10월, 열린우리당이 반(反)부패 차원에서 그 대상을 넓혀 로비 관련 입법을, 그것도 연내에 다 마치겠다고 다짐한 것도 재작년 7월의 일이다. 가장 최근에는 지난 2월27일 국가청렴위원회가 2006년이다 가기 전에 음성로비의 양성화 법안을 제출하겠다고 다짐했다.

입법 혹은 정책수립 과정에 이해(理解)도 이해(利害)도 달리하는 개인·단체가 정당한 주장을 펴면서 나름대로 영향력을 행사하자면 로비 양성화 입법이 긴밀하다는 필요성 자체에는 이렇듯 공감대가 넓어지고 있다. 문제는 로비라는 단어에 덧칠된 비겁하고도 비습한 이미지와 그로 인한 반(反)로비 심리, 또 새로운 법역(法域)의 출현을 꺼리는 법조… 아니, 법조출신 정치인들의 거부감이 오늘도 위선과 위악 사이를 헛보고 있는 현실이다.

h. '로비, 그 위선과 위악' – 문화일보, 2006. 5. 17.

"로비가 너무 재미있다"

오리건 주정부 주한대표부 대표로 일하는 '미국 로비스트' 김진원씨
"브로커 행태와 구별되는 정상적 로비활동 법제화해야 게이트 해결"

글 류이근 기자 ryuyigeun@hani.co.kr
사진 윤운식 기자 yws@hani.co.kr

"근래 가장 억울한 용어는 '로비'(Lobby)입니다." 김진원(58)씨는 하소연으로 인터뷰를 시작했다. 연일 '바다이야기'와 관련된 보도는 온갖 것에 '로비 의혹'이란 제목을 달아 성인오락실의 문제점을 전파하려 한다. 로비란 단어로 거의 모든 것을 설명하려 한다. 새삼스러운 일도 아니다. 무슨 '게이트'라는 것이 터질 때마다 있는 일이다. 대한민국에서 로비란 태생적으로 부정적인 단어다.

반평생 넘게 로비스트 한길

김씨의 직함은 미국 오리건 주정부 주한대표부 대표다. 그는 스스로를 미국에서 말하는 '로비스트'라고 본다. 또 로비 법제화의 전도사다. 지난 8월30일 이승희 민주당 의원이 주최한 '로비스트에 도전하라!'라는 토론회에서 그를 만날 수 있었다. 그는 지난해 《로비&로비스트》란 책을 펴냈다. 책은 로비와 로비스트에 대한 고정관념을 깨고 바른 이해와 인식을 갖도록 돕자는 뜻에서 기획한 것이다. 그는 현재 충남도지사 국제 자문역을 맡고 있으면서 중부대에서 국제통상학을 강의한다.

로비의 이미지를 먹칠하는 바다이야기와 같은 게이트가 계속 터질수록 로비 법제화에 대한 그의 신념은 더욱 굳어졌다. "로비가 법제화됐다면 바다이야기 같은 경우 해당 로비스트 한 명을 붙잡으면 고구마 줄기처럼 다 딸려나올 거다. 로비스트가 어떤 의원과 공무원을 언제 만났고 뭘 했는지 다 공개가 된다. 만약에 공개하지 않았다면 그것을 문제 삼아 처벌할 수 있다. 그전에 로비스트라면 안 되는 일을 부탁받고 하지도 않았을 것이다." 로비 법제화가 만병통치약이 아니고 불법과 비

김진원씨는 로비 법제화의 전도사이자 미국 오리건 주정부의 이익을 위해 활동하는 로비스트다. 로비를 양성화하면 음지에 있는 '불법 로비'와 브로커로 인한 게이트를 줄일 수 있다는 게 그의 신념이다

리는 언제든 예상할 수 있는 일이어서 김 대표의 주장에 100% 동의할 필요는 없다. 하지만 로비 법제화의 필요성을 얘기하는 많은 전문가들이 김 대표와 같은 목소리를 내고 있다. 김 대표는 "정상적인 로비 활동을 아예 금지하고 있는 현실이 되레 뇌물이 오가는 음성적 로비를 조장하고 키우는 결과를 초래한다"고 말했다.

그는 로비를 인간의 아주 자연스러운 행위의 하나로 봤다. 그는 "사람은 누구나 자기에

i. "로비가 재미있다" – 한겨레 21, 2006. 9. 12.

제22118호　경향신문

'김영란법'과 로비스트 양성화

2016년 9월 13일 화요일

김진원
미국 오리건주정부 주한대표부 대표
인하대 아태물류학부 겸임교수

우리나라의 '접대문화'는 오는 28일 '부정청탁 및 금품 등 수수의 금지에 관한 법률'(김영란법) 시행을 기점으로 확연히 바뀔 것이다. '김영란법'이 지향하는 바는 부정부패를 근절하고 청렴사회를 만들자는 것이다. 그러나 사회가 맑아진다고는 하나 세상 인심이 너무 각박해지지 않을까 걱정이 된다. 하기야 눈만 뜨면 뇌물수수, 전관예우, 부정청탁 등 하루도 부패와 관련된 소식이 없는 날이 없으니, 대책이 필요하긴 하다.

싱가포르는 1965년 말레이시아 연방에서 독립할 때 처음 내세운 것이 부패척결이었다. 그 덕에 현재 일인당 국민소득이 6만달러에 이른다. 이는 뇌물로 인한 사회적 비용보다 투명성에 따른 경제적 효율이 훨씬 크다는 것이다. 국민소득 2만달러를 넘어선지 10년이 지났지만 아직도 3만달러 턱밑에서 헤매고 있는 우리로서는 가히 본보기로 삼을 만하다.

그런데 '김영란법' 시행을 앞두고 정작 중요한 사실을 간과하고 있는 것 같아 안타깝다. 이 법은 권력이 있거나 특수한 위치에 있는 사람들의 갑질과 횡포를 막는 것이어야 일반 서민들의 억울한 사정을 전달하는 데 불편을 주자는 취지는 아닐 것이다. 그런데 규정과 처벌만을 강조하다 보니 엉뚱하게도 파파라치 학원 수강자만 넘쳐나고, 정작 국민의 정당한 청원에 대한 방법이나 청렴사회에 대한 진지한 논의는 없다는 것이다.

게다가 정원은 특정 집단 즉, 국회의원이나 선출직 공직자와 시민단체 등만 된다고 하니 이는 손바닥으로 하늘을 가리는 격이다. 법적으로 인준된 그들이 과연 일반 서민들의 청원내용에 대해 얼마나 전문지식이 있으며, 어떤 방법으로 어떻게 전달한다는 말인가? 근래 법률회사에서 정부 공직자들을 모아 놓고 '김영란법' 시행 후를 해설하는 시간에, "아예 누구도 만나지 말고 어떤 부탁도 들어주지 말라"고 조언했다니 한심한 일이다.

이쯤에서 필자는 부정부패의 척결 즉, '김영란법'의 효율적 실행을 위해 미국, 유럽 등 선진국에서 제도화하고 있는 로비제도의 양성화가 필요하다고 제안한다. 로비제도가 양성화되어 로비스트들이 공개적으로 활동하면 특수계층만이 아니라 서민들도 자기 이익을 표출할 수 있는 합법적 통로가 생기는 셈이다.

우리는 '어떻게(How)'든지 자기에게 이로운 것은 얻고 해로운 것은 피하고자 한다. 그렇게 하기 위해 '누가(Who)'가 도움이 될까를 생각한다. 여기서, 이 '어떻게'가 넓은 의미의 '로비'이며 이들을 떳떳하게 도와주는 '누구'가 로비스트'다. 어차피 정책 입안자나 집행자가 모든 일에 통달할 수는 없다. 그러므로 그들에게 전문지식이나 자료를 투명·정당한 방법으로 제공해 주면 결정은 그들의 몫이다.

물론 우리나라 국민 대다수가 부정부패는 근절돼야 하지만, 로비제도의 양성화는 되레 힘 있는 자들의 갑질을 정당화하는 것이라고 생각하고 있다. 그러나 이는 그동안 우리 언론이나 사회가 부당한 거래와 로비를 동일시한 결과다. 사실 우리나라에서 '세속적 의미'의 로비는 이미 행해지고 있다. 여의도 국회 주변에 평균 200명 이상의 대관 업무자들, 소위 로비스트들이 상주하고 있다. 기업의 기획조정실, 미래전략실, 지자체의 서울연락사무소 등의 주 업무는 예산을 한 푼이라도 더 따내고 자기네에게 유리한 규정을 만들려고 부탁하고 청원한다. 즉 이미 '음성 로비'는 만연하고 있으며 이들이 바로 부정부패의 단초가 될 수도 있다는 것이다.

이미 10여년 전부터 이런 음성로비의 폐해를 근절시키기 위한 로비제도 양성화 법안이 여러 차례 국회에서 발의된 바 있으나 번번이 통과되지 못했다. 그 이유 중 하나는 현재 규정에 의하면 변호사만이 의뢰인을 대신해서 청원 사항을 소위 법률자문이라는 명목으로 관계기관을 만나 부탁할 수 있기 때문이다. 따라서 법조인 출신이 다수인 상임위 의원들이 '밥그릇 지키기' 때문에도 찬성하지 않을 개연성이 다분하다.

로비제도는 1956년 미국수정헌법 제2조에 명시된 국민의 권리 즉 '청원권(The Right of Petition)'을 보장하려는 취지다. 그 시행을 위해 다른 사람의 이익을 대변하는 로비스트는 의회에 등록하고 제반 활동 즉 의뢰금액, 의뢰금, 경비, 누구를 만나 무슨 얘기를 했는지 등을 투명하고 세세하게 정기적으로 보고하게 돼 있다. 이를 어겼을 때는 상응하는 처벌을 받는다. 물론 선진국의 규정을 그대로 옮겨오자는 얘기는 아니다. 우리 실정에 맞게 다듬어서 억울한 사람이 없도록 해야 한다. 청렴사회가 되기 위해서 로비스트의 활동은 양성화돼야 한다.

j. '김영란법'과 로비스트 양성화 – 경향신문, 2016. 9. 13

世 界 日 報

1995年 1月24日   火曜日

내가 보기에는

수년전 노르웨이의 오슬로에서 열린 국제지방자치단체 연합 총회에서 『생각은 세계적으로, 행동은 지방적으로 (Think globally, act locally)』라는 슬로건이 채택되었다. 이는 오는 6월27일 전국 2백75개 지방자치단체장 선거실시로 본격적인 지방자치시대를 맞이하는 우리에게 시사하는 바가 자못 크다.

특히 금년 1월1일 정식 발족된 WTO체제는 지구상의 어떤 나라도 세계시장으로부터 소외되지 않으려면 모든 나라에 동일하게 적용되는 경쟁원칙에 따라 서로 무한경쟁을 할 수밖에 없다는 사실을 선포하는 의미를 가진다.

이와같은 대변혁과 더불어

정부는 중앙집권적 정치체제에서 중앙의 출장소격인 말단 업무집행 기능만 담당했을 뿐 국제화는 고사하고 지역경제와 관련한 경제정책의 수립이나 운용을 독자적으로 수행할 수 없었다. 그러나 국제화-세계화는 전세계의 진취적인 지방자치단체들이 서로 경쟁적

金 珍 元
〈美오리건주
주한대표부 대표〉

으로 추진하고 있는 바다.

한 예로 서울에는 소위 「지방과 세계」가 만나기 위해 외국지방자치단체들의 대표부가 미국 오리건주를 포함해 12개주, 일본 4, 영국 4, 독일 4, 캐나다 2, 프랑스 1곳들이 개설돼 있으며 이들은 굳이 중앙정부를 통하지 않고도 해외로 뻗어가는 「전진기지」역할을 하고 있다.

물론 세계화의 주요방법이 꼭 해외대표부의 개설에 있는 것은 아니지만 무엇보다 중요한 것은 지자체의 「세계를 향한 열린 마음과 의지」이다. '자생적으로 구성될' 지방정부는 외국과의 교역증진, 투자유치, 인재육성, 관광개발, 지방문화 창달등에 적극적이어야 한

다.

아울러 앞으로 구성될 단체의 長은 어떤 사람이어야 할까. 그 지역출신으로 영원한 애향심은 물론 지금까지 견디하게 살아온 경험을 토대로 자기 지방의 현안을 꿰뚫어보는 통찰력을 가진 인사로서 경영적 능력과 정치적 감각에다 국제적 경험까지 지녔다면 금상첨화일 것이다.

그러나 자칫 못지않게 주의해야 할 점은 지역발전에 대한 단체장의 자세인데, 어떤 부작용이 있든 지방재정에 도움만 된다면 좋다는, 즉 PIMFY (Please In My Front Yard : 앞 마당도 좋다. 결국 「님비」와 같은 개념)식의 무리한 개발과 더 나아가 「내 임기중에 끝마치겠다」거나 「제발 내 임기중에만은 터지지 말라」식의 자세 또한 우려되는 점들이다.

더불어 「생활정치」가 중심

인 지방자치에는 정당의 개입은 바람직하지 않다고 본다. 정당을 배경으로 선출된 단체장은 그 소속당의 이해관계를 반영하지 않을 수 없을 것이며, 지방의회에 대한 정당의 지배현상 역시 국회처럼 단체장들의 지역특성에 맞는 개발과 추진에 장애요인이 될 가능성이 많기 때문이다.

이제 세계화-지방화는 우리가 참여하느냐, 마느냐로 고민하기에는 이미 보편화된 세계적 현상이 되었다. 이러한 흐름에 주체적으로 참여해야 빠른 발전이 보장될 것이고, 소극적으로 대응하면 그 만큼 기회는 줄어들 뿐이다. 이 흐름을 얼마나 잘 타느냐가 우리의 미래를 결정짓게 될 것이다.

世界化시대 地方정부 역할 더욱 중요하다

對外교역등 지역개발 독자적프로젝트 추진해야

과거처럼 중앙의 지시와 통제에 의한 경제운영방식은 한계가 있을 수밖에 없다. 따라서 「세계화와 지방화」라는 두개의 큰 흐름은 정치적 민주화가 지방자치로 성숙화되는 것을 의미하며 아울러 경제생활 역시 국제화-세계화되어 경쟁의 원리가 국경없이 범세계적으로 적용되는 것을 의미한다.

우리는 광복후 어려운 여건 아래서 전쟁에 이기고 경제성장을 이룩하기 위해 강력한 중앙집권이 필요했으나 이제는 각 지방이 주체적으로 생각하고 능동적으로 행동해야하는 시점이 도래한 것이다.

그러면 지방화의 주인인 지방정부는 세계화에 어떻게 대비해야 할까. 지금까지 지방

k. 세계화시대 지방정부 역할 - 세계일보, 1995. 1. 24

사람들이 '왕(王)'을 뽑아 나라 다스리는 것을 본 나무들이 자기들도 그렇게 해볼 요량으로 한자리에 모여 누구를 왕으로 삼으면 좋을까하고 의논 끝에 만장일치로 모든 나무들의 존경을 받고 있는 올리브 나무를 선출하였다.

그런데 문제는 기꺼이 맡아 줄 것으로 알았던 올리브 나무가 한사코

로 건배하며 참석자 몇분의 한결같은 칭송의 말씀에 심대평 지사께서 화답(和答)한 머리부분이다.

필자는 그 자리에 도지사 국제자문역 자격으로 참석하였는데 沈지사께서는 "어느 사회든 지도자는 필요하지만 나는 과연 충남도지사라는 중책에 합당한 능력이 있는지 아니면 '가시나무' 같은 지도자는 아닌지 수시로 자문해 본다"며 겸허하게 말씀했다. 그러나 기실은 각종 조사결과 현재

겸허한 지도자를 위해
'가시나무 王' 이야기 교훈

마다하는 것이었다. 이유는 자기는 능력도 부족할 뿐더러 고소한 올리브 기름을 만드는데만 진력하겠다는 것이었다.

하는 수 없이 옆에 있던 포도나무한테 왕이 되어 달라고 간청하니 포도나무 역시 더더구나 자기는 남의 등이나 타고 오르는 주제에 능력은 아예 근처에도 못가니 분수껏 그저 열심히 달고 맛있는 포도송이를 맺는데 노력하겠노라고 극구 사양하여 하는 수 없이 여러모로 부족한 점이 많은 가시나무를 그들의 '왕'으로 선출했다.

이 이야기는 충청남도 서울사무소에서 마련한 '해외향우회원 및 명예국제협력위원'을 위한 오찬석상에서 논산 가야곡에서 빚은 '왕주(王酒)'

전국 지방자치단체장 중에서 가장 능력이 출중한 분으로 나타나 있다.

흔히 선출직 인사나 사회적으로 지도적 위치에 있는 분들이 마련한 자리에 가면 거의 예외 없이 자신들의 있는 업적, 없는 업적을 들추어가며 자가 발전(자기 추켜세우기)에 열심인 것이 상식처럼 되어버린 현실에서, 그리고 한때는 7용(龍)이니 8용이니 온나라가 떠들썩하더니 이제는 4자론이냐 5자론이냐로 또 한바탕 갈피를 못잡을 만큼 저마다 잘났다며 나서는 판에 沈지사의 말씀은 신선하기까지 했다.

김진원/미국 오리건주정부 주한대표부 대표 · 서울 중구 소공동 70 삼구빌딩 1301 · ☎ (02)753-1349

I. 겸허한 지도자를 위해 '가시나무 王' 이야기 교훈 – 충남도정. 1997. 9. 25.

한 국 경 제 신 문

지난 5월21일 제8회 전국 부부테니스대회를 마치고. <맨 앞 왼쪽이 필자>

<同好同樂>

金 珍 元

<꽃오리걸스클럽 주합대표부 대표>

15커플 회원 「인천 부부테니스회」

한가족같은 분위기··화목·우애 자랑

필자가 지난 6년간 속해있는 「인천 부부테니스회」는 테니스를 통하여 부부간의 화목과 화원상호간의 친목을 바탕으로 삶의 질을 높이는 취지의 모임이다.

1987년 6월 여성부부 15쌍으로 창립되었다.

지금은 각기 다른 분야에 종사하면서도 전회 지식과 원만한 인품, 그리고 적절한 테니스 실력을 갖춘 약 30쌍의 회원들이 5월에 열린 무려 8회 대회에서는 부부선수들이 휴가에 맞춰 명실상부한 휴가철의 나들이 여쌍이 넘는 부부선수의 참여로 전국최고의 부부대회로 발전하였기도 한다.

1988년부터 개최하기 시작한 전국최초의 「전국 고의 부부대회로 발전하였다.

각 부부테니스대회는 첫 목적이 왔다. 이 고양한 스포츠의 참여. 시간이 끝나면 SNS 성서 영적한 관계를 거쳐 가입한 15쌍의 모임으로 발전하였다.

즉 테니스인구의 저변 대에 지대한 공헌을 했다. 이는 틀림없이 여성상위이 는 둥임이 부부의 한사에 부드럽게 녹는다.

매월 첫일째 일요일에 각 급년도 전국대회 4강회에.

<부록 생략>

여부 테니스입무의 저변 대에 지대한 공헌을 했다. 이는 틀림없이 여성상위이 는 둥임이 부부의 한사에 부드럽게 녹는다. 매월 첫일째 일요일에 각 급년도 전국대회 4강회에.

집에서 전기월례대회에는 한 참을 하는 문제를 발표로 어 각종 음식이 진열되어 어 는 일요휴일의 부페문난 심사숙고에는 한 회원의 찬반 흥밋는다. 우리집에서 자기의 전문 지식과 기능을 바탕으로 시사성이 결함을 발표로 이는 문제를 발표로 토론 하는 시간도 갖는데 이는 자기 직업에 대한 외결심 파 아울러 회원끼리의 상 식과 교양을 높이잔데.

<중략>

적이 없다는 사실이다. 한 가족, 같은 분위기의 면모 한 집에서 자랑한다. 우리 회원들의 면모를 보면 신 성업사장, 석협―일의 약, 의료사장, 석협―일의 완―박경, 제일기획 극장 이열우, 이항육―부천 수지 전무 강문식, 유택지 양의 개인사업 이성―신수자.

알레이 방직―지업생, 전철육, 히야원용준 이 유철육, 유철용준 여연구 개인사업 이성―신수자. 개인사업 이성―신수자. ―전철육, 히야원용준 이 규림―이민자, 박경―이동근, 보스 사장―박원―인진령, 보스 틴―삼성영양 정종선―박옥 순, 삼성영양 정종선―박옥 순, ―채순자, 동산목자사장 ―채순자, 동산목자사장 심재동―이은경, 그리고 유 개인사업을 하는 막내 유 재곤―이정애 부부들이다.

m. 同好同樂

제23호 【月 刊】

수 필 — 지난 여름 송광사에서

짧은 출가, 긴 깨달음

김 진 원 교우
고위정책과정·18기

스님!

서울 한복판 시청앞의 고층빌딩 사무실에 제법 허리를 곧추 세우고 무심코 앉아 있자니 사자루의 물내려가는 소리가 아직도 귓가에 맴돕니다. 책상유리 밑에는 「묵언」명찰을 무슨 「神主단지」처럼 모셔놓고 말입니다. 흡사 軍 복무중 고된 유격훈련을 무사히 마쳤다는 뿌듯함에 목에걸고 苦生했던 군번표를 近30年이 돼가는 지금도 고히 간직하고 있는 心情과 같습니다.

지난 4月, 송광사의 여름 수련회에 신청서를 보낸후 合格되면 두려울 것같고 안되면 섭섭할 것같다는 복잡한 心情으로 기다리길 약 한달, 막상됐다는 通知를 받으니 흡사 군에 있을 때 유격훈련소집을 받은 기분이었습니다. 7月 4日, 서울역에서 새벽열차를 타고 생전 처음 가보는 순천을 지나 버스를 타고 거의 마감시간인 오후 4시가 다 되어 일주문을 통과할 때만해도 이 나이에 왜 사서 苦生을 하나 하고 망설였는데 막상 하루가 지나니 전혀 낯설지 않고 오히려 포근하게 느껴지기 시작했습니다. 물론 이것 저것 「까다로운」계율을 강조하시는 一善스님이나 지도스님들은 흡사 유격훈련장의 빨간모자쓴 조교들을 연상시켰으나 엄하지만 무섭지 않아 다행이었습니다. 특히, 똑같이 승복으로 갈아입고 시작된 「默言」은 이제까지 얼마나 많이 하지 않아도 될말을 하고 살아 왔는지 알게해주었습니다. 또 서양격언에 『人間은 人間으로부터 말을, 神으로부터 침묵을 배운다』는 구절의 의미를 절실히 깨닫게 되었습니다. 實로 「말 없음=無言」이 아닌 「말 않음=默言」이야말로 이 복잡미묘한 世上에서 가장 효과적인 커뮤니케이션일 거라는. 놀라운 것은 100여명이 넘는 도반들이 그렇게 平和롭고 질서정연했다는 것입니다. 우리 모두의 진지함과 귀찮음을 법한 일들을 솔선수범하는 자세들은 아마 「말 않음」의 규율때문에 可能했을 것입니다. 『이 뭣고』 話頭를 잡고 반가부좌 자세로 앉아 있지만 몇분 지나지 않아 무릎은 저려오고 허리 옆구리등이 뒤틀리는 고통속에 화두는 흔적도 없이 사라지고 등줄기를 타고 흘러내리는 땀방울을 확연히 느끼며 어떻게든지 끝까지 견뎌야 한다는 오기 뿐이었습니다. 강의 시간에 어느 스님이 말씀하셨던 『어차피 스스로 부처가 된 사람은 없다. 즉, 깨닫는데 고행은 당연한 것이다』등 참는데 도움이 되는 모든 말들을 얼마나 되뇌였던지. 참선중에 죽비로 맞는 기분은 어떨까 하여 일부러 세차례나 청해 봤으나 우리 보시반 담당이신 蓮海스님께서 외모만큼이나 너무 부드럽게 때리시어 조금 아쉬웠습니다. 그러나 하루 이틀 지나 화요일부터는 제법 눈까지 지그시 뜨고 비록 고통스럽기는 하지만 오기로 버티면서 거의 한계점에 이르렀을 때 『탁』 치는 죽비소리를 듣는 순간 「해냈다」는 성취감과 아울러 「극락과 지옥이 바로 이순간이구나」하는 느낌도 가졌습니다.

지난 총선때 『世界化 時代에 국제적 감각을 갖춘 40代의 참신한 인사를 찾고 있다』는 「저 높은 곳」의 간곡한 제의에 몇날 몇일을 망설이다가 막상 수락하고 나니 그 순간부터 후회막심하여 「어떻게 하면 달리는 호랑이 등에서 호랑이도 화나지 않게 하고 나도 다치지 않고 내려올 수 있을까?」하고 얼마나 고민했었던지. 이것 저것 입장도 난처하여 美國으로 약 보름동안 계획에 없던 여행을 다녀왔었는데 만약 그때 이런 默想法을 알았다면 그렇게 힘들어하지 않았을 것입니다. 스님들의 講義는 이제까지 불교에 대해 막연한 지식을 가지고 있던 「나이롱 信者」에게 크게 도움이 되었습니다. 새벽에 108배를 하고 대웅전에서 엄숙한 예불을 모시고 나니 平素에 불교가 샤머니즘 비슷하다는 얄팍한 의구심을 떨칠 수 있었습니다. 특히 마지막 날의 철야 정진은 그야말로 수련회의 클라이막스였으며 대웅전앞의 행선중에 올려다본 송광사 밤하늘의 밝고 맑은 별들과 도반들의 숙연함은 신선한 충격이었습니다. 그후 자정이 넘어 「석가모니 불」을 염송하며 올리는 108배는 그야말로 한편의 장엄한 드라마였습니다. 땀으로 흠뻑 젖은 채 無念無想인 채로 열심히 절하는 도반들을 보며 「도대체 이 강렬한 힘이 어디서 나올까?」, 「어떤 理論으로 이 신비스러움을 설명할 수 있을까?」하는 의문에 그것은 「神聖」그 자체라는 말로 대답할 수 있었습니다. 『차 한잔의 時間』에 수련소감을 말해보라는 스님의 갑작스런 요청에 그동안 묵언에 익숙해서인지 머리속이 텅비어 아무생각도 나지 않았습니다. 『이 수련회는 제 人生 후반부의 더 없이 좋은 자양분이 될것입니다』라는 말씀을 드리고 자리에 돌아왔습니다.

수계식에서 「海印」이라는 法名을 받고 어쩌면 부처님께서 제가 사회에서 맨 처음 시작한 일이 海運 및 貿易컨설팅업무라는 것을 알고 주신듯하여 그 인연에 놀랍고 고마웠습니다.

까칠한 수염을 달고 현관에 들어서니 가족들이 박수로 반가워해주며 특히 내자는 「당신을 알고 近 20여년 동안 이번처럼 철저하게 연락이 두절되기는 처음」이라며 「그것만 봐도 수련회가 어떠했을까 짐작이 간다」고 하더군요.

비록 4박 5일의 「짧은 출가」였지만, 나름대로 「긴 깨달음」을 얻은 것 같아 마음은 가득합니다. 스님! 언제 서울 오시면 제 사무실에 들르시어 지리산 작설차 한잔 하고 가세요. 그 편에 송광사의 바람냄새, 물소리, 별빛 등 뭐 그런 것 조금 두고 가시면 감지덕지 하겠습니다.

海印 金珍元 합장

n. '짧은 출가 긴 깨달음' - 고대정책신문, 1996. 12. 16.

김진원칼럼

꿈에 본 "엄니"

논설위원 김진원

지난 밤 꿈에 뵌 우리 엄니의 모습은 이제까지와는 판이하게 다르셨다. 벌써 근 35여년전에 돌아가신 후, 일년에 한두번 겨우 꿈에서나 뵈는 엄니는 늘 수심이 가득하시고 어떤면에서는 아버지보다 더 대하기가 어려웠다. 하기야 생전에, 유별나게 까탈을 부리는 막내고모, 무절제하게 행동하시는 삼촌, 그리고 엄청나게 머리좋고 엄하신 할머니 그렇지만 조금도 엄니의 울타리가 되어 주시지 못하고 그저 좋은게 좋다고 평생을 사신 아버지등 3대가 함께 사는 대가족의 총총시하에서 우리 6남매를 낳고 키우셨으니 아마 극도로 감정을 자제하고 사시는 것이 상책이라는 지혜를 터득하셨을 게다. 어젯밤 꿈에서는 살아 계실때처럼 막내 명원이를 낳고 산후조리가 잘못되어 또 대전 병원에 다녀오셨다는 것이다. 그런데 전혀 가망이 없어 다 쓰러져가는 도산 생가에 얼마간의 음식과 이부자리를 남겨둔채 요샛 말로 격리수용을 시키고 모든 가족들이 떠났다. 안방에 누워계신 엄니는 당신의 운명이려니 생각하고 돌아 누우신채 였다. 뼈만 앙상하게 남은 분을 그런 저런 이부자리로 덮어 드리고 나왔다는 것은 아무리 꿈속이지만 불효 막심했던 것이다.

내가 진산 중학교 2학년때 엄니는 낳은지 몇 개월도 되지 않는 막내 명원이가 우는 소리를 들으면 애간장이 타신다며 십리쯤 떨어져 있는 사정리 큰 외갓집 사랑채에 요양차 계신 적이 있다. 일요일이나 쉬는 날 엄니가 보고싶어 찾아가면 반가우시면서도 눈물 한번 흘리시지 않고 그저 할머니, 아버지 말씀 잘 듣고 동생들 잘 보살피며 공부 열심히 해야 된다는 말씀 이외에는 약한 모습을 한번도 보이지 않으셨다. 그런 면에서는 대가족이 평범한 아낙네이셨던 엄니가 평생을 근엄한 교육자로 사신 아버지보다 훨씬 더 강하셨다.

아무튼, 꿈에 엄니를 혼자 계시게 하고 얼마뒤에 너무 보고 싶어 그 도산 생가에 찾아가니, 이게 웬일인가? 다 쓰러져 가던 집은 어느새 흡사 큰절의 대웅전처럼 웅장하게 지어져 있고 잡초만 무성하던 저택의 정원처럼 잘 정돈되어 있으며 관리인까지 살고 있었다. 놀라움을 금치 못하며 우리 엄니 어떻게 되셨냐고 물으니 그동안 병이 다 나으시어

요새는 셋째 선원이가 아침 출근길에 모시고 근처 양로원에 모셔다 드리고 퇴근길에 모셔온다는 것이며 지금 거기 계시다는 것이 아닌가? 꿈이라도 하도 반갑고 좋아서 선원이한테 즉시 도산 안집으로 와서 엄니 계신 곳에 같이 가자고 해놓고 선원이를 기다리는데 일각이 여삼추라 급한 마음을 주체할 수 없었다. 선원이 차를 타고 노인들 드린다고 몇가지 물건을 준비해서 막상 계신 곳에 도착하니 여러 친구분들과 둘러 앉아 계신 모습이 어쩌면 살아 계실 때와 똑같은지 지금도 눈에 선하다. 거의 말년에 작은 엄니와 같이 사 입으셨던 그 시절에 제법 고급이었던 쑥색 스웨터에 머리를정갈하게 빗어 비녀를 꽂으신 엄니는 기품이 있으시고 단정하시고 아주 인자하신 모습이었다. 달려가서 엄니의 오른손을 꼭 잡고 큰소리로 얼마나 서럽게 울었는지 모른다. 엄니는 다른 한손으로 내 두손을 따뜻하게 포개 잡으시며 아주 편안하신 그리고 흐뭇해 하시는 표정이셨다. 나는 "아버지, 엄니 돌아가신 뒤에 우리 모두 꿋꿋하게 살아 왔노라고" 말씀드리고 특히 나는 어떻다고 자랑을 해야겠다고 생각했는데 너무 반갑고 서러워 울기만 하다가 아쉽게도 내 소리에 잠을 깼다. 가끔 아버지 꿈을 꾸면 소리 내어 울다가 깨곤 했지만 아주 드물게 꾸는 엄니 꿈을 이렇게 선명하게 꾼 적은 거의 없다. 꿈에서 엄니는 늘 안타까워 하시고 걱정이 많으신 어두운 모습이었으나 이번에는 흡사 "이제 너희들 걱정은 안한다. 모두 다 건강하고 훌륭하게 자라줘서 고맙다." 고 대견해 하시며 행복해하시는 표정이었다. 비록 꿈이지만 편찮으신 분을 함께 모시지 않고 혼자 계시게 한 그 불효막심에 엄니는 하나도 섭섭해 하시지 않으셨다. 하기야 생사람도 효성스럽고 우애 있기로 소문난 우리형제들이 그렇게 모셨을 리가 없다.

아침에 평소보다 일찍 일어나 늘 하는대로 서재에 모셔져 있는 아버지, 엄니의 흑백사진 영정에 깨끗한 생수 한잔을 정성스럽게 올려 드리며 간절하게 불러 본다. "엄니~"

– 미 오리건주 정부 대표 대표부–

o. 꿈에 본 "엄니" – 錦山, 1997. 12. 8.

참고문헌 및 사이트

김진원, "로비스트" 보명북스, 2007. 10.

김진원, "로비 & 로비스트", 어드북스, 2005. 9.

국회사무처. "로비스트 제도 도입 방안" 2001

로비제도 연구회, "로비활동의 공개화에 관한 연구" 2002

조승민 (고려대 평화연구소 수석연구원) "로비의 법제화"

이정희 (한국외국어대 정치외교학과 교수) "로비활동 제도화의 쟁점 연구"

John L. Zorack, The Lobbying Handbook, Beacham Pub, 1990

David P. Baron, Business and Its Enviornment 7th Ed. Stanford Univ. 2010

Interest Group Politics, CQ Press, Washington D.C., 1991

Leveraging State Goverment Relations, Public Affairs Council, Washington D.C., 1990

The Reagan Presidenty and the Governing of America, Urban Institute Press, Washington D.C., 1985

Harmon Zeigler and Michael A. Baer, Lobbying: Interaction

and Influence in American State Legislatures, Wadsworth, Belmont, Calif., 1969

James Q. Wilson, Political Organizations, Basic Books, New York, 1973

Bruce C. Wolpe, Lobbying Congress: How the System Works, Congressional Quarterly Inc., Washington D.C., 1990

Alan Rosenthal, The Third House: Lobbyists and Lobbying in the States, CQ Press, Washington D.C., 1993

Charles S. Mack, The Executive's Handbook of Trade and Business Associations, Quorum Books, Westport, Conn., 1991

Kay Lehman Schlozman and John T. Tierney, Organized Interests and American Democracy, Harper and Row, New York, 1986

Robert H. Sailsbury, The New American Political System, AEI Press, Washington D.C. 1990

"탄탄한 실력, 전문적 지식, 풍부한 경험을 갖춘
김진원 박사 강의에는 확실한 메세지가 있습니다."

—전 단국대 부총장 김상홍 박사

강의 주제

· 부패방지 공정사회를 위한 로비제도 양성화
· 해봤어? " 대문이 잠겼으면 창문이라도 두드려라 "
· 지방화 시대 국제화

학력

· 공주 고등학교 졸업
· 고려대학교 사회학과 졸업
· 미 Maryland Univ. 수학
· 인하대학교 경제학(국제통상)박사

저서

로비&로비스트, 미국주정부의 국제화 추진, 한국기업
의 해외직접투자, 한국경제 Korea Times 등 칼럼니스트

현재

· 미국 오리건주정부 주한대표부 대표
· 인하대학교 아태물류학부 겸임교수
· 키르키즈 공화국 주한대사관 자문역
· 충청남도의회 국제관계자문역

경력

· 중부대학교 부교수(국제통상학부)
· 미국 주정부대표자협회 회장
· George Fox Univ. 방문교수
· Jason Boe & Associates(로비회사) 이사
· KBS 1 라디오 "여기는 서울." 진행(시사 평론가)
· 대한민국 국회 "로비합법화" 토론 패널리스트
· 인천 테니스협회 부회장

미국 오리건 주정부 주한 대표부   서울 중구 소공동 112-6 동양빌딩 1507. **Tel** 755-1439   **Cell** 010-7546-0052
oregonkorea33@gmail.com   www.oregonkorea.org